Français

Premières L, ES, S

- **Paule Andrau**
  Agrégée de lettres classiques
- **Corinna Gepner**
  Agrégée de lettres modernes
- **Jean-Clair Giraud**
  Agrégé de lettres classiques
- **Jacques Quintallet**
  Agrégé de lettres modernes
- **Anne Spicher**
  Agrégée de lettres modernes

Bréal

ISBN 978 2 7495 3061 1

Achevé d'imprimer sur les presses de la sepec, Péronnas (France)
Numéro d'impression : 01781110910 - Dépôt légal : octobre 2011
7017001/01

IMPRIM'VERT®

Sommaire

Introduction 5

Partie I : Le corpus et les questions

Séquence 1 : Lire un corpus 21
Séquence 2 : Analyser les questions 31
Séquence 3 : Répondre aux questions 39

Partie II : Le commentaire

Corpus 45
Séquence 1 : Lire un texte littéraire 49
Séquence 2 : Analyser un texte littéraire 61
Séquence 3 : De l'analyse du texte au plan 69
Séquence 4 : La rédaction du commentaire 81
Séquence 5 : Le commentaire comparé 93
Exemple de sujet corrigé 101

Partie III : La dissertation

Corpus 107
Séquence 1 : Objectifs et méthodes 113
Séquence 2 : L'analyse de l'énoncé 125
Séquence 3 : La recherche des arguments 135
Séquence 4 : Construire un plan 145
Séquence 5 : La rédaction 159
Exemple de sujet corrigé 171

Partie IV : L'écriture d'invention

Corpus 177
Séquence 1 : Présentation de l'épreuve 181
Séquence 2 : Lire le corpus 187
Séquence 3 : Analyser l'énoncé du travail d'écriture 193
Séquence 4 : Préparer la rédaction 197
Séquence 5 : Rédiger le travail d'écriture 201
Exemple de sujet corrigé 206

Partie V : L'épreuve orale

Corpus 211
Séquence 1 : La lecture analytique 215
Séquence 2 : L'entretien 233

Partie VI : Le vocabulaire 241

Introduction

L'épreuve anticipée de français est la première que vous passez pour le baccalauréat, aussi revêt-elle une importance considérable et engendre-t-elle une inquiétude particulière.

Le but de ce livre est de prévenir les difficultés que vous rencontrerez durant l'année de première et lors de l'épreuve, en proposant une présentation méthodique des exercices du baccalauréat : conseils généraux, description des trois types de sujets d'écrit, présentation de l'épreuve orale, exemples nombreux, exercices et sujets corrigés.

Cette épreuve se compose d'un écrit et d'un oral obligatoires. À l'écrit, le candidat reçoit un corpus de textes (comprenant éventuellement un document iconographique). Le sujet à traiter comporte deux parties :

1. Des questions sur le corpus.

2. Trois travaux d'écriture au choix :
- un commentaire ;
- une dissertation ;
- une écriture d'invention.

À l'oral, l'exposé se compose de l'explication d'un texte choisi dans « le descriptif des lectures et activités » et d'un entretien avec l'examinateur.

	Épreuve écrite	Épreuve orale
Durée	4 heures	50 minutes : – 30 minutes de préparation – 20 minutes de passage
Coefficient	Série L : 3 Séries ES, S : 2	Pour les séries générales (L, ES, S) et les séries STG (ex-STT) et ST2S (ex-SMS) : 2 Pour les autres séries technologiques : 1
Nature de l'épreuve	Pour toutes les séries, un corpus sur lequel portent : 1. Des questions (deux ou trois en général) 2. Trois sujets d'écriture, au choix (commentaire, dissertation, écriture d'invention)	Pour toutes les séries : 1. Explication d'un texte choisi par l'examinateur 2. Entretien avec l'examinateur

1. Les objets d'étude

Les textes proposés lors de l'examen sont choisis en fonction d'un ou de plusieurs objets d'étude, dans la continuité du programme de première. Même si le candidat ne connaît pas ces textes, les connaissances acquises au cours de l'année lui permettent de les aborder avec des outils efficaces. Les objets d'étude, en effet, ont pour but d'aider l'élève à développer ses connaissances autour de problématiques bien définies, à structurer sa pensée, à situer une œuvre dans son contexte (époque, genre, etc.) pour en dégager la signification. Ils lui donnent une perspective d'ensemble pour mieux comprendre les spécificités des œuvres travaillées.

Il y a sept objets d'étude : les cinq premiers sont communs à toutes les séries littéraires et technologiques, le cinquième (« Un mouvement littéraire et culturel ») étant toutefois facultatif (et donc souvent laissé de côté) dans les séries technologiques, les sixième et septième (« L'autobiographie » et « Les réécritures ») concernent la seule série L.

1. Le roman et ses personnages : visions de l'homme et du monde

Abordé à partir de thématiques liées spécifiquement aux personnages, le roman est étudié comme « une forme littéraire privilégiée de représentation de l'homme et du monde », y compris dans son évolution : c'est-à-dire qu'il faut être entre autres capable de situer tel ou tel roman dans « son contexte littéraire, historique et culturel ». On s'intéresse aux genres et registres, à l'histoire littéraire et culturelle (à compter du XVIIe siècle : ce qui veut dire que des romans tels que ceux de Rabelais ne pourront pas être inclus dans le corpus), sur les rapports qu'entretiennent les textes entre eux, mais aussi sur ce qui fait la singularité de chaque texte abordé (aussi souvent que possible dans sa totalité, c'est-à-dire un roman lu entièrement de manière cursive plutôt que des « morceaux choisis »).

Exemple :

La position du narrateur par rapport à ce qu'il nous raconte peut être indicative d'une modification progressive du statut même de la littérature dans la perception qu'en a la société ; c'est ainsi que l'on passe de jeux fréquents au XVIIIe siècle sur un narrateur-personnage (ou du moins un narrateur prétendant avoir une connaissance directe de faits que, plus ou moins ludiquement, il nous garantit vrais), à un narrateur « omniscient », assumant la création d'un monde imaginaire (même s'il est souvent très ancré dans la réalité contemporaine) qui est plus ou moins la norme dans les romans du XIXe siècle (marquant une spécificité, une autonomie plus marquée du fait littéraire par rapport à la vie sociale), au retour actuel d'un narrateur qui est en partie l'écrivain lui-même, se cachant sous la garantie de « fiction » que prétend garantir la mention « roman » en dessous du titre sur la couverture ou la page de garde, dans ce qu'on appelle couramment aujourd'hui « l'auto-fiction ».

2. La poésie

Comment saisir la « spécificité du travail poétique sur le langage » (*B.O.* n° 40 du 2 novembre 2006) ? Autrement dit, quels sont les éléments qui distinguent la poésie de la prose ? La forme versifiée, en effet, ne constitue pas une définition suffisante (*cf.* les poèmes en prose de Rimbaud ou de Baudelaire). On examinera les rapports entre la forme et ses significations pour tenter de définir la spécificité de l'écriture poétique. L'étude contextuelle intervient là aussi pour situer les évolutions de la poésie. En classe de première, l'élève étudie notamment l'évolution des représentations de la modernité en poésie (formes et contenus) aux XIXe et XXe siècles.

Ex. : *l'étude de la poésie de Baudelaire permet de montrer comment le poète utilise les mots de manière nouvelle, pour traduire une réalité indicible. Des poètes comme Verlaine, Rimbaud ou Mallarmé explorent les voies ouvertes par Baudelaire. Cette évolution amène à mieux comprendre la poésie du XXe siècle, celle d'Apollinaire et des surréalistes par exemple.*

3. Le texte théâtral et sa représentation

De même que l'on s'interroge sur la nature du langage poétique, comment définir le langage théâtral ? Par langage, on entend à la fois le texte de théâtre, dans ses spécificités, et le rapport entre le texte et sa représentation sur scène. En quoi un texte de théâtre se distingue-t-il d'autres textes ? Quelles relations s'établissent entre le texte et la représentation, dans sa dimension visuelle et sonore ? L'étude en contexte fournit une série de réponses en fonction des époques, des esthétiques et des publics. Il est important de montrer que le langage théâtral varie selon les époques, les genres (comédie, tragédie, drame bourgeois...) et les registres, et que l'interprétation que nous faisons des pièces varie elle aussi, comme le montre l'évolution des mises en scène.

Ex. : *l'étude de pièces du XVIIe au XXe siècle permet de mesurer l'évolution du langage et des formes théâtrales. On peut aussi se pencher sur l'évolution de la réception en s'intéressant aux mises en scène modernes de pièces classiques.*

4. L'argumentation : convaincre, persuader et délibérer

Dans cet objet d'étude, l'accent est mis sur l'argumentation, c'est-à-dire sur l'organisation des arguments (idées, propositions, points de vue...) selon une progression logique, en vue de soutenir une thèse ou de la réfuter. On s'attache à la structure des textes, aux procédés mis en œuvre pour argumenter. L'argumentation est envisagée aussi dans ses effets sur le destinataire (convaincre, persuader, plaire...). La rhétorique, ou ensemble des moyens utilisés pour convaincre, plaire et émouvoir, est abordée dans le cadre de cette étude.

Ex. : *l'argumentation peut être étudiée dans la littérature d'idées (essai, apologue, traité, lettre, discours...) mais aussi dans tout texte doté d'une dimension réflexive ou délibérative : débat d'idées dans les romans de Diderot (*Jacques le fataliste, Le Neveu de Rameau*), réflexion sur le Bien et le Mal dans le* Poème sur le désastre de Lisbonne *de Voltaire, etc.*

INTRODUCTION

INTRODUCTION

5. Mouvement littéraire et culturel

Il s'agit d'étudier un mouvement littéraire et culturel (philosophique, artistique) qui touche la France et l'Europe, entre les XVIe et XVIIIe siècles. L'accent porte sur la « contextualisation », c'est-à-dire la mise en relation de l'époque, des pays, des œuvres littéraires et artistiques. On montre à cette occasion qu'une œuvre n'est pas seulement spécifique à son auteur, mais qu'elle s'inscrit dans un ensemble plus vaste, une continuité historique, un jeu d'influences. En ce sens, l'approche contextuelle vaut pour tous les objets d'étude mais elle est ici examinée de manière détaillée.

Exemple :

*Étude de l'Europe des Lumières (XVIIIe siècle) : cette étude fait une place au rôle philosophique et artistique de la raison dans la pensée des Lumières, en France (Montesquieu, Voltaire, Diderot et l'*Encyclopédie*), en Italie (Beccaria) et en Allemagne (Kant). Elle prend en compte les manifestations du rationalisme dans les arts (chez le musicien Rameau, par exemple). Elle signale aussi l'apparition d'une littérature du sentiment, en réaction au mouvement rationaliste ou en complémentarité avec lui, aussi bien en France (Rousseau, Diderot) qu'en Allemagne (Gœthe, Novalis) ou en Angleterre (Macpherson).*

Il y a enfin deux objets d'étude propres à la série littéraire.

6. L'autobiographie

L'objectif est d'étudier les rapports entre réalité vécue et œuvre littéraire, rapports problématiques dans la mesure où ce qu'il y a de plus difficile à exprimer souvent (pour qui que ce soit, et pas seulement pour un écrivain !), c'est soi-même. Le travail s'appuiera le plus souvent sur une œuvre lue intégralement, complétée d'autres textes et documents. Outre l'attention portée aux genres et registres et à l'histoire littéraire et culturelle, la question de l'argumentation ne sera pas absente de cet objet d'étude, dans la mesure où l'autobiographie contient souvent une tentation, voire une entreprise pleinement assumée de justification de tel ou tel acte que l'on a fait, de tel ou tel choix de vie que l'on a décidé.

Exemple :

Le genre autobiographique peut conduire aussi bien vers des réflexions privées, tourmentées, telles que les Confessions *de Rousseau, que vers des ouvrages de personnages publics soucieux de conforter leur image pour la postérité historique autant que de produire une œuvre littéraire qui leur donne une stature culturelle complétant ou dépassant leur statut politique, comme par exemple les* Mémoires de guerre *du général de Gaulle.*

7. Les réécritures

Cet objet d'étude porte sur les différentes formes de réécriture. Il comporte deux étapes :

- faire l'analyse d'un texte, de ses procédés d'écriture ;
- produire un second texte, non pas de façon libre mais en se conformant aux indications fournies. En général, on demande au candidat de procéder par amplification, par réduction ou transposition.

Donnons une définition rapide de ces trois termes :

– **Amplifier,** c'est « développer les idées par le style, de manière à leur donner plus d'ornement, plus d'étendue ou plus de force » (Bernard Dupriez, *Gradus. Les Procédés littéraires*, 2000).

Exemple :

Phrase d'origine : « Longtemps, je me suis couché de bonne heure. » (Proust, Du Côté de chez Swann*). Par amplification : « Pendant de longues années, j'avais pour habitude de me coucher en début de soirée, incapable que j'étais de veiller jusqu'à une heure tardive. »*

– **Réduire** consiste, au contraire, à « tout dire en peu de mots » (Dupriez, *ibid.*), voire en un seul mot.

Exemple :

Phrase d'origine : « Parfois, à peine ma bougie éteinte, mes yeux se fermaient si vite que je n'avais pas le temps de me dire : "Je m'endors." » (Proust, ibid.*). Par réduction : « Parfois je m'endormais si vite que je n'en avais pas conscience. »*

– **Transposer** signifie transformer, changer de style, de registre, ou même de genre. L'amplification et la réduction peuvent d'ailleurs contribuer à la transposition. Parmi les exemples, on citera la transposition théâtrale d'un texte romanesque, la reprise sérieuse d'un thème comique, le travestissement burlesque (réécriture sur le mode comique d'un texte sérieux) ou encore le pastiche (imitation volontaire et exagérée d'un style ou d'un texte).

Exemple :

Réécrire l'extrait suivant du Journal d'André Gide sous la forme d'un roman à la troisième personne (passer du « je » au « il » dans la narration).

Texte d'origine : « Mes cousines sont parties. Je n'ose m'avouer ma joie de me retrouver seul. Au retour de Honfleur, ma pensée était délicieusement active et m'amusait plus que ce que je lisais. J'ai repris mon travail et mes livres. Je suis sérieux et presque triste [...]. »

Par transposition : « Ses cousines parties, il éprouva à se retrouver seul une joie qu'il n'osait s'avouer. À son retour de Honfleur, il sentait sa pensée délicieusement active et y trouvait plus d'amusement que dans la lecture. Il reprit son travail et ses livres. Il était sérieux, presque triste. »

Les exercices de réécriture font réfléchir à la question de « l'originalité » d'un texte, ils mettent en lumière le rôle du contexte (objectif du texte, destinataires) et les rapports que les textes entretiennent les uns avec les autres (intertextualité).

Toutes ces approches auront été étudiées au cours de l'année, permettant ainsi au candidat d'aborder les épreuves d'examen avec les moyens appropriés.

INTRODUCTION

2. Description de l'épreuve

A. L'écrit

Le jour de l'examen, le candidat reçoit un dossier comportant en première partie un corpus de textes puis l'énoncé des trois sujets proposés.

• **Le corpus sert de base aux trois sujets, il leur est commun.** Il peut se présenter sous des formes différentes : dans certains cas, il s'agit d'un texte unique, mais le plus souvent le candidat se voit proposer trois ou quatre extraits d'œuvres, suffisamment courts pour qu'il puisse les lire dans le temps imparti. Parfois un document iconographique est joint aux textes (illustration, dessin satirique, etc.). Ce document sert à éclairer les textes mais il n'est jamais demandé au candidat d'en faire une analyse poussée. Les textes peuvent appartenir à des époques et à des genres différents : extraits de romans, d'essais, d'articles, de pièces de théâtre, poèmes...

Ils sont toujours choisis en relation avec un ou plusieurs des objets d'étude au programme (*cf.* supra). Les objets d'étude concernés sont indiqués au candidat, ils constituent le fil directeur du groupement de textes et des questions qui s'y rattachent.

Ex. *: les extraits proposés peuvent ainsi illustrer :*
– la dimension argumentative dans les textes romanesques ;
– la poésie ;
– le lien entre l'argumentation et la réécriture.

• **Le corpus est suivi des trois sujets proposés pour l'examen** : le commentaire, la dissertation et l'écriture d'invention. Dans un premier temps, et cela pour chacun des sujets, le candidat doit répondre par écrit à quelques questions (deux ou trois en général) qui préparent l'épreuve de rédaction. Ces questions préalables peuvent être les mêmes pour les trois sujets, en totalité ou en partie.

Pour le commentaire, le travail d'écriture peut porter sur un seul ou plusieurs des textes proposés (commentaire comparé), ou encore sur un extrait de texte. Le libellé comporte parfois des pistes de lecture et d'analyse pour aider le candidat à élaborer son travail.

Dans la dissertation, on attend du candidat une réflexion personnelle, bien argumentée, qui s'appuie non seulement sur les textes du corpus et sur les objets d'étude, mais aussi sur ses lectures personnelles.

Le sujet d'invention n'est jamais « libre » : il se rattache étroitement aux textes du corpus et le libellé du sujet indique précisément les contraintes du travail demandé au candidat.

B. L'oral

Dans l'épreuve orale, le candidat fait l'explication d'un texte choisi par l'examinateur. L'exposé est suivi d'un entretien.

Le descriptif des lectures et activités

L'examen oral porte sur le programme étudié durant l'année. Le candidat arrive à l'épreuve avec « un descriptif des lectures et activités » rédigé par le professeur. Ce descriptif dresse la liste des œuvres lues en classe (œuvres intégrales, groupements de textes, lectures cursives) et précise leurs liens avec les objets d'étude. Il indique aussi, dans une partie individualisée, les lectures et travaux personnels de l'élève. C'est dans ce descriptif que l'examinateur choisit un texte pour le candidat. Il peut proposer n'importe quel texte sauf ceux vus en lecture cursive. Avec le texte, l'examinateur donne une question d'accompagnement, ainsi qu'une ou deux autres questions générales qui serviront de base à l'entretien.

Première partie de l'épreuve : l'explication de texte

L'examinateur propose au candidat non seulement un texte mais aussi une question liée à l'objet d'étude retenu. Cette question a pour but d'aider le candidat en lui fournissant une ligne directrice pour organiser son étude. L'épreuve consiste donc non pas à faire une étude complète du texte mais une explication qui réponde à la question posée.

Seconde partie de l'épreuve : l'entretien

Dans l'entretien qui suit l'explication de texte, l'examinateur ne demande pas un autre exposé mais amène le candidat à approfondir et à élargir la réflexion. Pour ce faire, il ouvre des perspectives et met le texte étudié en relation avec :
- une des lectures cursives proposées en relation avec le texte ;
- l'œuvre intégrale ou le groupement de textes d'où est tiré le texte ;
- l'objet d'étude ou les objets d'étude dont relève le texte.

L'entretien prend la forme d'un dialogue ouvert, l'examinateur cherchant à tirer parti des lectures du candidat, y compris ses lectures personnelles.

Il sert à évaluer la capacité du candidat à mobiliser ses connaissances, à établir des rapports entre les textes, à organiser sa pensée.

Quelques conseils

– Penser à apporter, en deux exemplaires, les textes et les œuvres qui figurent sur le descriptif des lectures et activités.

– L'évaluation tient compte de la capacité du candidat à bien utiliser son temps de parole. La lecture du texte a une grande importance : il faut soigner le ton et faire attention aux liaisons.

– Dans **la première partie de l'épreuve,** le candidat doit organiser son étude avec ordre et clarté. Il doit avant tout veiller à répondre à la question qui lui a été posée, mais il est judicieux d'aller plus loin dans l'explication du texte en proposant d'autres pistes de lecture. Dans **la seconde partie,** le candidat doit répondre en priorité aux questions qui lui sont posées. Il doit également savoir entrer dans le dialogue et l'échange d'idées, en restant attentif aux demandes de l'examinateur. En aucun cas, il ne s'agit de réciter une question de cours.

3. Conseils de présentation et de rédaction

La liste des conseils qui suit tend à aller du plus simple au plus complexe et doit vous permettre d'éviter des erreurs grossières.

A. Clarté et correction de la langue

▸ Soigner son **écriture** et ne pas utiliser une encre trop claire, par courtoisie pour le correcteur qui a bon nombre de copies à lire.

▸ Les **majuscules** et les **accents** doivent être l'objet d'une attention particulière. Les accents sont obligatoires en français et leur absence est un manquement à l'orthographe.

Lorsqu'un substantif désigne un peuple, il commence par une majuscule (les Français), ce qui n'est pas le cas lorsqu'il s'agit d'un adjectif qualificatif (les auteurs français).

Les **noms propres** doivent comporter absolument une majuscule.

Enfin, l'usage injustifié des majuscules est fautif. Après un point-virgule et après deux points, on ne doit pas mettre de majuscule.

▸ Ne pas utiliser de **tournures familières** telles que : « tout un tas de », « un maximum de », « génial », « hyper bon », « passez-moi l'expression ».

▸ Éviter les **anglicismes** et le **franglais** : « dispatcher » pour « répartir », « stopper » pour « arrêter », « opportunité » pour « occasion ». On voit trop souvent « musique » écrit « music » et « langage » « language ».

▸ Éviter les **pléonasmes** et les **redondances** : « mélanger ensemble », « car en effet », « mais cependant », « voire même », « prévenir d'avance ».

▸ Éviter des **impropriétés** telles que « le désintéressement (= désintérêt) pour la littérature », « l'évolution technologique (= technique) », « clôturer (= clore) le débat ».

▸ Éviter la **répétition de mots et d'expressions passe-partout** : « être », « avoir », « choses », « gens », « il y a », « c'est ».

De même, il convient de chasser **l'imprécision** : « certains », « d'autres », « un certain temps », « un peu partout », « un grand nombre », « plus ou moins », « et autres » (qui d'ailleurs est incorrect).

▸ Chasser les **poncifs** et les **clichés écrasants,** surtout en introduction et en conclusion : « de tous temps, les hommes lisent et écrivent », « les riches sont de plus en plus riches, les pauvres de plus en plus pauvres », « comme chacun sait, l'union fait la force ».

▸ Il convient de **ne pas faire des phrases trop longues** et de s'assurer qu'elles sont complètes, c'est-à-dire qu'elles contiennent un verbe principal. Une proposition subordonnée seule n'est pas une phrase complète :

Ex. *: « Parce qu'ils ont oublié d'être des hommes d'action. » est une proposition subordonnée commençant par « parce que » et elle doit être accompagnée d'une* *proposition principale : « Parce qu'ils ont oublié d'être des hommes d'action, **ils ont échoué.** »*

▸ Éviter d'abuser des **phrases nominales,** qui peuvent être un effet de style, mais qu'il est difficile de bien maîtriser.

▸ En ce qui concerne la longueur et le contenu de la phrase, veiller à être clair, pour être compris dès la première lecture.

▸ Pour cela, **ponctuer** correctement et abondamment ses phrases est important : il faut utiliser tous les signes de ponctuation dont la langue dispose et qui ont pour but de moduler le discours, de permettre des pauses plus ou moins longues.

Exemple :
– les points-virgules sont un arrêt dans la phrase ;
– les deux points peuvent introduire une explication, une citation, un exemple, et sont moins lourds qu'une subordination ou une transition.

▸ Éviter de commencer une phrase par « et » ou « car », qui sont des conjonctions de coordination et donc qui coordonnent deux éléments de même nature grammaticale dans une même phrase (deux adjectifs, deux subordonnées, deux indépendantes).

▸ Chasser **les erreurs de construction** :

Exemple :
– ne pas dire : « Chez ce cinéaste, j'apprécie la manière de cerner les personnages et comment il filme les extérieurs. », mais dire : « … et de filmer les extérieurs. » ;
– ne pas dire : « On ne peut évaluer l'efficacité de cette intervention et quel est son succès », mais dire : « … ni son succès. »

▸ Éviter les **ruptures de construction** :

Exemple :
– ne pas dire : « La fête, les gens, j'ai l'impression qu'ils ne savent plus en profiter. », mais dire : « J'ai l'impression que les gens ne savent plus profiter de la fête. »

▸ Faire attention au **bon usage des prépositions** (des, pour, dans, de, à) :

Exemple :
– ne pas dire : « Êtes-vous d'accord de revendre cette maison ? », mais dire : « … pour revendre cette maison. »
– ne pas dire : « Ce texte doit être rapproché à celui de Camus », mais dire : « … de celui de Camus. »

▸ Essayer d'alléger le plus possible la phrase en faisant des substitutions :

Exemple :
– ne pas dire : « Parce qu'il lui manquait un bon entraînement, elle a échoué. », mais dire : « Faute d'un bon entraînement, … »
– ne pas dire : « S'il est devenu bon en français, c'est parce qu'il a travaillé. », mais dire : « Grâce à son travail, il est devenu bon en français. »

INTRODUCTION

▸ Enfin, **l'emploi des temps de verbes** est très important. Il faut éviter de passer d'un temps à l'autre sans raison. Lorsque vous racontez un événement, choisissez de le raconter au présent ou au passé, mais tenez-vous à votre choix. En fait, à l'exception de l'écriture d'invention où l'emploi du passé peut parfois se justifier, utilisez le présent comme temps de base pour tous les exercices écrits.

B. Quelques usages et conventions de rédaction

▸ Ne pas utiliser d'**abréviations,** même les plus courantes. Tout doit être rédigé. Votre copie ne peut être une prise de notes.

Il faut donc condamner aussi les signes tels que =, >, ±, =>.

De même, les **sigles** ne peuvent être utilisés qu'après avoir été expliqués lors de leur premier usage dans la copie.

On accepte cependant les M. (pour Monsieur, et non Mr qui est un anglicisme), Mme (pour Madame), Mlle (pour Mademoiselle).

Le **style télégraphique** est également inacceptable.

▸ Écrire les **chiffres** en toutes lettres, à l'exception des dates.

Ex. : *« Cette enfant a deux ans et dix mois. Elle est née le 15 mars 1995. »*

▸ Les **apostrophes** ne doivent pas être en bout de ligne.

▸ Si vous devez **couper un mot,** la coupure doit se faire entre deux syllabes. Lorsque le mot comporte une consonne double, il convient de couper le mot entre les deux consonnes.

Ex. : *« Écriture syl-labique ».*

▸ Souligner les **titres d'ouvrages** (recueils, livres, tableaux, films). Mettre entre guillemets les **titres d'extraits, de chapitres, de poèmes :**

Ex. : *Baudelaire, « Les Fenêtres » (titre du poème), <u>Petits Poëmes en prose</u> (titre du recueil).*

▸ Pour les **noms d'auteurs,** la convention est de citer les auteurs contemporains avec leur prénom, pour les autres le nom suffit (Marguerite Duras, Montaigne).

▸ **Les citations** :

– doivent être entre guillemets ;

– doivent être exactes ;

– si vous ne connaissez pas une citation par cœur, mieux vaut n'en garder que l'esprit et la formuler avec vos propres mots ;

– ne pas inventer de citations ;

– indiquer leur auteur, avec une orthographe exacte.

▸ **Les citations en vers** : respecter la structure du vers et sa formulation :

> ***Ex.*** *: ne pas écrire : « La musique souvent me prend comme une mer/vers ma pâle étoile/sous un plafond... », mais écrire :*
>
> *« La musique souvent me prend comme une mer*
> *Vers ma pâle étoile*
> *Sous un plafond de brume ou dans un vaste éther*
> *Je mets à la voile. »*
>
> *BAUDELAIRE, « La Musique » in « Spleen et Idéal »,* Les Fleurs du mal.

● **Conseils**

L'usage des ***guillemets*** *n'est légitime que pour citer, ou accessoirement pour employer un mot dans une intention précise sachant qu'il est connoté, ambigu ou contesté. Il convient de ne pas utiliser les guillemets à tort et à travers lorsqu'on ne trouve pas le mot juste : chercher le mot juste est la meilleure solution. Le correcteur n'est pas là pour deviner l'idée que vous n'avez pas su exprimer correctement. Pour cela, il convient aussi de chasser l'imprécision et la formule « etc. » qui dissimule maladroitement une pénurie d'exemples ou d'idées.*

▸ Le problème du « je » : important mais difficile à résoudre, surtout lorsque le sujet vous demande une prise de position personnelle. Il convient de ne pas abuser du « je », surtout dans une formule insistante (du type « selon moi, ... », « à mon avis, je... »). On peut donner son avis de manière plus neutre en utilisant la troisième personne ou un « nous » de politesse. Cela n'exclut pas la nécessité d'une réaction personnelle authentique, sur laquelle nous reviendrons.

C. La rédaction des réponses aux questions

▸ **Rédiger entièrement les réponses,** en utilisant les consignes ci-dessus. Indiquer le numéro de la question. Il est inutile d'en recopier l'énoncé.

▸ **Construire sa réponse** autour de l'idée que l'on désire exprimer en l'illustrant par un ou des exemples.

▸ **Illustrer sa réponse** par des citations et des mots du texte, entre guillemets.

▸ **Ne pas se répéter** d'une réponse à l'autre : pour cela il convient d'avoir une vue d'ensemble de toutes les questions.

D. La rédaction

1. Le commentaire et la dissertation

Ces deux exercices exigent :

– une introduction ;
– un développement ;
– une conclusion.

● **Conseils**

Ne pas utiliser une présentation qui donnerait titres et sous-titres : rédiger directement.

▶ Faire un **plan** extrêmement précis au brouillon, avant de rédiger l'introduction. Prendre son temps pour le plan. Il faudra le suivre scrupuleusement en rédigeant la copie définitive.

▶ Rédiger l'**introduction** au brouillon, puis la recopier. Le développement doit être rédigé directement sur la copie.

▶ Rédiger la **conclusion** au brouillon. Pour cela, garder du temps est précieux car la conclusion est la dernière impression laissée au lecteur.

▶ Ne pas présenter une copie compacte :

– laisser un espace après l'introduction ;

– laisser un espace entre chaque partie ;

– laisser un espace avant la conclusion ;

– ménager des paragraphes à l'intérieur de chaque partie en allant à la ligne à chaque paragraphe, avec un alinéa.

Un paragraphe est une unité cohérente qui doit contenir une idée argumentée et illustrée par un ou plusieurs exemples. On peut aller de l'idée à l'exemple, mais parfois l'exemple peut entraîner l'idée et son argumentation.

– passer d'un paragraphe à l'autre en utilisant des transitions ou mots de liaison ;

– organiser les paragraphes en ménageant une progression : du plus simple au plus complexe, du plus évident au moins évident, en progressant vers une réponse, vers votre avis personnel ;

– respecter un équilibre entre les différentes parties. Éviter surtout la « forme entonnoir » (trois parties de plus en plus courtes).

▶ Pour l'introduction et la conclusion, il est bon d'avoir en tête une sorte de schéma comparatif. En effet, introduction et conclusion, en encadrant le développement du devoir, se répondent : vous avez annoncé le problème posé par le sujet en introduction, vous devez lui donner une réponse en conclusion.

Introduction :

– Elle amène le sujet par une idée générale.

– Elle pose le problème et le situe, en reprenant les termes du sujet.

– Elle annonce le plan. Cette étape est obligatoire : on annonce ainsi les grandes parties du devoir. Sa rédaction doit être très soignée et ne doit pas consister en une énumération sous forme de tirets.

Conclusion :

– Elle fait le bilan du développement en donnant une réponse au problème.

– Elle propose un élargissement.

L'introduction va du général au particulier du sujet. La conclusion va du particulier du sujet à l'élargissement.

2. Écriture d'invention

C'est le type de travail d'écriture qui demande la rédaction la plus soignée : les procédés stylistiques et les ressources de la rhétorique sont à utiliser à bon escient, en fonction des consignes d'écriture et des caractéristiques du texte sur lequel prend appui l'écriture d'invention.

▶ Définir tout d'abord avec précision les règles d'écriture à appliquer :
- temps verbal dominant ;
- type d'énonciation (qui parle ?) ;
- niveau de langue (en fonction du personnage qui parle) ;
- type d'écrit (discours, lettre, etc.).

▶ Comme pour le commentaire et la dissertation, votre travail doit présenter une introduction, un développement et une conclusion, mais dont la forme est moins stéréotypée : adaptez les phrases de votre texte aux consignes d'écriture.

▶ Faire un plan précis au brouillon. Rédiger l'entrée en matière (introduction) au brouillon, puis la recopier. Faire de même pour la conclusion.

E. L'importance d'un brouillon méthodique

▶ Réserver une feuille spéciale pour les brouillons de l'introduction et de la conclusion.

▶ Organiser le brouillon du plan :
- en faisant apparaître les titres de chaque partie et les sous-titres ;
- en indiquant en face de chaque sous-partie (qui seront les futurs paragraphes) les exemples qui illustreront les idées. Tout exemple doit être analysé en fonction de l'idée pour l'illustrer et l'éclairer.

▶ Ne passer à la rédaction définitive que lorsque l'ensemble du brouillon est fait. Cette méthode permet de ménager une progression claire et cohérente qui aboutira à une réponse au problème posé. Elle bannit aussi les idées du dernier moment qui entreraient difficilement et sans doute artificiellement dans la progression.

F. L'importance de la relecture

▶ **Prendre le temps de relectures partielles** : se relire après chaque paragraphe et chaque partie s'avère très efficace. Cette méthode permet d'être plus attentif à la progression du devoir. Elle représente aussi un gain de temps car celui-ci manque en fin d'épreuve. À chaque relecture partielle, il convient d'être attentif aux accents, à l'orthographe, aux majuscules, aux noms d'auteurs, aux guillemets.

▶ **Une relecture complète est nécessaire.** Elle consiste davantage en une dernière vérification puisque les relectures partielles auront chassé les principales erreurs.

4. Choisir un sujet

Le jour de l'examen, le choix du sujet doit se faire rapidement afin d'utiliser efficacement le temps dont on dispose.

Pour être efficace et rapide dans le choix du sujet, il faut s'être entraîné toute l'année aux trois travaux d'écriture. Il est très important que vous ne vous cantonniez pas dans l'année à un seul type de sujet : il peut, en effet, se révéler infaisable le jour de l'examen pour diverses raisons (énoncé peu clair pour vous, texte d'appui très difficile, travaux d'écriture non traités dans l'année, roman survolé pour l'oral). S'entraîner aux trois types de travaux d'écriture permet aussi de ne pas choisir celui qui, en apparence, semble le plus facile. Beaucoup de candidats risquent, en effet, d'être attirés par cette apparente facilité et la concurrence sera plus grande.

Il convient que vous lisiez tous les libellés sans perte de temps, en mobilisant vos connaissances et en réagissant sur tel mot clé, sur tel auteur, telle allusion. Le sujet doit vous interpeller en évoquant en vous des idées, un cours, un corrigé fait en classe, un extrait d'œuvre étudiée...

A. Le choix du commentaire

▶ Il doit s'appuyer sur une première lecture qui ne présente pas d'obstacles majeurs.

▶ Il peut être utile, mais ce n'est jamais indispensable, d'en connaître l'auteur, la période littéraire et le genre.

▶ Enfin, il faut être sensible au texte proposé, il faut qu'il suscite un intérêt en vous. Vous le commenterez mieux.

B. Le choix de la dissertation

▶ Il doit s'appuyer sur une lecture attentive de l'énoncé qui vous en fasse déjà entrevoir les pistes principales.

▶ Le sujet doit évoquer aussi en vous des connaissances, des exemples littéraires pris dans le programme parmi les objets d'étude.

C. Le choix de l'écriture d'invention

▶ Il doit s'appuyer sur une première lecture attentive du texte qui sert de support à l'écriture d'invention.

▶ Il est utile de bien connaître les règles d'écriture propres à l'objet d'étude dans lequel s'inscrit le texte support.

▶ Le choix de ce type de sujet doit s'appuyer enfin sur une lecture attentive de l'énoncé et des consignes d'écriture.

Pour tout choix, il conviendra de chercher à convaincre l'examinateur par ce que vous écrivez.

La suite de cet ouvrage, en vous donnant des conseils de méthode, des exemples précis et des exercices ciblés, vous aidera dans cette tâche difficile. La préparation est en effet très importante en cours et chez soi ; elle se fonde sur l'entraînement : tout ne se joue pas en quatre heures à l'écrit ; la copie que vous rendrez sera l'aboutissement d'un travail de maturation.

▶ FICHE SYNTHÈSE

Comment répartir son temps le jours de l'examen

Vous disposez de 4 heures qu'il faudra répartir approximativement de la manière suivante :

Au début : prévoir 15 minutes pour une lecture attentive du corpus

À la fin : prévoir 15 minutes pour une relecture générale afin de vérifier l'orthographe et l'expression écrite (pendant la rédaction, pensez à ménager des temps de relecture partielle)

Commentaire

30 min :	pour répondre aux questions
15 min :	lecture et première analyse du texte
30 min :	recherche d'idées
15 min :	recherche du plan
30 min :	développement du plan
1 h 30 :	rédaction du commentaire composé

Dissertation

30 min :	pour répondre aux questions
15 min :	analyse de l'énoncé
30 min :	recherche des arguments
15 min :	construction du plan
2 h :	rédaction

Écriture d'invention

30 min :	pour répondre aux questions
15 min :	lecture des consignes et relecture du texte support
30 min :	recherche des idées
30 min :	construction du plan
1 h 45 :	rédaction

Il est préférable de lire les textes proposés avant de s'intéresser aux questions et aux sujets. En effet, les considérer dans leur logique propre, s'en faire une idée d'ensemble, permet de mieux aborder les questions. Lire un corpus ne consiste pas à lire une série de textes isolément mais à les lire en relation les uns avec les autres. Cela ne signifie pas pour autant qu'il faille éviter de lire chaque texte soigneusement. Nous proposons ici quelques étapes pour faciliter l'approche du corpus.

1. Aborder l'étude des textes

▸ Identifier les textes et documents

Avant de lire les textes, il est utile de faire un repérage rapide pour déterminer le nombre et la nature des documents : nombre de textes, nom de l'auteur, titre de l'extrait, date de publication, genre (théâtre, poème, essai, roman, lettre...), présence éventuelle d'un document iconographique. Ce premier repérage évite d'être noyé sous les documents.

▸ Lire attentivement les textes

• Exploiter les données du paratexte pour situer l'extrait : nom de l'auteur, titre de l'ouvrage ou de l'extrait, date d'écriture ou de publication, chapeau introductif.

Ex. : Oraison funèbre d'Henriette d'Angleterre, duchesse d'Orléans, *prononcée par Bossuet le 21 août 1670.*

Considérez, messieurs, ces grandes puissances que nous regardons de si bas. Pendant que nous tremblons sous leur main, Dieu les frappe, pour nous avertir. Leur élévation en est la cause ; et il les épargne si peu, qu'il ne craint pas de les sacrifier à l'instruction du reste des hommes. Chrétiens, ne murmurez pas si Madame a été choisie pour nous donner une telle instruction. Il n'y a rien ici de rude pour elle, puisque, comme vous le verrez dans la suite, Dieu la sauve par le même coup qui nous instruit. Nous devrions être assez convaincus de notre néant : mais s'il faut des coups de surprise à nos cœurs enchantés de l'amour du monde, celui-ci est assez grand et assez terrible. Ô nuit désastreuse ! ô nuit effroyable ! où retentit tout à coup, comme un éclat de tonnerre, cette étonnante nouvelle : Madame se meurt ! Madame est morte ! Qui de nous ne se sentit frappé à ce coup, comme si quelque tragique accident avait désolé sa famille ? Au premier bruit d'un mal si étrange on accourut à Saint-Cloud de toutes parts ; on trouve tout consterné, excepté le cœur de cette princesse. Partout on entend des cris ; partout on voit la douleur et le désespoir, et l'image de la mort. Le Roi, la Reine, Monsieur, toute la cour, tout le peuple, tout est abattu, tout est désespéré ; et il me semble que je vois l'accomplissement de cette parole du prophète : *Le Roi pleurera, le prince sera désolé, et les mains tomberont au peuple, de douleur et d'étonnement !*

Mais les princes et les peuples gémissaient en vain ; en vain Monsieur, en vain le Roi même tenait Madame serrée par de si étroits embrassements. Alors ils pouvaient dire l'un et l'autre, avec saint Ambroise : *Stringebam brachia, sed jam amiseram quam tenebam* : « Je serrais les bras ; mais j'avais déjà perdu ce que je tenais. » La princesse leur échappait parmi des embrassements si tendres, et la mort plus puissante nous l'enlevait entre ces royales mains.

Quoi donc ! elle devait périr si tôt ? Dans la plupart des hommes les changements se font peu à peu, et la mort les prépare ordinairement à son dernier coup. Madame cependant a passé du matin au soir, ainsi que l'herbe des champs. Le matin elle fleurissait ; avec quelles grâces ! vous le savez : le soir, nous la vîmes séchée ; et ces fortes expressions, par lesquelles l'Écriture sainte exagère l'inconstance des choses humaines, devaient être pour cette princesse si précises et si littérales.

Le nom de l'auteur et la date du texte situent l'extrait au XVIIe siècle. Le titre, Oraison funèbre, *indique le contenu, donnant une idée du registre et du style. Il s'agit d'un texte prononcé devant un auditoire, ce qui suppose des effets rhétoriques. Enfin, le personnage historique dont il est question est une princesse, ce qui peut avoir un effet sur le message délivré par le discours funèbre.*

- **Dégager le sujet du texte** : de quoi parle le texte, quel est son objectif ? Il importe de repérer rapidement les thèmes évoqués, la forme qu'ils revêtent (essai polémique, rêverie, dialogue...) et la visée du texte : convaincre, distraire, faire partager des sentiments et des émotions...

***Ex.** : le texte évoque la mort soudaine et en pleine jeunesse d'Henriette-Anne d'Angleterre (« Madame »), femme de Monsieur, frère du roi Louis XIV. Il s'agit d'un discours prononcé à titre d'oraison funèbre par Bossuet (1627-1704). Ce dernier a pour objectif de rappeler à ses auditeurs la vanité des grandeurs humaines (rois et princes n'échappent pas plus à la mort que les gens de condition modeste).*

- **Étudier l'organisation du texte.** Une fois déterminé le sens du texte, examiner comment il s'organise : en paragraphes, en strophes, en tirades ou en courtes répliques... L'organisation apparente fournit souvent des informations sur le contenu (étapes d'une argumentation, d'un dialogue, etc.).

***Ex.** : le texte comporte trois paragraphes. Dans le premier, Bossuet expose l'idée que la mort de Madame, si soudaine et inattendue, constitue une leçon pour tous les hommes, un rappel de la vanité des grandeurs. Bossuet évoque le désespoir que provoque cette mort choquante. Dans le second paragraphe, il montre l'impuissance des grands à lutter contre la mort. Dans le troisième enfin, il développe l'idée que la soudaineté du trépas de Madame illustre un passage de l'Écriture sur « l'inconstance des choses humaines ». Le premier paragraphe annonce les idées qui seront reprises dans les suivants.*

- **Être attentif aux marques d'énonciation** : qui s'exprime ? qui sont les destinataires ? Il est utile de relever les pronoms personnels, les éventuels noms propres, les indications de relations entre personnages...

Ex. : c'est le prédicateur qui parle. Il s'adresse à un auditoire (« messieurs ») composé de nobles de la cour, qu'il interpelle en leur qualité de « chrétiens » pour leur rappeler la fragilité de la condition humaine. Il s'inclut lui-même parmi les destinataires : « Nous devrions être assez convaincus de notre néant [...]. » Dans un passage, néanmoins, il emploie le « je » pour souligner son affliction et la leçon personnelle qu'il tire de l'événement : « et il me semble que je vois l'accomplissement de cette parole du prophète [...]. »

- **Identifier le ton et le registre du texte** : que dit le texte et comment le dit-il ? Parmi les registres étudiés, on trouve le comique, le tragique, l'épique, le poétique. Au sein de ces registres, les variations de ton sont multiples : ton grave, passionné, polémique, satirique... Le style de l'auteur fournit des indications quant au registre et au ton choisis : comparaisons et métaphores, figures de styles, ponctuation, rythme des phrases, niveau de langue...

Ex. : le registre est grave et solennel (apostrophes, interjections marquant l'horreur et l'affliction, questions et exclamations). Il s'agit de provoquer l'effroi et l'ébranlement de l'âme en rappelant l'événement : l'emploi du présent de l'indicatif dans le premier paragraphe, l'énumération, les répétitions, la brièveté des phrases, tout concourt à rendre l'intensité du drame, à le faire littéralement revivre par les auditeurs. Le vocabulaire est marqué par la dimension religieuse du discours : sévérité et miséricorde divines (« frapper », « sacrifier », « sauver »). Le texte fait une place importante aux citations des Écritures.

Les indications fournies pour la lecture des textes valent aussi pour le document iconographique : indications sur la nature de l'image, son auteur, étude de ce qu'elle représente et du registre adopté par l'illustrateur (comique, tragique...).

2. Repérer des liens entre les textes du corpus

Comme on l'a dit plus haut, les textes ont été regroupés en fonction d'objets d'étude. On peut donc établir entre eux des liens qui peuvent être de similitude, d'opposition, de complémentarité. La plupart du temps, ils permettent de varier les perspectives autour d'un point commun et d'approfondir la réflexion. Peu importe que le corpus propose des textes du même auteur ou d'auteurs différents, l'approche est toujours la même. Il s'agit de confronter les thématiques, les genres, les registres, les systèmes d'énonciation, autrement dit de confronter ce que disent les textes, les moyens qu'ils utilisent et leurs objectifs. Un même thème, par exemple, peut être traité de diverses manières.

Ex. : le thème de l'exotisme peut être représenté par Les Lettres persanes *de Montesquieu (roman épistolaire), par un poème de Baudelaire (« La Vie antérieure ») et par un texte de Victor Segalen (*Essai sur l'exotisme*).*

Ou encore un texte peut exister sous une forme romanesque et sous une forme théâtrale.

Exemple :

L'œuvre de Jules Renard, Poil de carotte, *existe sous forme romanesque (1894) et théâtrale (1900).*

Ou encore les objectifs d'un genre peuvent varier selon les époques.

Exemple :

Le roman, à travers la diversité de ses personnages, a eu pour ambition principale de divertir (aux XVIIe et XVIIIe siècles), de présenter un miroir à la société (XIXe siècle), ou de réfléchir sur le statut même de l'individu dans l'écriture et par l'écriture (XXe siècle).

Avant même de lire les questions et les sujets, il importe donc de dégager, même sommairement, les liens évidents qui unissent les textes du corpus : thèmes, genres littéraires, registres.

Exemple :

Objets d'étude : les genres de l'argumentation ; les réécritures.

Texte A. VOLTAIRE (1694-1778), *Dictionnaire philosophique*, article *Bien (Tout est)*, 1764.

Texte B. VOLTAIRE, *Candide*, 1759.

▶ Texte A. VOLTAIRE, *Dictionnaire philosophique*, article *Bien (Tout est)*, 1764.

Ce fut un beau bruit dans les écoles, et même parmi les gens qui raisonnent, quand Leibniz, en paraphrasant Platon, bâtit son édifice du meilleur des mondes possibles, et qu'il imagina que tout allait au mieux. [...]

[Il] rendit donc le service au genre humain de lui faire voir que nous devons être très contents, et que Dieu ne pouvait pas davantage pour nous ; qu'il avait nécessairement choisi, entre tous les partis possibles, le meilleur sans contredit.

« Que deviendra le péché originel ? lui criait-on. — Il deviendra ce qu'il pourra », disaient Leibniz et ses amis ; mais, en public, il écrivait que le péché originel entrait nécessairement dans le meilleur des mondes.

Quoi ! être chassé d'un lieu de délices, où l'on aurait vécu à jamais si on n'avait pas mangé une pomme ! Quoi ! faire dans la misère des enfants misérables, qui souffriront tout, qui feront tout souffrir aux autres ! Quoi ! éprouver toutes les maladies, sentir tous les chagrins, mourir dans la douleur, et pour rafraîchissement être brûlé dans l'éternité des siècles ! Ce partage est-il bien ce qu'il y avait de meilleur ? Cela n'est pas trop bon pour nous ; et en quoi cela peut-il être bon pour Dieu ?

Leibniz sentait qu'il n'y avait rien à répondre : aussi fit-il de gros livres dans lesquels il ne s'entendait pas.

▶ **Texte B.** Voltaire, *Candide*, 1759.

Dans le conte philosophique Candide, *Voltaire se moque de la conception du bien selon Leibniz. Ses héros, Candide et le philosophe Pangloss, parcourent le monde de désastre en désastre. Ils arrivent à Lisbonne au moment d'un terrible tremblement de terre.*

À peine ont-ils mis le pied dans la ville, en pleurant la mort de leur bienfaiteur, qu'ils sentent la terre trembler sous leurs pas, la mer s'élève en bouillonnant dans le port, et brise les vaisseaux qui sont à l'ancre. Des tourbillons de flammes et de cendres couvrent les rues et les places publiques ; les maisons s'écroulent, les toits sont renversés sur les fondements, et les fondements se dispersent ; trente mille habitants de tout âge et de tout sexe sont écrasés sous des ruines. Le matelot disait en sifflant et en jurant : « Il y aura quelque chose à gagner ici. — Quelle peut être la raison suffisante de ce phénomène ? disait Pangloss. — Voici le dernier jour du monde, s'écriait Candide. » Le matelot court incontinent au milieu des débris, affronte la mort pour trouver de l'argent, en trouve, s'en empare, s'enivre, et ayant cuvé son vin, achète les faveurs de la première fille de bonne volonté qu'il rencontre sur les ruines des maisons détruites, et au milieu des mourants et des morts. Pangloss le tirait cependant par la manche : « Mon ami, lui disait-il, cela n'est pas bien, vous manquez à la raison universelle, vous prenez mal votre temps. — Tête et sang, répondit l'autre, je suis matelot et né à Batavia ; j'ai marché quatre fois sur le crucifix dans quatre voyages au Japon ; tu as bien trouvé ton homme avec ta raison universelle ! »

[…] Le lendemain, ayant trouvé quelques provisions de bouche en se glissant à travers des décombres, ils réparèrent un peu leurs forces. Ensuite ils travaillèrent comme les autres à soulager les habitants échappés à la mort. Quelques citoyens, secourus par eux, leur donnèrent un aussi bon dîner qu'on le pouvait dans un tel désastre : il est vrai que le repas était triste ; les convives arrosaient leur pain de leurs larmes ; mais Pangloss les consola, en les assurant que les choses ne pouvaient être autrement : « Car, dit-il, tout ceci est ce qu'il y a de mieux ; car s'il y a un volcan à Lisbonne, il ne pouvait être ailleurs ; car il est impossible que les choses ne soient pas où elles sont ; car tout est bien. »

• ***Repérage :***

Les deux textes sont du même auteur, Voltaire, écrivain du XVIII*e siècle. Le premier est un article du* Dictionnaire philosophique, *qui donne une définition du Bien. Le second est un extrait de* Candide, *conte philosophique qui met en scène pour s'en moquer la philosophie de Leibniz.*

• ***Lecture des textes :***

Dans le Dictionnaire philosophique, *Voltaire commente l'idée du Bien selon Leibniz et se moque de cette philosophie qu'il juge absurde et contraire à l'expérience. La construction en paragraphes souligne l'argumentation (thèse, objections, conclusion). Le ton est polémique et ironique. L'auteur émet des jugements dépréciatifs sur Leibniz (« il imagina que tout allait au mieux »). Le style est vif grâce aux dialogues fictifs, aux interjections et aux exclamations.*

Dans Candide, *Voltaire conduit ses personnages à Lisbonne au moment d'un terrible tremblement de terre. Cette catastrophe n'ébranle cependant pas la conception leibnizienne du monde selon Pangloss. Voltaire en montre le caractère grotesque en opposant l'optimisme de Pangloss aux désastres naturels, à la mort et à la cruauté des hommes. Les paragraphes narratifs incluent des dialogues en forme de démonstration. Le registre est ironique.*

• ***Liens entre les textes :***

Voltaire critique la philosophie de Leibniz en utilisant des moyens littéraires variés : le discours argumentatif de l'article de dictionnaire et le discours narratif du conte philosophique. Dans les deux cas, il utilise le même registre ironique, en confrontant la réalité et les théories philosophiques.

FICHE SYNTHÈSE

Repérer :

- le nom de l'auteur ;
- le titre de l'ouvrage ou de l'extrait ;
- la date de publication ;
- le genre du texte (roman, lettre, théâtre, poème...).

Pendant la lecture de chaque texte, être attentif aux points suivants :

- sujet du texte ;
- visée ;
- structure ;
- registre ;
- système d'énonciation ;
- style.

Dégager les liens entre les textes en se servant de l'étude faite préalablement.

Exercices Voir corrigés page 29

Objets d'étude : les genres de l'argumentation ; les réécritures ; l'écriture poétique.

Texte A. Voltaire (1694-1778), *Dictionnaire philosophique*, article *Folie*, 1764.

Texte B. Denis Diderot (1713-1784), *Le Neveu de Rameau*, 1760-1772, posthume, 1805.

Texte C. Charles Baudelaire (1824-1867), « Le Fou et la Vénus », *Petits Poëmes en prose*, posthume, 1869.

▶ Texte A. Voltaire, *Dictionnaire philosophique*, article *Folie*, 1764.

« […] Nous appelons folie cette maladie des organes du cerveau qui empêche un homme nécessairement de penser et d'agir comme les autres. Ne pouvant gérer son bien, on l'interdit ; ne pouvant avoir des idées convenables à la société, on l'en exclut ; s'il est dangereux, on l'enferme, s'il est furieux, on le lie.

Ce qu'il est important d'observer, c'est que cet homme n'est point privé d'idées ; il en a comme tous les autres hommes pendant la veille, et souvent quand il dort. On peut demander comment son âme spirituelle, immortelle, logée dans son cerveau, recevant toutes les idées par les sens très nettes et très distinctes, n'en porte cependant jamais un jugement sain. Elle voit les objets comme l'âme d'Aristote et de Platon, de Locke et de Newton les voyait ; elle entend les mêmes sons, elle a le même sens du toucher ; comment donc, recevant les perceptions que les plus sages éprouvent, en fait-elle un assemblage extravagant sans pouvoir s'en dispenser ? »

▶ Texte B. Denis Diderot, *Le Neveu de Rameau*, 1760-1772, posthume, 1805.

L'ouvrage est un dialogue entre un « philosophe » et le neveu du musicien Rameau. Le « neveu » est un parasite, un personnage bouffon, fou amoureux de musique, qui se livre dans l'extrait suivant à une pantomime proche de la folie.

Et puis le voilà qui se met à se promener en murmurant dans son gosier quelques-uns des airs de l'*Île des fous*, du *Peintre amoureux de son modèle*, du *Maréchal Ferrant*, de la *Plaideuse* ; et de temps en temps, il s'écriait en levant les mains et les yeux au ciel : « Si cela est beau, mordieu ! si cela est beau ! Comment peut-on porter à sa tête une paire d'oreilles et faire une pareille question ? » Il commençait à entrer en passion et à chanter tout bas ; il élevait le ton à mesure qu'il se passionnait davantage. *Vinrent ensuite les gestes, les grimaces du visage et les contorsions du corps ; et je dis : « Bon, voilà la tête qui se perd et quelque scène nouvelle qui se prépare. » En effet, il part d'un éclat de voix ; « Je suis un pauvre misérable… Monseigneur, monseigneur, laissez-moi partir… Ô terre, reçois mon or, conserve bien mon trésor… Mon âme, mon âme, ma vie, Ô terre !… Le voilà le petit ami, le voilà le petit ami ! Aspettare e non venire… A Zerbina penserete… Sempre in contrasti con te si sta…* » Il entassait et brouillait ensemble trente airs italiens, français, tragiques, comiques, de toutes sortes de caractères. Tantôt avec une voix de basse-taille, il descendait jusqu'aux enfers ; tantôt s'égosillant et contrefaisant le fausset, il déchirait le haut des airs, imitant de la démarche, du maintien, du geste, les différents personnages chantants ; successivement furieux, radouci, impérieux, ricaneur. Ici, c'est une jeune fille qui pleure, et il en rend toute la minauderie ; là il est prêtre, il est roi, il est tyran, il menace, il commande, il s'emporte, il est esclave, il obéit. Il s'apaise, il se désole, il se plaint, il rit ; jamais hors de ton, de mesure, du sens des paroles et du caractère de l'air. Tous les pousse-bois avaient quitté leurs échiquiers et s'étaient rassemblés autour de lui. Les fenêtres du café étaient occupées, en dehors, par les passants qui s'étaient arrêtés au bruit. On faisait des éclats de rire à entrouvrir le plafond. Lui n'apercevait rien ; il continuait, saisi d'une aliénation d'esprit, d'un enthousiasme si voisin de la folie qu'il est incertain qu'il en revienne, s'il ne faudra pas le jeter dans un fiacre et le mener droit aux Petites-Maisons.

Texte C. Charles Baudelaire, « Le Fou et la Vénus », *Petits Poëmes en prose*, posthume, 1869.

Quelle admirable journée ! Le vaste parc se pâme sous l'œil brûlant du soleil, comme la jeunesse sous la domination de l'Amour.

L'extase universelle des choses ne s'exprime par aucun bruit ; les eaux elles-mêmes sont comme endormies. Bien différente des fêtes humaines, c'est ici une orgie silencieuse.

On dirait qu'une lumière toujours croissante fait de plus en plus étinceler les objets ; que les fleurs excitées brûlent du désir de rivaliser avec l'azur du ciel par l'énergie de leurs couleurs, et que la chaleur, rendant visibles les parfums, les fait monter vers l'astre comme des fumées.

Cependant, dans cette jouissance universelle, j'ai aperçu un être affligé. Aux pieds d'une colossale Vénus, un de ces fous artificiels, un de ces bouffons volontaires chargés de faire rire les rois quand le Remords ou l'Ennui les obsède, affublé d'un costume éclatant et ridicule, coiffé de cornes et de sonnettes, tout ramassé contre le piédestal, lève des yeux pleins de larmes vers l'immortelle Déesse.

Et ses yeux disent : — « Je suis le dernier et le plus solitaire des humains, privé d'amour et d'amitié, et bien inférieur en cela au plus imparfait des animaux. Cependant je suis fait, moi aussi pour comprendre et sentir l'Immortelle Beauté ! Ah ! Déesse ! ayez pitié de ma tristesse et de mon délire ! »

Mais l'implacable Vénus regarde au loin je ne sais quoi avec ses yeux de marbre.

1 ▶ Quelles observations tirez-vous d'un aperçu rapide des textes ?

2 ▶ Quels éléments d'approche vous fournit votre première lecture ?

3 ▶ Quels liens pouvez-vous établir entre ces textes ?

1 ▶ **Quelles observations tirez-vous d'un aperçu rapide des textes ?**

Il s'agit de textes d'auteurs différents : deux datent du XVIIIe siècle (Voltaire et Diderot), le troisième du XIXe siècle (Baudelaire). Ils appartiennent à des genres différents : texte argumentatif (article de dictionnaire), roman (*Le Neveu de Rameau*) et poème (« Le Fou et la Vénus »).

2 ▶ **Quels éléments d'approche vous fournit votre première lecture ?**

Voltaire tente de fournir une définition de la folie. La structure en paragraphes souligne les étapes de la réflexion : définition usuelle, observations et questions. Voltaire adopte un discours scientifique et met à l'épreuve le jugement commun. En décrivant la pantomime musicale du neveu de Rameau, Diderot met en scène la « folie » de son personnage. La description est proche d'une scène de théâtre : elle intègre gestuelle, jeux de scène, dialogues. La description est effectuée par le « philosophe », narrateur, interlocuteur du neveu et témoin de la scène. Le style mime l'action avec ses énumérations et sa succession de propositions brèves. Quant à Baudelaire, il représente la Folie délaissée par l'Amour. Le poème en prose déroule la description au fil des paragraphes et des alinéas, mettant en valeur le personnage central et sa confrontation avec la statue. Le registre est lyrique, le poète intervient directement (emploi du « je »). Le style se caractérise par les métaphores et les comparaisons.

3 ▶ **Quels liens pouvez-vous établir entre ces textes ?**

Lien évident entre les textes, le thème de la folie est à la fois objet de réflexion et objet littéraire, magnifié par le roman et la poésie.

Analyser les questions

Les sujets se composent en général de deux parties. La première comporte une série de questions, la seconde l'énoncé de l'épreuve d'écriture. Il arrive souvent que les questions soient communes aux trois sujets, mais ce n'est pas toujours le cas. Elles portent en général sur deux des textes au moins et permettent un travail sur l'ensemble du corpus. Elles guident la réflexion et préparent l'épreuve de rédaction. Il est donc très important de ne pas négliger les questions et d'y répondre soigneusement. Il n'est pas recommandé de « faire l'impasse » sur l'une des questions sous le prétexte qu'elle ne vaut que peu de points. Le déroulement de l'épreuve est conçu comme un tout, dans lequel chaque étape participe du bon déroulement de l'ensemble.

Nous proposons ci-dessous un exemple de corpus suivi de questions, qui nous servira de base d'exercice.

Objets d'étude : le texte théâtral et sa représentation du XVIIe siècle à nos jours ; les genres de l'argumentation.

Texte A. MOLIÈRE (1622-1673), *Les Fourberies de Scapin* (acte I, scène 4), 1671.

Texte B. Eugène LABICHE (1815-1888), *Le Voyage de M. Perrichon* (acte I, scène 9), 1860.

Texte C. Eugène IONESCO (1909-1994), *La Cantatrice chauve* (scène 1), 1950.

▶ **Texte A**. MOLIÈRE, *Les Fourberies de Scapin*, 1671.

Le fils d'Argante a contracté un mariage secret en l'absence de son père, qui l'apprend à son retour. Le valet Scapin est décidé à aider son jeune maître et à duper le vieillard.

ARGANTE ; SCAPIN *et* SILVESTRE *dans le fond du théâtre.*

ARGANTE, *se croyant seul.* — A-t-on jamais ouï parler d'une action pareille à celle-là ?

SCAPIN, *à* SILVESTRE. — Il a déjà appris l'affaire, et elle lui tient si fort en tête que tout seul il en parle haut.

ARGANTE, *se croyant seul.* — Voilà une témérité bien grande !

SCAPIN, *à* SILVESTRE. — Écoutons-le un peu.

ARGANTE, *se croyant seul.* — Je voudrais savoir ce qu'ils me pourront dire sur ce beau mariage.

SCAPIN, *à part.* — Nous y avons songé.

ARGANTE, *se croyant seul.* — Tâcheront-ils de me nier la chose ?

SCAPIN, *à part.* — Non, nous n'y pensons pas.

ARGANTE, *se croyant seul.* — Ou s'ils entreprendront de l'excuser ?

SCAPIN, *à part.* — Celui-là se pourra faire.

ARGANTE, *se croyant seul.* — Prétendront-ils m'amuser par des contes en l'air ?

SCAPIN, *à part.* — Peut-être.

ARGANTE, *se croyant seul.* — Tous leurs discours seront inutiles.

SCAPIN, *à part.* — Nous allons voir.

ARGANTE, *se croyant seul.* — Ils ne m'en donneront point à garder.

SCAPIN, *à part.* — Ne jurons de rien.

ARGANTE, *se croyant seul.* — Je saurai mettre mon pendard de fils en lieu de sûreté.

SCAPIN, *à part.* — Nous y pourvoirons.

▶ **Texte B.** Eugène LABICHE, *Le Voyage de M. Perrichon*, 1860.

Armand et Daniel, jeunes bourgeois, se rencontrent à l'improviste à la gare, où ils cherchent tous deux de leur côté à suivre la fille de M. Perrichon, dont ils sont amoureux.

ARMAND, DANIEL, *puis* PERRICHON

Daniel, qui vient de prendre son billet, est heurté par Armand, qui veut prendre le sien.

ARMAND. — Prenez donc garde !

DANIEL. — Faites attention vous-même !

ARMAND. — Daniel !

DANIEL. — Armand !

ARMAND. — Vous partez ?...

DANIEL. — À l'instant ! et vous ?...

ARMAND. — Moi aussi !

DANIEL. — C'est charmant ! Nous ferons route ensemble ! J'ai des cigares de première classe... Et où allez-vous ?

ARMAND. — Ma foi, mon cher ami, je n'en sais rien encore.

DANIEL. — Tiens ! c'est bizarre ! ni moi non plus ! J'ai pris un billet jusqu'à Lyon.

ARMAND. — Vraiment ? Moi aussi ! Je me dispose à suivre une demoiselle charmante.

DANIEL. — Tiens ! moi aussi !

ARMAND. — La fille d'un carrossier !

DANIEL. — Perrichon ?

ARMAND. — Perrichon !

Daniel. — C'est la même !

Armand. — Mais je l'aime, mon cher Daniel.

Daniel. — Je l'aime également, mon cher Armand.

Armand. — Je veux l'épouser !

Daniel. — Moi, je veux la demander en mariage… ce qui est à peu près la même chose.

Armand. — Mais nous ne pouvons l'épouser tous les deux !

Daniel. — En France, c'est défendu !

Armand. — Que faire ?…

Daniel. — C'est bien simple ! Puisque nous sommes sur le marchepied du wagon, continuons gaiement notre voyage… cherchons à plaire… à nous faire aimer, chacun de notre côté !

Armand, *en riant.* — Alors, c'est un concours !… un tournoi !…

Daniel. — Une lutte loyale… et amicale… Si vous êtes vainqueur… je m'inclinerai… Si je l'emporte, vous ne me tiendrez pas rancune ! Est-ce dit ?

Armand. — Soit ! j'accepte.

Daniel. — La main, avant la bataille.

Armand. — Et la main après.

Ils se donnent la main.

Texte C. Eugène Ionesco, *La Cantatrice chauve*, Gallimard, 1950.

Le couple Smith est dans son salon.

M. Smith, *toujours avec son journal.* — Il y a une chose que je ne comprends pas. Pourquoi à la rubrique de l'état civil, dans le journal, donne-t-on toujours l'âge des personnes décédées et jamais celui des nouveau-nés ? C'est un non-sens.

Mme Smith. — Je ne me le suis jamais demandé !

Un autre moment de silence. La pendule sonne sept fois.
Silence. La pendule sonne trois fois. Silence.
La pendule ne sonne aucune fois.

M. Smith, *toujours dans son journal.* — Tiens, c'est écrit que Bobby Watson est mort.

Mme Smith. — Mon Dieu, le pauvre, quand est-ce qu'il est mort ?

M. Smith. — Pourquoi prends-tu cet air étonné ? Tu le savais bien. Il est mort il y a deux ans. Tu te rappelles, on a été à son enterrement, il y a un an et demi.

Mme Smith. — Bien sûr que je me rappelle. Je me suis rappelé tout de suite, mais je ne comprends pas pourquoi toi-même tu as été si étonné de voir ça sur le journal.

M. Smith. — Ça n'y était pas sur le journal. Il y a déjà trois ans qu'on a parlé de son décès. Je m'en suis souvenu par associations d'idées !

Mme Smith. — Dommage ! Il était si bien conservé.

M. Smith. — C'était le plus joli cadavre de Grande-Bretagne ! Il ne paraissait pas son âge. Pauvre Bobby, il y avait quatre ans qu'il était mort et il était encore chaud. Un véritable cadavre vivant. Et comme il était gai !

Mme Smith. — La pauvre Bobby.

M. Smith. — Tu veux dire « le » pauvre Bobby.

Mme Smith. — Non, c'est à sa femme que je pense. Elle s'appelait comme lui, Bobby, Bobby Watson. Comme ils avaient le même nom, on ne pouvait pas les distinguer l'un de l'autre quand on les voyait ensemble. Ce n'est qu'après sa mort à lui, qu'on a pu vraiment savoir qui était l'un et qui était l'autre. Pourtant, aujourd'hui encore, il y a des gens qui la confondent avec le mort et lui présentent des condoléances. Tu la connais ?

M. Smith. — Je ne l'ai vue qu'une fois, par hasard, à l'enterrement de Bobby.

Questions :

1. Étudiez le rapport entre la situation des personnages et la forme prise par le dialogue.

2. Expliquez brièvement comment s'enchaînent les répliques dans chacune des scènes.

3. Montrez quels sont les procédés comiques employés par Molière, Labiche et Ionesco.

1. Aborder les questions

Il faut prendre le temps de bien comprendre les questions posées, d'en saisir le sens et l'objet (sur quoi porte la question). Pour ce faire, il est commode de souligner les mots clés dans un premier temps, puis de reformuler la question en vos propres termes.

Exemple *(à partir des questions ci-dessus) :*

Mots clefs : *rapport, situation des personnages, forme du dialogue (question 1) ; s'enchaîner, répliques (question 2) ; procédés comiques (question 3).*

Nouvelle formulation : *quel est le lien entre la situation et la forme du dialogue ? (question 1) ; comment le dialogue progresse-t-il ? (question 2) ; par quels moyens les auteurs rendent-ils la scène comique ? (question 3).*

2. Sur quoi portent les questions

Les questions sont en rapport avec les objets d'étude et font donc appel à des problématiques connues du candidat. Elles peuvent porter sur différents points :

• **la nature du texte :**

– genre romanesque, théâtral, poétique, essai, discours... ;

– type de discours (discours direct, indirect ou indirect libre).

• **le sens du texte :**

– quel est le sujet ?

– quelles sont les idées exprimées ?

– qui parle ?

– à qui le texte s'adresse-t-il ?

– quelle est sa visée ?

• **l'organisation (ou structure) du texte :**

– comment le texte est-il construit (paragraphes, tirades, répliques, strophes...) ?

– quelles sont les articulations logiques (adverbes et conjonctions exprimant l'opposition, la conséquence, l'insistance, etc.) ?

– comment les idées sont-elles organisées ?

– comment le dialogue progresse-t-il ?

• **les procédés de style :**

– indices de la présence de l'auteur et du destinataire (pronoms, noms, expression de la subjectivité de l'auteur...) ;

– construction des phrases, rythme ;

– dialogues ;

– figures de style (métaphores et comparaisons, exagération, litote...) ;

– rhétorique (persuader, toucher, railler...).

• **le registre :**

– ton adopté (distanciation, implication, ironie, comique, tragique, polémique...).

• **la langue :**

– vocabulaire ;

– connotation des termes (sens résultant du contexte dans lequel sont employés certains termes : par exemple, « chauffard » a un sens péjoratif et indique l'appréciation négative de celui qui emploie ce mot) ;

– champs lexicaux (ensemble de mots et d'expressions qui appartiennent au même domaine de signification).

Ex. : CHATEAUBRIAND, Mémoires d'outre-tombe *(livre IV, chapitre 44), posthume, 1848.*

« Représentons-nous, selon la science agrandie, notre chétive planète, nageant dans un océan à vagues de soleils, dans cette Voie lactée, matière brute de lumière, métal en fusion de mondes que façonnera la main du Créateur. »

Le champ lexical de l'eau est représenté par les termes « nageant », « océan », « vagues » ; le champ lexical de la lumière par les mots et expressions « soleils », « lumière », « métal en fusion ».

– niveau de langue (noble, familier…).

> ***Exemple*** *(à partir des questions p. 34) :*
>
> *La question 1 porte sur le sens, l'organisation et le style. Les questions 2 et 3 portent sur l'organisation et le style.*

▶ FICHE SYNTHÈSE

- **Lire attentivement chaque question.**
- **Souligner les mots clefs dans chacune des questions.**
- **Reformuler les questions :**
  - employer des synonymes courants ;
  - retenir uniquement les termes essentiels de la question ;
  - simplifier la formulation.
- **Déterminer si les questions portent sur :**
  - la nature du texte ;
  - son sens ;
  - son organisation ;
  - les procédés de style ;
  - le registre ;
  - la langue.

EXERCICES

Voir corrigés page 37

Soulignez les mots clefs des questions suivantes, proposez une nouvelle formulation de celles-ci et déterminez leur objet.

1 ▶ À quel genre de discours appartiennent ces trois textes ? Quel sujet chacun propose-t-il à la réflexion du lecteur ?

2 ▶ Quel est le destinataire de chacun de ces textes ? Quelle est sa visée ?

3 ▶ Analysez les procédés de la persuasion auxquels chacun des textes a recours.

4 ▶ Les textes proposés abordent la question de l'amour. Précisez, pour deux d'entre eux, à votre choix, le registre dominant et l'effet recherché.

5 ▶ En quoi la vision de l'amour chez l'écrivain X se distingue-t-elle de celle proposée par l'écrivain Y ?

6 ▶ Étudiez les principales modifications liées au passage du genre romanesque au genre théâtral dans les textes A et B.

Analyser les questions - Corrigés

1 ▶ Les mots clefs sont « genre » et « sujet ». La question pourrait se reformuler de la manière suivante : comment peut-on définir les trois discours ? De quoi parlent les trois textes ? La question 1 porte sur la nature et le sens du texte.

2 ▶ Les mots clefs sont « destinataire » et « visée ». Nouvelle formulation : à qui s'adressent ces textes ? quel est leur but ? La question 2 porte sur le sens.

3 ▶ Les mots clefs sont « procédés » et « persuasion ». Nouvelle formulation : par quels moyens les textes essaient-ils de convaincre ? La question porte à la fois sur l'organisation et sur les procédés de style.

4 ▶ Les mots clefs sont « registre » et « effet recherché ». Nouvelle formulation : sur quel ton les textes abordent-ils la question de l'amour et quel effet veulent-ils produire ? La question porte sur le registre.

5 ▶ Les mots clefs sont « vision » et « se distinguer ». Nouvelle formulation : en quoi la vision de l'amour chez l'écrivain X est-elle différente de celle proposée par l'écrivain Y ? La question porte sur le sens, mais aussi sur le registre et le style.

6 ▶ Les mots clefs sont « modifications », « passage », « genre romanesque » et « genre théâtral ». Nouvelle formulation : comment passe-t-on du roman au théâtre ? La question porte sur la nature, l'organisation et le style.

Même si vous disposez de peu de temps pour répondre aux questions, ne bâclez pas la rédaction. Soyez concis, clair et efficace. L'examinateur appréciera la pertinence de la réponse et la bonne tenue de la rédaction.

1. Préparer la rédaction

Il est toujours préférable de traiter les questions dans l'ordre où elles sont posées et de les aborder l'une après l'autre. Les questions, en effet, se succèdent selon une progression logique. La réponse à la première question donne en général des éléments pour traiter la question suivante. On demandera par exemple au candidat de commencer par résumer les idées exprimées avant de l'engager dans un commentaire ou une comparaison. Après avoir fait l'analyse de la question, il s'agit de repérer dans le texte les éléments qui permettent d'y répondre. Il peut être utile de les souligner ou de les entourer.

***Ex.** : si vous avez une question sur l'organisation du texte, il faudra examiner la façon dont le texte est construit (parties, paragraphes, strophes…), étudier la disposition typographique, repérer les articulations logiques (conjonctions, adverbes…). Pour répondre à une question de vocabulaire, il faut repérer le terme ou l'expression, l'examiner dans son contexte.*

Lorsque vous faites ce travail de repérage, prenez des notes sur une feuille de brouillon. Il n'est pas nécessaire de rédiger mais simplement de noter les éléments de réponse, éventuellement les passages du texte qui pourront servir d'exemples. Une fois notés les éléments qui vous serviront à répondre à la question, essayez de les organiser de manière logique pour éviter une énumération pure et simple. Le jury teste aussi la capacité du candidat à structurer sa réflexion. Au vu des notes que vous avez prises, relevez les quelques idées principales et rangez-les selon une progression logique en marquant les articulations : opposition (mais, en revanche, au contraire…), concession (cependant, toutefois, bien que, quoique…), conséquence (de ce fait, il en résulte que…), cause (c'est pourquoi…), insistance (en outre, par ailleurs…).

Vous avez ainsi votre plan d'ensemble, composé de deux, trois ou quatre parties. Il est recommandé d'aller à la ligne au début de chaque partie pour marquer le déroulement de l'argumentation par des paragraphes. À l'intérieur de chaque partie, rassemblez tous les éléments qui se rattachent à l'idée principale et construisez vos paragraphes de manière à ce que la ligne directrice soit clairement exposée et illustrée par des exemples tirés des textes (citations complètes ou partielles, mots cités entre guillemets). Le travail doit être organisé dans son ensemble (plusieurs parties distinctes liées entre elles par des rapports logiques) comme dans chacune de ses parties.

2. Rédiger la question

Compte tenu de la durée de l'épreuve, vous n'avez pas le temps de rédiger votre réponse au brouillon. Il faut le faire directement au propre, une fois préparée la réponse, d'où l'importance de ce travail préalable. Soyez attentifs aux points suivants :

– structurez votre réponse, c'est-à-dire organisez vos remarques de manière logique ;

– donnez des exemples brefs pour illustrer votre propos, en citant les textes et en commentant les citations ;

– veillez à reproduire fidèlement les extraits cités sans erreur ;

– adoptez un style clair et simple (ce qui suppose d'avoir une idée claire de ce que vous voulez dire) ;

– écrivez lisiblement, en laissant une marge pour le correcteur ;

– proscrivez les abréviations, les notes, le style télégraphique, le vocabulaire familier ;

– prenez quelques instants pour vous relire et corriger les éventuelles fautes d'orthographe et de grammaire.

La réussite dépend surtout de votre organisation et de votre capacité à aller à l'essentiel, de manière simple.

▶ FICHE SYNTHÈSE

Pour répondre aux questions, plusieurs étapes sont nécessaires :

– traiter une question après l'autre, dans l'ordre où elles sont posées ;
– repérer les éléments de réponse dans les textes ;
– prendre des notes au brouillon ;
– organiser ses idées ;
– rédiger directement en donnant des exemples ;
– adopter un style simple et écrire de manière lisible ;
– se relire.

EXERCICES

Voir corrigés pages 41-43

En vous appuyant sur le corpus proposé dans la séquence 2 (p. 31-34), répondez aux trois questions posées.

1 ▶ Étudiez le rapport entre la situation des personnages et la forme prise par le dialogue.

2 ▶ Expliquez brièvement comment s'enchaînent les répliques dans chacune des scènes.

3 ▶ Montrez quels sont les procédés comiques employés par Molière, Labiche et Ionesco.

1 ▶ Repérage des éléments de réponse

Chez Molière : trois personnages dont l'un (Argante) ignore la présence des deux autres, cachés dans le fond du théâtre. Monologue à voix haute d'Argante (*« se croyant seul »*) tandis que les autres l'écoutent et commentent ses propos en aparté. Dialogue : monologue et apartés en réponse, créant l'impression trompeuse d'un véritable échange.

Chez Labiche : rencontre imprévue entre deux amis, pressés (voyage en train) et qui se découvrent rivaux en amour. Courtes répliques, exclamations, questions : surprise et précipitation.

Chez Ionesco : un couple chez lui. Conversation.

▶ Organisation des remarques

– faire le point sur la situation dans chacun des extraits ;

– montrer que la forme du dialogue reflète la situation (échange normal, dialogue truqué).

▶ Rédaction

Les extraits proposés mettent en scène trois situations différentes : chez Molière, trois personnages sont sur scène, mais l'un d'eux, Argante, ignore la présence des autres, retirés dans le fond du théâtre et qui l'observent à son insu. La scène tire son effet de ce dispositif particulier. Dans les autres textes, les personnages sont conscients de la présence les uns des autres. Labiche met en scène une rencontre imprévue dans une gare, entre deux amis qui se découvrent à leur grande surprise amoureux de la même femme, à la poursuite de laquelle ils sont lancés. Enfin chez Ionesco, M. et Mme Smith sont dans leur salon où ils discutent. Chacune de ces situations détermine la forme du dialogue.

Chez Labiche et Ionesco, le dialogue se déroule de manière « normale » entre deux personnages qui échangent des propos. Dans l'extrait de la pièce de Labiche, le dialogue est marqué par la surprise de la rencontre et la hâte des personnages qui doivent prendre le train :

ARMAND. — Daniel !

DANIEL. — Armand !

ARMAND. — Vous partez ?...

DANIEL. — À l'instant ! et vous ?...

ARMAND.— Moi aussi !

Hâte et étonnement se traduisent par un enchaînement de répliques très brèves, sous la forme de questions et d'exclamations. Chez Molière, la situation induit une forme particulière de dialogue. Argante, *« se croyant seul »*, monologue à voix haute tandis que les autres l'écoutent et commentent ses propos *« à part »*, c'est-à-dire sans être entendus de lui. Molière utilise le procédé de l'aparté, fréquente source d'effets comiques. Comme Scapin commente les propos d'Argante ou répond à ses questions, les répliques se succèdent comme dans un dialogue normal :

ARGANTE, *se croyant seul.* — Prétendront-ils m'amuser par des contes en l'air ?

SCAPIN, *à part.* — Peut-être.

ARGANTE, *se croyant seul.* — Tous leurs discours seront inutiles.

SCAPIN, *à part.* — Nous allons voir.

En dépit des apparences, il ne s'agit pas d'un véritable dialogue mais d'un échange fictif et truqué, qui repose sur un artifice de mise en scène.

2 ▶ Repérage des éléments de réponse

Chez Molière : système de questions et réponses ou de propos suivis de commentaire.

Chez Labiche : rapide alternance de répliques. Le dialogue rebondit sur les mots. Importance des répétitions de mots.

Chez Ionesco : enchaînement « logique » de la conversation. Répliques motivées par celles qui précèdent.

▶ Organisation

Fil directeur : progression du dialogue selon une logique verbale ou une logique de sens.

▶ Rédaction

Tout en respectant un enchaînement logique de sens, chaque dialogue a son propre mode de progression. Chez Ionesco et Labiche, c'est la logique de la conversation qui domine. Dans la scène entre Daniel et Armand, l'alternance rapide des répliques repose sur les mots et les répétitions :

ARMAND. — Vraiment ? Moi aussi ! Je me dispose à suivre une demoiselle charmante.

DANIEL. — Tiens ! moi aussi !

ARMAND. — La fille d'un carrossier.

DANIEL. — Perrichon ?

ARMAND. — Perrichon !

DANIEL. — C'est la même !

ARMAND. — Mais je l'aime, mon cher Daniel.

DANIEL. — Je l'aime également, mon cher Armand.

Le jeu verbal vient animer le dialogue et lui donner un caractère ludique et artificiel.

Chez Molière, l'enchaînement des répliques traduit le rapport de force entre les personnages : la succession de propos et de commentaires montre que la scène est menée par le valet Scapin à l'insu du vieillard Argante.

3 ▶ Repérage des éléments de réponse

Chez Molière : comique de situation (disposition des personnages sur scène et dialogue truqué, apartés). Rapports trompeur/dupe :

ARGANTE, *se croyant seul.* — Ils ne m'en donneront point à garder.

SCAPIN, *à part.* — Ne jurons de rien.

Chez Labiche : comique de situation (deux amis qui se découvrent rivaux), comique verbal (progression du dialogue).

Chez Ionesco : comique d'absurde. Contraste entre l'enchaînement cohérent des répliques et l'illogisme des propos tenus (contradictions constantes).

▶ Organisation

- comique de situation et de langage ;
- évolution vers le comique d'absurde, trait marquant du théâtre moderne (Jarry, Ionesco, Beckett).

▶ Rédaction

Molière et Labiche usent du comique de situation, étroitement lié au comique de langage dans les extraits cités. Chez Labiche, la rencontre imprévue entre deux amis qui se découvrent rivaux en amour entraîne un dialogue vif, fondé sur l'enchaînement rapide et la répétition de mots, donnant ainsi l'impression d'un jeu verbal. Molière installe un autre dispositif : par le recours à l'aparté, il développe un dialogue truqué qui illustre le rapport de force entre les personnages. Scapin mène la scène à l'insu d'Argante, future victime de ses machinations :

ARGANTE, *se croyant seul.* — Ils ne m'en donneront point à garder.

SCAPIN, *à part.* — Ne jurons de rien.

Le spectateur devient complice de Scapin et savoure à l'avance sa victoire et la défaite du vieillard.

Chez Ionesco, le comique est essentiellement verbal et repose sur l'absurde, trait marquant du théâtre moderne. L'extrait proposé montre un contraste entre l'enchaînement cohérent des réponses et l'illogisme des propos tenus.

L'illogisme tient surtout au caractère contradictoire des répliques :

M. SMITH. — Pourquoi prends-tu cet air étonné ? Tu le savais bien. Il est mort il y a deux ans. Tu te rappelles, on a été à son enterrement, il y a un an et demi.

Mme SMITH. — Bien sûr que je me rappelle. Je me suis rappelé tout de suite, mais je ne comprends pas pourquoi toi-même tu as été si étonné de voir ça sur le journal.

M. SMITH. — Ça n'y était pas sur le journal. Il y a déjà trois ans qu'on a parlé de son décès.

Les indications chronologiques sont anarchiques, tout comme les sonneries de la pendule. Le temps semble déréglé. Dans cet univers absurde, la contradiction règne en maître et l'identité des personnages semble incertaine (Bobby Watson est-il un homme ou une femme ?). On voit par ces exemples que la nature du comique évolue en fonction des époques.

CORPUS

Tout au long de cette partie, consacrée à l'étude du premier travail d'écriture, le commentaire de texte, nous nous référerons principalement au corpus ci-dessous.

Objets d'étude : poésie ; autobiographie.

Texte A. François René de Chateaubriand (1768-1848), *Mémoires d'outre-tombe*, (I, 3), posthume, 1848.

Texte B. Charles Baudelaire (1821-1867), *Les Fleurs du mal*, « Le voyage », 1857.

Texte C. Guillaume Apollinaire (1880-1918), *Alcools*, « Le pont Mirabeau », 1913.

Texte D. Anna de Noailles (1876-1933), *Le Cœur innombrable*, « Il fera longtemps clair ce soir », 1901.

▶ Texte A. François René de Chateaubriand, *Mémoires d'outre-tombe*, (I, 3), posthume, 1848.

Montboissier, juillet 1817.

Hier au soir je me promenais seul ; le ciel ressemblait à un ciel d'automne ; un vent froid soufflait par intervalles. À la percée d'un fourré, je m'arrêtai pour regarder le soleil : il s'enfonçait dans les nuages au-dessus de la tour d'Alluye, d'où Gabrielle[1], habitante de cette tour, avait vu comme moi le soleil se coucher il y a deux cents ans. Que sont devenus Henri et Gabrielle ? Ce que je serai quand ces *Mémoires* seront publiés.

Je fus tiré de mes réflexions par le gazouillement d'une grive perchée sur la plus haute branche d'un bouleau. À l'instant, ce son magique fit reparaître à mes yeux le domaine paternel ; j'oubliai les catastrophes dont je venais d'être le témoin, et, transporté subitement dans le passé, je revis ces campagnes où j'entendis si souvent siffler la grive. Quand je l'écoutais alors, j'étais triste de même qu'aujourd'hui ; mais cette première tristesse était celle qui naît d'un désir vague de bonheur, lorsqu'on est sans expérience ; la tristesse que j'éprouve actuellement vient de la connaissance des choses appréciées et jugées. Le chant de l'oiseau dans les bois de Combourg m'entretenait d'une félicité que je croyais atteindre ; le même chant dans le parc de Montboissier me rappelait des jours perdus à la poursuite de cette félicité insaisissable. Je n'ai plus rien à apprendre, j'ai marché plus vite qu'un autre, et j'ai fait le tour de la vie.

Les heures fuient et m'entraînent ; je n'ai pas même la certitude de pouvoir achever ces Mémoires. Dans combien de lieux ai-je déjà commencé à les écrire, et dans quel lieu les finirai-je ? Combien de temps me promènerai-je au bord des bois ? Mettons à profit le peu d'instants qui me restent ; hâtons-nous de peindre ma jeunesse, tandis que j'y touche encore : le navigateur, abandonnant pour jamais un rivage enchanté, écrit son journal à la vue de la terre qui s'éloigne et qui va bientôt disparaître.

1. Il s'agit de Gabrielle d'Estrée, maîtresse d'Henri IV.

Texte B. Charles Baudelaire, *Les Fleurs du mal*, « Le voyage » (extrait), 1857.

VII

Amer savoir, celui qu'on tire du voyage !
Le monde, monotone et petit, aujourd'hui,
Hier, demain, toujours, nous fait voir notre image :
Une oasis d'horreur dans un désert d'ennui !

Faut-il partir ? rester ? Si tu peux rester, reste ;
Pars s'il le faut. L'un court, et l'autre se tapit
Pour tromper l'ennemi vigilant et funeste,
Le temps ! Il est, hélas ! des coureurs sans répit,

Comme le Juif errant et comme les apôtres,
À qui rien ne suffit, ni wagon ni vaisseau,
Pour fuir ce rétiaire infâme ; il en est d'autres
Qui savent le tuer sans quitter leur berceau.

Lorsque enfin il mettra le pied sur notre échine,
Nous pourrons espérer et crier : En avant !
De même qu'autrefois nous partions pour la Chine,
Les yeux fixés au large et les cheveux au vent,

Nous nous embarquerons sur la mer des Ténèbres
Avec le cœur joyeux d'un jeune passager.
Entendez-vous ces voix, charmantes et funèbres,
Qui chantent : « Par ici ! vous qui voulez manger

Le lotus parfumé ! c'est ici qu'on vendange
Les fruits miraculeux dont votre cœur a faim ;
Venez vous enivrer de la douceur étrange
De cette après-midi qui n'a jamais de fin ? »

À l'accent familier nous devinons le spectre ;
Nos Pylades là-bas tendent leurs bras vers nous.
« Pour rafraîchir ton cœur nage vers ton Électre ! »
Dit celle dont jadis nous baisions les genoux.

VIII

Ô Mort, vieux capitaine, il est temps ! levons l'ancre !
Ce pays nous ennuie, ô Mort ! Appareillons !
Si le ciel et la mer sont noirs comme de l'encre,
Nos cœurs que tu connais sont remplis de rayons !

Verse-nous ton poison pour qu'il nous réconforte !
Nous voulons, tant ce feu nous brûle le cerveau,
Plonger au fond du gouffre, enfer ou Ciel, qu'importe ?
Au fond de l'inconnu pour trouver du nouveau !

Texte C. *Guillaume Apollinaire,* Alcools, *1913.*

Le pont Mirabeau

Sous le pont Mirabeau coule la Seine
Et nos amours
Faut-il qu'il m'en souvienne
La joie venait toujours après la peine

Vienne la nuit sonne l'heure
Les jours s'en vont je demeure

Les mains dans les mains restons face à face
Tandis que sous
Le pont de nos bras passe
Des éternels regards l'onde si lasse

Vienne la nuit sonne l'heure
Les jours s'en vont je demeure

L'amour s'en va comme cette eau courante
L'amour s'en va
Comme la vie est lente
Et comme l'espérance est violente

Vienne la nuit sonne l'heure
Les jours s'en vont je demeure

Passent les jours et passent les semaines
Ni temps passé
Ni les amours reviennent
Sous le pont Mirabeau coule la Seine

Vienne la nuit sonne l'heure
Les jours s'en vont je demeure

Texte D. Anna de Noailles, *Le Cœur innombrable*, 1901.

Il fera longtemps clair ce soir…

Il fera longtemps clair ce soir, les jours allongent.
La rumeur du jour vif se disperse et s'enfuit,
Et les arbres, surpris de ne pas voir la nuit,
Demeurent éveillés dans le soir blanc et songent…

Les marronniers, sur l'air plein d'or et de lourdeur,
Répandent leurs parfums et semblent les étendre ;
On n'ose pas marcher ni remuer l'air tendre
De peur de déranger le sommeil des odeurs.

De lointains roulements arrivent de la ville…
La poussière qu'un peu de brise soulevait,
Quittant l'arbre mouvant et las qu'elle revêt,
Redescend doucement sur les chemins tranquilles ;

Nous avons tous les jours l'habitude de voir
Cette route si simple et si souvent suivie,
et pourtant quelque chose est changé dans la vie ;
nous n'aurons plus jamais notre âme de ce soir…

Lire un texte littéraire

Le premier type de travail d'écriture proposé au candidat consiste en la rédaction d'un commentaire de texte. Ce commentaire porte obligatoirement sur un texte littéraire du corpus.

Reste à savoir ce qu'est un « texte littéraire » et ce que la nature même de ce support textuel implique sur le plan méthodologique. On reconnaît généralement le texte littéraire à ses qualités stylistiques et au travail sur la forme auquel s'est livré l'écrivain (le thème n'est pas un critère de qualité littéraire). Pour cette raison, le commentaire de texte devra accorder une grande place à l'analyse stylistique et formelle.

En règle générale, le commentaire est composé, c'est-à-dire qu'il présente de manière organisée, selon un plan rigoureux, les remarques issues de l'analyse du texte. Le commentaire est un devoir argumentatif dans lequel on justifie l'interprétation que l'on propose du texte.

Remarque

Le commentaire peut porter sur deux textes du corpus. On demande alors au candidat un commentaire comparé.

L'explication de texte rédigée sous forme de commentaire composé demande avant tout une analyse précise du passage à étudier. Or, toute analyse d'un texte littéraire commence par une lecture attentive. Ce n'est que dans un second temps que l'on aura recours aux différents outils de l'analyse textuelle.

Si le plaisir de la lecture n'est pas forcément absent d'une situation d'examen, il ne saurait suffire. La première lecture doit faire émerger les premiers repères et les premières pistes que vous explorerez par la suite au moment de la préparation du commentaire. Votre lecture du texte doit d'emblée être une **lecture efficace**. Les premiers repérages sont essentiels.

Trois qualités sont nécessaires à cette première lecture :

- l'attention,
- la curiosité,
- l'ouverture d'esprit.

Pour développer au mieux ces qualités, voici quelques pistes et conseils, qui guideront vos premiers repérages.

1. Avant la lecture : utilisez le paratexte

Tenez compte et exploitez au maximum les informations extérieures au texte. Relevez-les avant de commencer votre lecture. Il s'agit du paratexte : nom de l'auteur, titre de l'œuvre, notes, résumé éventuel permettant de situer le texte.

On peut très bien faire un commentaire littéraire en ignorant tout de l'œuvre ou de l'auteur. Mais si vous les connaissez, mobilisez au mieux vos souvenirs en dressant une liste de toutes les informations dont vous disposez (vous les trierez plus tard).

Appuyez-vous sur le paratexte pour définir le genre littéraire auquel appartient le texte et le replacer dans son contexte artistique et culturel (par exemple en identifiant le mouvement littéraire auquel il appartient).

Remarque

N'oubliez pas tous les indices précieux que donne la forme externe du texte et la mise en page :
– prose ou poésie,
– découpage ou non en paragraphes,
– paragraphes longs ou courts,
– paragraphes ou strophes (et nombre),
– mise en page compacte ou impression d'éclatement,
– calligrammes, etc.

Dans un premier temps, contentez-vous de repérer ces indices. Ils ne sont pas signifiants en eux-mêmes, mais prendront sens mis en relation avec les différentes remarques issues du travail d'analyse du texte.

***Ex.** : Guillaume Apollinaire (1880-1918),* Alcools, *« Le pont Mirabeau », 1913.*

L'observation externe du texte permet les remarques suivantes :
– poème extrait d'un recueil, Alcools, datant de 1913 ;
– la poésie du XXe *siècle prend très souvent des libertés avec la versification traditionnelle ; c'est le cas ici : absence de ponctuation et alternance de mètres variés ;*
– à la première lecture, le poème semble d'une grande simplicité (la langue employée, en particulier), mais des réseaux de répétitions suggèrent une structure très travaillée ;
– on se rappellera qu'Apollinaire accorde une grande importance à la forme de ses poèmes (par exemple dans les calligrammes).

Exercice Voir corrigé page 60

1 ▶ Analysez les indices externes dans le texte suivant :

François René de Chateaubriand (1768-1848), *Mémoires d'outre-tombe,* (I, 3), posthume, 1848.

2. Première lecture du texte

Passez maintenant à la première lecture du texte, en étant attentif aux points ci-dessous.

A. Quel est l'objectif principal du texte ?

Raconter une histoire ou des souvenirs ; décrire un lieu ou un personnage ; démontrer une opinion ou une thèse ; mettre en place une atmosphère ; faciliter la mise en scène (c'est la dimension scénique du texte théâtral).

Mais les objectifs peuvent être aussi variés que les textes mêmes ! Ne vous enfermez pas dans une grille figée.

B. À quel type appartient le texte ?

L'objectif du texte participe à la définition des **types** textuels. Pensez aussi, lors de votre première lecture, à identifier ce type.

▸ Le texte argumentatif

Son objectif est **de convaincre** (démontrer une opinion ou une thèse). Pour plus de précisions sur les caractéristiques formelles de ce type de textes, reportez-vous à la page 56 (voir Littérature et argumentation).

▸ Le texte narratif

Son objectif est de **raconter** un fait, un événement (ou une suite d'événements) en situant son déroulement dans **le temps** et dans **l'espace** (c'est le cadre spatio-temporel).

Ses principales caractéristiques formelles sont les indices temporels :

– **le temps des verbes :** ce sont essentiellement les temps du récit, **imparfait** et **passé simple.** L'utilisation du **présent de narration** à la place du passé simple relève d'une recherche stylistique qui permet à l'auteur de donner l'impression que les faits se déroulent sous les yeux du lecteur. On trouve aussi dans un récit qui veut adopter le style « oral », **le passé composé** à la place du passé simple ;

– **les autres indices de temps** : adverbes (« alors, cependant, après... »), prépositions ou encore groupes nominaux à valeur temporelle (« un an plus tard... »).

Le texte narratif se caractérise aussi :

– par la distinction entre énonciation et narration. L'auteur est l'énonciateur du texte, mais c'est le narrateur qui raconte ;

Attention : il ne faut jamais confondre auteur et narrateur !

– par le point de vue narratif (on parle aussi de focalisation). C'est la perspective en fonction de laquelle les événements sont perçus et rapportés. Pour plus de précisions sur les points de vue, voyez ci-dessous les points de vue descriptifs.

▸ Le texte descriptif

Son objectif est de faire imaginer au lecteur, par la description, une réalité (objet, lieu, personnage) qu'il ne peut voir. Souvent, il traduit aussi les impressions ressenties par le descripteur.

Ses principales caractéristiques formelles sont :

– l'importance accordée aux sens, surtout la vue, mais aussi, dans une moindre mesure l'ouïe, l'odorat, le goût, le toucher ;

– les indications de lieu ;

– les adjectifs qualificatifs ;
– l'imparfait à valeur durative.

Le point de vue descriptif : c'est la perspective selon laquelle la personne et l'objet décrits sont vus. **On distingue trois points de vue** :

1. Le point de vue extérieur (ou externe) : le descripteur est extérieur à l'action ; il décrit de façon neutre et objective.
2. Le point de vue interne : le descripteur se confond avec un ou plusieurs personnages ; il décrit de manière subjective.
3. Le point de vue omniscient : le descripteur se confond avec l'auteur ; il connaît tous les personnages et les lieux ; il fait partager son moi au lecteur ; il commente ou donne son opinion.

Les différents types textuels sont souvent combinés entre eux. Par exemple dans le roman, vous trouverez une alternance entre des passages narratifs et des passages descriptifs. Les textes autobiographiques combinent fréquemment narration, description et argumentation.

C. À quel genre appartient le texte ?

Identifier **le genre littéraire** vous donnera aussi des repères précieux, puisque chaque genre comporte des règles d'écriture précises. Les quatre genres sont :
– le roman,
– le théâtre,
– la poésie,
– l'essai.

Les textes du sujet I (le commentaire) appartiennent fréquemment au genre romanesque (extraits de romans et de nouvelles), à l'autobiographie et à la poésie. Théâtre et textes d'idées sont moins fréquents.

Votre lecture du texte s'appuiera utilement sur les constantes de genre. En effet, l'intérêt littéraire des textes étudiés provient le plus souvent des libertés que l'auteur a prises avec la norme découlant du genre ou du type textuel.

Remarque

Les objets d'étude du programme se réfèrent aux genres, mais la classification des textes à l'aide des objets d'étude est plus pointue (il n'existe que quatre genres littéraires, mais les objets d'étude sont plus nombreux parce qu'ils abordent des « sous-genres »).

D. À quel objet d'étude se rattache le texte ?

1. Le roman

Remarque

Le roman est un objet d'étude du programme de seconde.

Définition :

– le roman est un récit fictionnel en prose, assez long (par opposition à la nouvelle, récit bref appartenant également au genre romanesque),

– l'histoire est racontée par un **narrateur** (à ne pas confondre avec l'auteur),

– le roman fait vivre des **personnages** dans un milieu donné et inscrit leur histoire dans **l'espace et le temps.**

À quoi devez-vous être attentif ?

▸ **L'ambition réaliste** (faire vrai). Ex. : tradition balzacienne – roman réaliste du XIXe siècle ou au contraire refus de l'illusion réaliste. Ex. : le nouveau roman (œuvres de Robbe-Grillet, Sarraute, Simon).

▸ **La narration** : elle pose le problème du point de vue. (Voir ci-contre.)

Ex. : *portrait de Boule-de-Suif (voir p. 59).*

Le regard porté sur Boule-de-Suif révèle un point de vue interne : c'est celui des autres passagers de la diligence, d'abord les hommes (point de vue marqué par le désir sexuel), puis celui des femmes (jugement moral condamnant la prostituée).

▸ **L'espace :**

– indications de lieu (compléments de lieux, adverbes) ;

– fonction du cadre, rapport du cadre avec les personnages, symbolisme des lieux, statut de la description.

Ex. : *pour Balzac, le milieu est toujours révélateur des personnages, c'est pourquoi l'écrivain accorde une importance particulière aux descriptions de lieux.*

▸ **Le temps** :

– indications de temps, chronologie ;

– gestion romanesque du temps : ralentissements (accent mis sur un moment important), accélérations, retours en arrière, anticipation d'événements à venir :

• alternance narration/description,

• commentaire de l'action (pause dans la chronologie),

• ellipse (« blanc » ou trou temporel) ;

– les temps verbaux permettent des jeux complexes de chronologie : il est indispensable d'être attentif à leur valeur.

▸ **Les personnages** :

– étude psychologique ;

– fonction et place dans le roman.

2. Le théâtre

● **Remarque**

Cet objet a déjà été abordé en seconde à travers le tragique et le comique. En première, on s'intéresse surtout aux rapports entre texte et représentation.

Ce qui caractérise avant tout le théâtre, c'est que le texte est destiné à être dit et joué, c'est-à-dire mis en scène. Il est indispensable, lorsque vous analysez un texte de théâtre, d'être attentif à sa dimension scénique : pensez à la mise en scène !

Le vocabulaire spécifique :

– **réplique** : texte dit par un personnage en réponse à un autre. Chaque intervention d'un personnage constitue une réplique ;

– **dialogue** : échange verbal entre deux personnages ou plus ;

– **aparté** : paroles prononcées en présence d'un personnage, mais à son insu ;

– **tirade** : longue réplique ;

– **monologue** : discours tenu par un personnage seul en scène ; il s'adresse à lui-même – et au spectateur ;

– **stichomythie** : suite de répliques brèves, traduisant fréquemment un affrontement verbal et un moment de tension ;

– **didascalies** : indications scéniques, jeux de scène ;

– **action** : c'est l'histoire racontée par la pièce ; l'action se répartit en trois phases : l'exposition, le nœud et le dénouement.

1. L'exposition : présentation, dans les premières séances, des personnages de la situation et de l'action.

2. Le nœud dramatique : situation de crise ou de conflit qui se trouve au centre de l'action.

3. Le dénouement : résolution du nœud dramatique, conclusion de la pièce.

Les genres théâtraux :

Dès l'Antiquité, on distingue deux genres théâtraux :

– la comédie,

– la tragédie.

Au XVIIIe siècle, apparaît un troisième genre : le drame.

Chacun obéit à des règles distinctes.

La tragédie met en scène des personnages nobles, historiques ou légendaires, en particulier des rois et des héros antiques. Son dénouement est toujours malheureux (habituellement la mort). La tragédie met en scène l'asservissement de l'homme (et plus particulièrement du héros tragique) à un destin funeste vers lequel la fatalité le précipite.

La comédie a pour objectif de divertir tout en montrant les défauts des contemporains, dans le but de les critiquer. Son dénouement est heureux. Elle fait appel aux différents procédés comiques (farce, comique de situation, quiproquo...).

Le drame bourgeois est né en réaction contre la tragédie classique et ses règles. Au début du XIXe siècle, le drame romantique a pour objectif de se libérer de ces règles en proposant un mélange des genres (tragédie et comédie) et des tons (par exemple le sublime et le grotesque).

Les règles du théâtre classique :

Au XVIIe siècle, le théâtre est très fortement codifié par ce que l'on appelle la règle des trois unités (en réalité, il y en a quatre !) :

– l'unité de temps : l'action est censée se dérouler en six, douze ou vingt-quatre heures ;

– l'unité de lieu : un seul lieu sert du début à la fin de la pièce ; il n'y a pas de changement de décor ;

– l'unité d'action : il n'y a qu'une intrigue principale autour de laquelle s'articulent tous les faits secondaires ;

– l'unité de ton : contrairement à ce qui se fera dans le drame romantique (voir plus haut), il n'est pas permis de mélanger les tons.

3. La poésie

▶ **Le langage poétique** : dans la poésie, le langage n'est pas seulement un outil de communication, mais a une valeur propre, intrinsèque ; il prend sens et valeur pour lui-même. La langue poétique et les mots qui la composent ont souvent plus d'importance dans un poème que le sens du texte (ex. : la poésie surréaliste).

▶ **L'importance de la connotation** : le langage poétique est fortement connoté ; les mots conservent certes leur sens dénoté, mais la signification du poème s'enrichit de toutes les significations connexes, relevant de l'association d'idées. C'est pourquoi les symboles jouent un rôle important en poésie.

▶ **Les figures de style** : la poésie emploie de façon intensive les figures de style, plus fréquentes que dans les autres genres littéraires.

▶ **La versification** est l'ensemble des règles formelles qui régissent l'écriture et l'organisation d'un poème. Il convient de connaître les principales règles de la versification classique :

– le vers se caractérise par son mètre, c'est-à-dire sa longueur, mesurée en nombre de syllabes : alexandrin (12 syllabes), décasyllabe (10), octosyllabe (8) ;

– le vers se termine par une rime (répétition d'une même sonorité, ou des mêmes sonorités à la fin de plusieurs vers) ;

– les rimes peuvent être : croisées (abab), plates (aabb) ou embrassées (abba) ;

– elles sont riches (3 sons répétés), suffisantes (2 sons répétés) ou pauvres (1 son répété) ;

– les vers sont souvent regroupés en strophes.

▶ Mais surtout, ce qui constitue le langage poétique, c'est **sa musicalité** :

– jeu sur les sonorités (dont la rime) ;

– rythme des vers (le rythme s'appuie sur le type de vers et sur les coupes internes).

▶ La poésie moderne s'est affranchie des règles de la versification classique ; souvent, les poèmes ne sont pas ponctués et utilisent des vers libres (c'est-à-dire qu'ils n'emploient pas de mètres réguliers). On trouve aussi, à partir du XIXe siècle, **le poème en prose** : affranchi des règles de la versification traditionnelle au point d'adopter la forme de la prose, il s'en distingue par ses images poétiques, sa recherche sur les sons et les rythmes (ex. : « Le Spleen de Paris », Charles Baudelaire).

4. Littérature et argumentation

La littérature argumentative ne peut être réduite au seul genre de l'essai (ou littérature d'idées). La volonté de convaincre peut s'exprimer à travers tous les genres.

▸ **Principales formes :**

– **l'essai** est un genre très libre qui ne s'impose *a priori* pas de règles particulières d'écriture ; il associe une dimension personnelle, l'auteur tirant les leçons de son expérience pour méditer, et une dimension argumentative ;

Ex. : MONTAIGNE, Essais.

– **le dialogue** est l'expression par excellence du débat argumentatif. On distingue :

1. le dialogue philosophique,

Ex. : PLATON, Phédon.

2. le dialogue théâtral,

3. le dialogue romanesque.

– **l'apologue** est un récit assorti d'une morale. En ce sens, la fable est une forme de l'apologue. L'histoire racontée sert à la fois d'exemple illustrant la thèse défendue et de preuve.

Ex. : Jean DE LA FONTAINE, Fables.

– **le conte philosophique** a, comme l'apologue, une visée pédagogique : il s'agit de faire réfléchir le lecteur à travers une histoire fictionnelle.

Ex. : VOLTAIRE, Candide.

5. Le biographique

▸ La littérature biographique rassemble des œuvres évoquant la vie (*bios*, « vie » en grec) d'une personne, qu'il s'agisse de l'écrivain lui-même (autobiographie), d'un personnage historique ou célèbre (biographie) ou encore d'un personnage fictionnel érigé en double de l'auteur (roman autobiographique).

▸ **Principaux genres biographiques :**

– **l'autobiographie** : c'est le récit rétrospectif de sa vie par l'auteur ;

Ex. : Jean-Jacques ROUSSEAU, Confessions.

– **l'autobiographie romancée ou le roman autobiographique** : l'écrivain rapporte tout, ou partie de sa vie en empruntant les formes du roman. Le personnage dans lequel il se reflète porte souvent un autre nom ;

Ex. : Jules VALLÈS, L'enfant.

– le journal intime ;

Ex. : Anne Frank, Journal.

– les mémoires : l'écrivain inscrit sa propre vie dans le contexte d'événements historiques dont il a été le témoin ou l'acteur ;

Ex. : Cardinal de Retz, Mémoires.

– la biographie : elle fait le récit *a posteriori* d'une vie, en présentant le sujet ou personnage dans ses relations avec son entourage familial, social, historique ;

Ex. : Grimarest, Vie de M. de Molière.

▸ **Problématiques littéraires liées au biographique** :

– réalité et fiction : le biographique se rapproche parfois du roman ;

– problème de la sincérité autobiographique ;

– problème de la mémoire : le souvenir peut être déformé.

E. Dans quel contexte littéraire s'inscrit le texte ?

Il est bon d'avoir quelques repères d'histoire littéraire, faute de quoi la date de l'œuvre dont le texte à étudier est extrait risque de ne pas nous dire grand-chose. Bien sûr, il ne saurait être question de vous proposer ci-dessous un panorama exhaustif de la littérature française. Vous trouverez donc plutôt quelques jalons, pour vous permettre de vous repérer dans les siècles et les principaux mouvements littéraires.

Conseils

Les XIXe et XXe siècles sont plus particulièrement au programme de la classe de seconde, les XVIe, XVIIe et XVIIIe siècles au programme de première. Pour le baccalauréat, n'oubliez pas de réviser aussi ce que vous avez appris en seconde !

▸ **Le XVIe siècle** marque le début de la littérature en langue française (le français de cette époque est dit « moderne » ; la langue antérieure, médiévale, est appelée « ancien français »). Les écrivains français s'inspirent des œuvres grecques et latines. Ils ont pour but, en inventant des mots nouveaux, d'enrichir la langue française. C'est pourquoi chez Rabelais vous trouverez de nombreux néologismes disparus depuis.

La poésie, inspirée de l'Italie, est représentée par les poètes de la Pléiade, parmi lesquels Ronsard et Du Bellay sont les plus célèbres. Retenez encore Montaigne, auteur des *Essais*, méditation philosophique et œuvre autobiographique inspirée par l'idéal humaniste.

▸ **Le XVIIe siècle** est essentiellement partagé entre deux mouvements, le baroque et le classicisme :

– le baroque (fin XVIe, première moitié XVIIe siècle) se caractérise par le goût du mouvement, de l'ornement, du déséquilibre ; il s'oppose au classicisme ;

– le classicisme triomphe dans la littérature française de la seconde moitié du siècle. Il se caractérise par le goût de l'ordre et de la simplicité.

Les règles de la tragédie et de la comédie classiques (voir plus haut) se déduisent de cet idéal.

Le XVIIe siècle est le grand siècle du théâtre, avec Corneille, Molière, Racine. Notez aussi les écrits des moralistes (par exemple les *Fables* de La Fontaine) ou les débuts du roman psychologique (*La Princesse de Clèves* de Mme de La Fayette).

▶ **Du XVIIIe siècle,** retenez surtout **les philosophes des Lumières,** Montesquieu, Voltaire, Diderot, Rousseau. Ils critiquent les injustices de la société, prônent l'émancipation de l'homme par la connaissance et affirment le droit au bonheur. Leurs théories sont à l'origine des bouleversements de la Révolution française.

L'importance des philosophes est telle que les autres genres apparaissent mineurs. Il ne faut pas oublier cependant le théâtre avec les comédies de Marivaux et de Beaumarchais.

▶ **Le XIXe siècle** (principaux mouvements) :

– **le romantisme :** mouvement littéraire qui débute à la fin du xviiie siècle et se développe dans la première moitié du XIXe siècle. Son but est d'affranchir les artistes des règles classiques. Ses caractéristiques sont le mélange des genres (ex. : théâtre de V. Hugo) et l'expression de la sensibilité personnelle (ex. : poésie de Lamartine) ;

– **le réalisme :** mouvement né en réaction contre le romantisme ; l'artiste représente dans ses œuvres les êtres ou les choses tels qu'ils existent réellement. Retenez surtout les romanciers réalistes : Balzac, Flaubert, Maupassant, Zola.

● **Remarque**

Zola et Maupassant font partie du mouvement naturaliste, qui est une forme extrême de réalisme.

– **le symbolisme** : mouvement poétique (vers 1880-1900) qui cherche à suggérer les impressions et les sentiments par l'usage fréquent de symboles.

▶ **Le XXe siècle** est surtout un siècle de recherche formelle et de remise en cause des règles antérieures. Les écrivains se lancent dans de nouvelles expérimentations sur le langage dans la poésie, le théâtre, mais aussi le roman.

En face d'un texte du XXe siècle, pensez toujours à le confronter aux modèles littéraires antérieurs pour voir en quoi l'écrivain cherche à s'en libérer.

Exemples :

– Des dramaturges comme Cocteau, Giraudoux et Anouilh s'inspirent des tragédies antiques, mais en les modifiant ; ils réinventent le genre tragique.

– Le « nouveau roman » (dans les années cinquante) refuse la notion d'intrigue et de personnage, ainsi que l'illusion réaliste, en réaction contre le roman du XIXe siècle.

E. En quoi consiste l'originalité du texte ?

Votre travail de commentaire devra s'attacher surtout à mettre en évidence l'originalité du texte étudié. Cette question est donc d'une grande importance. Pour y répondre, demandez-vous :

– quelles idées ont été formulées par l'auteur de manière particulièrement originale et heureuse ;

– en quoi le texte que vous étudiez diffère d'autres textes dont vous pourriez le rapprocher.

En d'autres termes, si vous devez connaître les types textuels et les genres, c'est surtout pour voir en quoi le texte à étudier s'en écarte !

EXERCICE Voir corrigé page 60

2 ▶ Lisez attentivement ce texte, puis notez toutes les remarques qui vous viennent à l'esprit.

Texte 1. Guy de Maupassant (1850-1893), *Boule-de-Suif*, 1880.

La femme, une de celles appelées galantes, était célèbre par son embonpoint précoce qui lui avait valu le surnom de Boule-de-Suif. Petite, ronde de partout, grasse à lard, avec des doigts bouffis, étranglés aux phalanges, pareils à des chapelets de courtes saucisses ; avec une peau luisante et tendue, une gorge énorme qui saillait sous sa robe, elle restait cependant appétissante et courue, tant sa fraîcheur faisait plaisir à voir. Sa figure était une pomme rouge, un bouton de pivoine prêt à fleurir ; et là-dedans s'ouvraient, en haut, deux yeux noirs magnifiques, ombragés de grands cils épais qui mettaient une ombre dedans ; en bas, une bouche charmante, étroite, humide pour le baiser, meublée de quenottes luisantes et microscopiques.

Elle était de plus, disait-on, pleine de qualités inappréciables.

Aussitôt qu'elle fut reconnue, des chuchotements coururent parmi les femmes honnêtes, et les mots de « prostituée », de « honte publique » furent chuchotés si haut qu'elle leva la tête.

Lire un texte littéraire - Corrigés

1 ▶ – Chateaubriand : écrivain du début du XIXe siècle, de sensibilité romantique ;

– le texte est extrait des *Mémoires d'outre-tombe*, l'œuvre la plus connue de l'écrivain ; il s'agit d'une autobiographie ;

– l'écriture autobiographique, parce qu'elle tente une récupération du passé (« mémoires »), apparaît comme une manière de lutter contre l'oubli lié au temps. Elle s'oppose par là à la mort (« outre-tombe »). Le texte associe la méditation sur le temps (début du passage) à la formulation du projet autobiographique (fin de l'extrait).

2 ▶ Le texte est extrait d'une nouvelle célèbre de Maupassant, écrivain naturaliste de la seconde moitié du XIXe siècle, auteur de romans et de nouvelles. Les textes de Maupassant sont soit réalistes, soit fantastiques. En l'occurrence, *Boule-de-Suif* est une nouvelle réaliste. Il s'agit d'un portrait. Si l'on connaît la nouvelle, on sait que le passage proposé se situe au début et que la description de Boule-de-Suif, personnage-titre, s'insère dans une galerie de portraits. Maupassant y présente les différents personnages rassemblés dans la même diligence que sa protagoniste.

Un certain nombre de particularités stylistiques frappent à une première lecture :

– la métaphore de la nourriture (« grasse à lard », la référence à la pomme) ;

– le portrait est une caricature (grossissement de détails typiques, ciblage de défauts physiques) ;

– temps verbaux et importance quantitative des adjectifs qualificatifs renvoient au type de texte (description, portrait) ;

– le plan du texte joue sur l'opposition entre un paragraphe long et deux paragraphes courts, monophrastiques.

● **Remarques**

Plus vous vous entraînerez à ce type de lecture d'un texte, plus vous décèlerez de pistes dès le premier abord. Néanmoins, la lecture d'un texte est un acte personnel, vous n'êtes pas obligé d'avoir relevé exactement les mêmes pistes que celles indiquées ci-dessus.

Analyser un texte littéraire

Vos premières observations ne sont peut-être pas très riches. C'est pourquoi il faudra les développer et les approfondir. Les outils de l'analyse textuelle vous y aideront. Rassurez-vous : il ne s'agit pas pour vous d'assimiler et d'employer toutes les techniques d'analyse. Dans la pratique, un petit nombre d'outils bien choisis suffit. Mais, afin de choisir l'outil le mieux adapté, il est bon d'en connaître un certain nombre.

1. Le champ lexical

On appelle « champ lexical » :

– l'ensemble du vocabulaire (ou lexique) d'un texte,

– l'ensemble des mots du texte se rapportant à un thème donné (c'est ce deuxième sens qui est le plus usité, en particulier dans les questions).

L'analyse du champ lexical est l'outil de base de toute explication de texte et plus particulièrement du commentaire littéraire. Elle permet de faire un inventaire très complet des thèmes d'un texte. On procède à l'analyse du champ lexical en deux phases :

– le relevé et le classement du lexique destiné à faire émerger les thèmes ;

– le commentaire de ce classement.

***Ex.** : Guillaume Appolinaire, « Le pont Mirabeau » (texte C, p. 47).*

• ***L'eau et son mouvement :*** *« coule, Seine, onde, eau courante ».*
Le champ lexical renvoie à la métaphore du temps, qui s'écoule comme le fleuve.

• ***Vie et sentiments :*** *« amours, amour, joie, peine, espérance, vie, violente ».*
Le champ lexical exprime le mouvement de la vie, tantôt parallèle, tantôt opposé à celui de l'eau. On notera les antithèses : amour/amours, joie/peine.

• ***Le mouvement, la fuite du temps :*** *« passent, passe, s'en vont, s'en va, passé ».*
Plutôt que de varier le vocabulaire employé, Apollinaire joue sur le contraste entre les singuliers et les pluriels.

• ***L'immobilité,*** *exprimée par un seul terme, le verbe « demeure », s'oppose au champ lexical précédent.*

• ***Le temps :*** *« souvienne, après, passé, nuit, heure, jours (deux fois), semaine, lente ».*
C'est le champ lexical dominant, suivi de celui de l'eau. La combinaison des deux champs lexicaux révèle la signification du poème : la fuite du temps et son symbole, le fleuve.

• ***Pont et relation humaine :***
Le terme « pont » apparaît de façon répétitive dans le poème, il est présent dès le titre. Lui répondent les « ponts » relationnels qui décrivent à travers des gestes et des attitudes la liaison amoureuse : « mains dans les mains, face à face, le pont de nos bras ».

• ***Personnes :***

Le « nous » du couple (« nos ») et le « je » lyrique (« me ») du poète qui se retrouve seul face au temps destructeur de l'amour.

Apollinaire emploie un champ lexical simple, presque évident, très répétitif. Il choisit d'exprimer une vérité humaine éternelle dans des mots de tous les jours, une expérience essentielle à travers un vocabulaire banal.

Lorsque vous travaillez sur le champ lexical d'un texte, vous pouvez parler :

– du thème (il se confond avec le titre de votre champ lexical) ;

– du champ lexical (dans ce cas vous désignez non le titre de votre ensemble de mots, mais les mots qu'il contient) ;

– vous pouvez aussi utiliser directement le titre de votre champ lexical (ex. : « les dénominations de la femme, les couleurs », etc.).

L'analyse du champ lexical que nous venons de faire appelle par ailleurs deux remarques complémentaires :

– l'analyse du vocabulaire d'un texte vous conduira inévitablement à prendre en compte les notions de dénotation et de connotation ;

– selon le texte, il peut se révéler utile d'identifier le niveau (ou registre) de langue employé.

Examinons successivement ces deux points :

– Dénotation et connotation :

On appelle dénotation le sens premier d'un mot.

Mais d'autres sens peuvent être évoqués par ce mot, par association d'idées : ce sont les connotations. Dans l'exemple ci-dessus, le terme « pont » évoque la construction qui permet de traverser la Seine. Il évoque aussi symboliquement la relation amoureuse.

L'analyse d'un champ lexical fait appel non seulement au sens dénoté, mais surtout aux connotations. Un texte peut donc suggérer des significations beaucoup plus riches et plus nombreuses qu'il n'y paraît au premier abord. Demandez-vous ce que le mot peut vouloir suggérer !

– Les registres de langue :

Dans « Le pont Mirabeau », Apollinaire a choisi un registre courant. Par contre, l'emploi des métaphores (comme celle du pont) relève d'un registre soutenu.

On distingue trois registres (ou niveaux) de langue :

• **le registre soutenu** respecte les règles les plus strictes de la grammaire et de la syntaxe, il est recherché, élégant ; le lexique soutenu spécifique à l'écrit est appelé tout simplement littéraire ;

• **le registre courant** est neutre, mais correct. Il est moins élégant que le registre soutenu. C'est celui que l'on emploie le plus fréquemment ;

• **le registre familier** emploie des formulations imagées. Il est souvent négligé dans son lexique et sa syntaxe. Il est utilisé entre proches, surtout à l'oral. Dans un texte littéraire, il est une marque de l'oralité (discours direct) et peut servir à caractériser socialement un personnage.

Remarque

Le mélange des niveaux de langue constitue une recherche stylistique.

EXERCICE Voir corrigé page 68

1 ▶ Analysez le champ lexical du texte de Maupassant (*Boule-de-Suif*, p. 59) et déduisez-en les principaux thèmes abordés.

2. Le plan du texte

Le plan du texte, parce qu'il structure la progression du sens, peut se révéler un outil d'analyse précieux. Pour identifier l'organisation interne d'un passage, on peut s'appuyer sur :

▶ **Les paragraphes et les strophes** : la présence ou l'absence de paragraphes nous informe sur la manière dont l'auteur a organisé son texte. En effet, un paragraphe correspond toujours à une unité de sens. Identifiez le thème de chaque paragraphe, puis cherchez comment il s'articule avec les paragraphes suivants. En poésie les strophes ont une fonction analogue à celle des paragraphes en prose.

▶ **Les mots de liaison** : ils sont extrêmement variés et dépendent du type textuel :

– connecteurs logiques pour un texte argumentatif ;

– connecteurs temporels, indiquant la chronologie dans un texte narratif ;

– repères de lieux (adverbes ou compléments de lieu, par exemple) pour un texte descriptif.

Vous les trouverez au début d'un paragraphe ou à l'intérieur, selon qu'ils relient :

– les paragraphes entre eux ;

– les différentes idées à l'intérieur d'un même paragraphe.

Ce sont des indices de structure précieux, qui scandent la progression du texte.

▶ **La progression thématique** : un texte progresse toujours. Sa progression dépend de son type. Elle sera logique pour un texte argumentatif, chronologique pour un récit, spatiale pour une description. Mais ce qui indique surtout la progression, ce sont les modifications apportées progressivement au thème initial.

Les indices ci-dessus (paragraphes, mots de liaison, progression thématique) se combinent souvent afin de rendre la structure d'autant plus apparente. Mais en théorie, un seul type d'indices peut parfaitement suffire.

Ex. : *APOLLINAIRE, « Le pont Mirabeau » (texte C, p. 47).*

« Le pont Mirabeau » présente une structure régulière qui n'est pas sans rappeler une chanson : les quatre strophes de quatre vers (quatrains) alternent avec le refrain de deux vers (distique). Apollinaire suggère à travers la forme et l'organisation de son poème la double nature du temps : immuable et répétitif comme un flux continu, ce temps monotone laisse une impression d'éternité (v. 10) ; les événements ponctuels de la vie (de la vie sentimentale, en particulier) sont les repères auxquels se mesurent les changements et la fuite du temps.

La structure générale du poème est doublée de répétitions internes qui la soustendent pour suggérer un flux régulier. Ces répétitions assurent d'ailleurs la fluidité du poème : citons en particulier la reprise du vers 1 à la fin de la dernière strophe (v. 22) ou encore la répétition anaphorique des vers 13 et 14.

EXERCICE Voir corrigé page 68

2 ▸ Analysez le plan du texte de Chateaubriand, Mémoires d'outre-tombe (texte A, p. 45).

3. Les figures de style

On appelle figure de style un procédé stylistique permettant d'exprimer une idée de manière originale, imagée, ou encore particulièrement saisissante. La figure de style témoigne de la recherche stylistique de l'écrivain. Les plus fréquentes et les plus utiles à connaître sont des images : comparaison et métaphore.

Remarque

Une image est un procédé d'écriture consistant à remplacer un mot par un autre, les deux termes devant entretenir un rapport d'analogie.

▸ Les figures les plus fréquentes :

Texte d'appui : BAUDELAIRE, « Le voyage » (texte B, p. 46).

La comparaison : c'est une figure de style (ou de rhétorique) dans laquelle le rapport d'analogie de l'image est explicite. Ce rapport est établi par un lien syntaxique explicite (le plus souvent « comme »), ou terme de comparaison.

Ex. : *« Comme le Juif errant et comme les apôtres » (v. 9).*

La métaphore : c'est une comparaison implicite, sans terme de comparaison.

Ex. : *« Plonger au fond du gouffre » (v. 35), le gouffre désignant ici la mort.*

Remarque

On appelle métaphore filée une métaphore qui se répète sur plusieurs termes dans tout un paragraphe ou tout un texte. L'image de voyage, filée dans tout le poème, a une double signification : le voyage représente l'existence, mais aussi et surtout l'évasion dans l'ailleurs baudelairien de la mort.

EXERCICE Voir corrigé page 69

3 ▶ Relevez les comparaisons et soulignez les termes de comparaison.

▶ Identifiez les métaphores et précisez quelle réalité elles désignent.

Texte 2. Charles Baudelaire, *Les Fleurs du mal*, 1857.

La Mort des amants

Nous aurons des lits pleins d'odeurs légères,
Des divans profonds comme des tombeaux,
Et d'étranges fleurs sur des étagères,
Écloses pour nous sous des cieux plus beaux.

Usant à l'envi leurs chaleurs dernières,
Nos deux cœurs seront deux vastes flambeaux,
Qui réfléchiront leurs doubles lumières
Dans nos deux esprits, ces miroirs jumeaux.

Un soir fait de rose et de bleu mystique,
Nous échangerons un éclair unique,
Comme un long sanglot, tout chargé d'adieux ;

Et plus tard un Ange, entrouvrant les portes,
Viendra ranimer, fidèle et joyeux,
Les miroirs ternis et les flammes mortes.

▶ Autres figures de style utiles à connaître

La personnification : elle permet d'évoquer une réalité non humaine à laquelle elle prête des caractéristiques, des réactions ou des sentiments humains.

Ex. : *« Pour fuir ce rétiaire infâme… » (v. 11). Au vers 29, la Mort est une forme particulière de personnification, l'allégorie, ou représentation d'une idée abstraite par une personne animée.*

La périphrase : elle consiste à désigner un être ou un objet par une expression qui le définit.

Ex. : *« l'ennemi vigilant et funeste » (v. 7) pour désigner le temps.*

L'oxymore : l'oxymore (ou oxymoron) est une figure de style qui consiste à rapprocher deux mots de sens contraire pour obtenir une expression originale d'une force expressive particulière.

Ex. : *« Entendez-vous ces voix, **charmantes et funèbres** » (v. 19).*

L'antithèse : une antithèse est une opposition qui rapproche deux termes de sens opposé afin de montrer leur contraste.

Ex. : *« L'un court, et l'autre se tapit » (v. 6).*

▸ **Vous rencontrerez aussi parfois :**

La métonymie : au lieu de nommer l'être ou l'objet, on utilise pour le désigner son contenant, sa cause, son origine, son instrument ou son symbole.

Ex. *: « Rodrigue, as-tu du cœur ? » C'est-à-dire du courage (Corneille).*

La synecdoque : on désigne un être ou un objet par une de ses parties.

Ex. *: « La voile », pour désigner un bateau (à voiles, bien sûr).*

L'antiphrase : on dit le contraire de ce que l'on pense. L'antiphrase est le support de l'ironie.

Ex. *: « Pourvu que je ne parle, en mes écrits, ni de l'autorité, ni du culte, ni de la politique, ni de la morale, ni des gens en place, ni des corps en crédit, ni de l'Opéra, ni des autres spectacles, ni de personne qui tienne à quelque chose, je puis tout imprimer librement sous l'inspection de deux ou trois censeurs » (Beaumarchais).*

L'euphémisme : il s'agit d'une atténuation de sens.

Ex. *: « Des appartements d'une extrême fraîcheur » pour désigner des cachots (Voltaire).*

L'hyperbole : c'est l'emploi de termes particulièrement forts et exagérés.

Ex. *: « L'ingénu [...] y vola » pour indiquer sa hâte (Voltaire).*

Armé de ces différents outils d'analyse du texte littéraire, vous devriez désormais être en mesure d'aborder les tâches plus précises du commentaire littéraire (ou de l'étude littéraire) : la réponse aux questions d'observation et le commentaire composé pour les séries générales, les questions d'observation et d'analyse pour les séries technologiques. La séquence 3 vous permettra de comprendre comment utiliser vos outils d'analyse littéraire et d'en découvrir d'autres. Les séquences suivantes seront consacrées à la méthodologie du commentaire composé.

▶ FICHE SYNTHÈSE

Lire et analyser un texte

Premiers repérages

– le paratexte ;
– la disposition sur la page ;
– le genre ;
– le type du texte.

Principaux outils d'analyse

– le champ lexical ;
– le plan du texte ;
– les figures de style ;
– les caractéristiques formelles liées au genre ;
– les caractéristiques formelles liées au type de texte.

Comment lire ?

– lisez toujours crayon en main pour repérer les indices ci-dessus ;

– utilisez des couleurs pour repérer les champs lexicaux, les principales figures ;

– matérialisez le plan du texte (par exemple par des barres verticales séparant les parties) ;

– soulignez les principales figures de style ;

– prévoyez une feuille de brouillon où noter vos impressions et remarques.

Comment bien exploiter votre lecture ?

– n'oubliez pas qu'il faut toujours aller de la forme vers le fond : vos repérages formels doivent être porteurs de sens ;

– inversement, vos impressions de lecture doivent toujours être justifiées par des repérages dans le texte.

Analyser un texte littéraire - Corrigés

1 ▶ ***NOURRITURE :*** *lard ; chapelets de courtes saucisses ; pomme rouge ; fraîcheur ; appétissante.*

CORPS *: doigts ; phalanges ; peau ; gorge ; figure ; yeux ; cils ; bouche ; quenottes.*

FORMES *: embonpoint ; Boule ; grasse ; étranglés ; étroite ; microscopiques.*

NATURE *: pomme ; pivoine ; ombragés ; fraîcheur.*

DÉNOMINATIONS *: femme galante ; prostituée (par opp. à femme honnête) ; honte publique ; Boule-de-Suif.*

QUALITÉS *: qualités inappréciables ; fraîcheur ; charmante ; appétissante ; magnifiques ; charmante.*

COULEURS *: rouge ; pivoine ; yeux noirs ; ombragés.*

– Le thème de la nourriture fonde la métaphore filée : Boule-de-Suif est comparée à un repas, ce qui renvoie au désir physique qu'elle inspire ;

– le champ lexical du corps : normal dans un portrait ; il n'est cependant pas complet, ce qui montre que la description de Maupassant n'a pas vocation d'exhaustivité, mais cible des détails caractéristiques. Ces détails sont grossis : il s'agit d'une caricature ;

– les couleurs rendent compte d'une apparence physique tapageuse, propre à attirer les regards ;

– les formes : effets de contraste qui contribuent au charme du personnage comme à la charge caricaturale ;

– les dénominations de la femme mettent en évidence un jugement sur l'apparence physique (« grasse ») et un jugement moral (« femme galante » ou « prostituée »).

2 ▶ **Deux paragraphes de longueur différente** :

– l. 1-6 : l'évocation de la tour d'Alluye est le point de départ de la réminiscence du narrateur ;

– l. 7-29 : développement de la réminiscence jouant sur l'interpénétration des époques et des temps (passé, présent, avenir).

Tout naturellement, le jeu de la mémoire conduit Chateaubriand à s'interroger sur son projet autobiographique (l. 19-29).

3 ▶ **COMPARAISONS**

comme des tombeaux
comme un long sanglot

▶ **MÉTAPHORES**

lits, divan / tombeaux
deux vastes flambeaux / cœurs
ces miroirs jumeaux / nos deux esprits

De l'analyse du texte au plan

Qu'est-ce qu'un commentaire composé ? C'est avant tout une explication de texte, qui a par conséquent de nombreux points communs avec l'explication de texte orale. Néanmoins, la méthode mise en œuvre est un peu différente : le commentaire, en effet, doit être « composé », c'est-à-dire :

– qu'il ne suit jamais l'ordre du texte (ce n'est pas une explication linéaire) ;

– que les remarques sont ordonnées selon un plan rigoureux en deux ou trois grandes parties ;

– mais comme l'explication de texte orale, le commentaire composé ne sépare pas l'étude du fond de celle de la forme, c'est-à-dire l'analyse du sens de l'étude stylistique.

Le commentaire composé fait donc appel, comme la dissertation et comme l'écriture d'invention, aux techniques de la composition et du plan. Nous allons voir dans cette séquence quelle est la démarche à suivre, de l'analyse du texte (voir séquences 1 et 2) au choix du plan de commentaire.

1. Quelle démarche adopter ?

La démarche du commentaire composé est toujours la même ; elle se décompose en trois étapes que vous devez parfaitement assimiler :

– la lecture du texte,

– l'analyse du texte,

– la recherche du plan.

▸ **De l'analyse au plan** :

Étape 1 : la lecture du texte

– lisez le texte ;

– faites les repérages préliminaires.

(Voir séquence 1.)

Étape 2 : l'analyse du texte

– choisissez les outils d'analyse adaptés, en fonction du genre et du type de texte ;

– appliquez ces outils à l'analyse de votre texte.

(Voir séquence 2.)

Étape 3 : la recherche du plan

– regroupez vos remarques par centres d'intérêt pour obtenir le fil directeur du commentaire (ce fil directeur constitue le plan) ;

– développez votre plan pour obtenir le plan détaillé.

C'est à l'apprentissage de cette démarche qu'est plus particulièrement consacrée cette séquence 3.

Conseil

Utilisez une feuille de brouillon différente pour chaque étape.

A. Qu'est-ce qu'un plan ?

▶ Un plan est une structure de commentaire présentant deux ou trois grandes parties ; chaque grande partie est centrée autour d'un aspect particulier du texte.

Ex. : *la représentation métaphorique du temps dans « Le pont Mirabeau » d'Apollinaire.*

▶ Chaque grande partie comporte de deux à quatre sous-parties dans lesquelles sont rangés les commentaires et remarques se rapportant au thème abordé dans la partie.

▶ Grandes parties et sous-parties sont toujours classées du moins au plus important, de la remarque la plus évidente à la remarque la plus recherchée.

▶ Chaque partie ou sous-partie porte un titre (ou « tête de partie ») indiquant précisément son contenu.

▶ Le plan ne sépare pas fond et forme.

▶ Le plan prévoit des références précises au texte étudié.

B. Comment choisir le plan ?

Relisez les notes que vous avez prises lors de l'analyse du texte, puis essayez de les regrouper. Classez-les en deux ou trois grands ensembles qui vous donneront vos grandes parties.

Ex. : *Guillaume Apollinaire, « Le pont Mirabeau » (texte C, p. 47).*

Deux thèmes principaux émergent de l'analyse du poème et plus particulièrement de l'examen du champ lexical : il s'agit d'un poème d'amour qui évoque l'instabilité des sentiments qui ne durent pas ; le texte s'inscrit aussi dans la tradition poétique de la méditation sur la fuite du temps. L'image centrale de l'eau fait le lien entre ces deux thématiques pour tantôt les opposer, tantôt les rapprocher.

Il convient de prendre en compte aussi, bien sûr, la recherche formelle d'Apollinaire, les effets stylistiques renforçant le sens.

Plan :

I. La nostalgie des amours perdus

1. La relation amoureuse : objet et pivot du souvenir

2. Les figures poétiques de la relation amoureuse

II. La représentation métaphorique du temps

1. L'eau, figure du temps

2. Fluidité et répétition : la structure du poème

III. La fuite du temps
1. Correspondances : eau, temps, amour
2. Immobilité et mouvement, temps de la nature et temps humain

2. La recherche méthodique du plan

Dans les séquences précédentes, vous avez pu vous familiariser avec les différents outils linguistiques et techniques nécessaires à l'élaboration d'un commentaire composé. Nous allons voir à présent comment combiner les compétences que vous avez acquises, en pratiquant de manière structurée et progressive, la démarche qui conduit de l'analyse du texte au plan.

Ex. *: Anna DE NOAILLES, « Il fera longtemps clair ce soir… » (texte D, p. 48).*

A. Phase 1 : analyse du poème

Pour analyser ce poème, appuyez-vous sur les indications suivantes :
- *éléments de stylistique : versification, rythme, lexique et niveau de langue ;*
- *thèmes, mis en évidence à travers l'étude du champ lexical.*

Après avoir analysé vous-même le poème, lisez les éléments de commentaire ci-dessous.

a. Remarques stylistiques :

- *emploi d'un lexique très simple, quotidien ;*
- *versification : quatre quatrains ; alexandrins ; rimes embrassées ;*
- *rythme :*

V 1 : 8 + 4	*V 5 : 4 + 8*	*V 9 : 6 + 6*	*V 13 : 6 + 6*
V 2 : 6 + 6	*V 6 : 6 + 6*	*V 10 : 4 + 8*	*V 14 : 6 + 6*
V 3 : 4 + 8	*V 7 : 6 + 6*	*V 11 : 6 + 6*	*V 15 : 6 + 6*
V 4 : 6 + 6	*V 8 : 6 + 6*	*V 12 : 6 + 6*	*V 16 : 6 + 6*

Domination évidente de la coupe régulière (6 + 6)

b. Thèmes, mis en évidence à travers le relevé du champ lexical :

Éléments du paysage	**Bruits**	**Mouvements**	**Changement**
arbres marronniers ville poussière arbre chemins cette route	rumeur roulements	se disperse s'enfuit soulevait redescend mouvant	est changé nous n'aurons plus jamais

Effets de lumière	Odeurs	Absence de mouvements	Durée / habitude
clarté : clair, jours (2 fois), jour vif, (le soir) blanc, air plein d'or ; **obscurité :** ce soir (2 fois), la nuit, le soir [blanc]	parfums odeurs	ne pas marcher ni remuer demeurent doucement tranquilles	longtemps allongent étendre l'habitude si souvent

c. On peut repérer encore :

• la personnification du paysage : « surpris, éveillés, songent, le sommeil, las de ne pas voir » ;
• le jeu des pronoms personnels :
– l'impersonnel (« il fera ») ;
– 1re personne : « nous » (2 fois), « notre âme ».

▶ ***Exploitation du travail d'observation :***

a. *La simplicité du lexique renvoie à la simplicité du paysage évoqué, à l'évidence et à l'universalité des sentiments qu'il suscite.*
La versification suggère l'équilibre mais aussi la clôture du poème, fermé sur lui-même, d'où l'impression d'intimité.
La régularité du rythme entraîne l'impression de bercement : paix, rêverie, sommeil.

b. *L'étude du champ lexical met en évidence le peu d'importance des éléments constitutifs du paysage ; ils ne sont donc vraisemblablement qu'un point de départ, le tremplin de la rêverie.*
Plus importantes sont les sensations : visuelles, auditives et olfactives.
Notez aussi la domination des antithèses : ombre/lumière, habitude/changement (la rupture est marquée au vers 15 par « Et pourtant »).

c. *Les personnifications suggèrent un rapport étroit entre le poète et le paysage, qui devient miroir de sa sensibilité poétique. Poésie lyrique.*

d. *Signification du poème : elle est latente et se déduit en particulier des réseaux antithétiques. Le paysage semble immuable, mais « quelque chose est changé ».*

B. Phase 2 : choix d'une ligne directrice pour le commentaire composé

Vous devez à présent regrouper et classer vos remarques en fonction d'une ligne directrice, c'est-à-dire passer de l'analyse du texte au plan du commentaire composé :

I. L'évocation d'un paysage crépusculaire : un poème-tableau

1. Les éléments constitutifs du paysage
2. Une heure à la clarté indécise

II. Mais cette évocation est plus qu'un tableau : elle suggère une atmosphère

1. Le paysage est suggestif à d'autres sens que la vue : ouïe et odorat

2. Le mouvement sous l'immobilité suggère le changement sous la permanence

III. Cette atmosphère favorise la rêverie mélancolique

1. Calme et paisible bercement

2. Un paysage personnifié…

3. … investi par la sensibilité du poète dont il devient le miroir : idée de la fuite du temps.

3. Le plan détaillé

Après avoir trouvé une ligne directrice (plan) pour votre commentaire, vous devez développer votre plan pour obtenir un plan dit « détaillé », dans lequel seront insérés les éléments d'analyse textuelle. Lisez soigneusement l'exemple ci-dessous (plan détaillé de la 2e partie du commentaire composé : « Il fera longtemps clair ce soir… ») et les remarques méthodologiques qui l'accompagnent.

Tête de partie : *« Mais cette évocation se révèle être plus qu'un simple tableau, car Anna de Noailles y suggère une atmosphère. »*

Commentaires méthodologiques

Il vaut mieux rédiger d'emblée la tête de partie, dès le plan détaillé (une phrase complète vaut mieux qu'un groupe nominal titre, il vous sera plus facile par la suite de rédiger l'ensemble du paragraphe). La tête de partie a plusieurs fonctions :

– transition avec la partie précédente (rappel de la 1re partie + lien logique marquant l'opposition) ;

– annonce du contenu de la partie.

Plan détaillé :

II. Mais cette évocation se révèle être plus qu'un tableau car Anna de Noailles y suggère une atmosphère.

1. Le paysage est en effet suggestif à différents sens :

a. la vue, comme nous venons de le voir (cf. partie I)

b. l'ouïe et l'odorat :

– les bruits (« rumeur, roulements »)

– les odeurs (« parfums, odeurs »)

=> vocabulaire simple et peu étendu mais qui suffit à suggérer : légèreté, atmosphère faite du mélange subtil d'impressions fugitives – retenue de l'évocation.

2. Un paysage animé : le mouvement sous l'immobilité, le changement sous la permanence

a. étude du jeu des verbes : opposition entre deux registres

mouvement : « se disperse, s'enfuit, soulèvent, redescend »	≠	*absence de mouvement : « ne pas marcher ni remuer »*

« mouvant », participe présent, relie les deux registres

L'imparfait est le temps de la description.

=> les deux aspects se conjuguent – mais domination du mouvement, paradoxale pour l'évocation d'un paysage.

b. la durée et le changement

« longtemps, allongent, demeurent, l'habitude, si souvent »	*« est changé, nous n'aurons plus jamais »*

Rupture marquée par « et pourtant » => un paysage qui semble immuable à l'échelle humaine mais le poète note d'imperceptibles changements qui modèlent son état d'esprit.

● **Commentaires méthodologiques**

Le plan détaillé fait figurer non seulement les éléments de commentaire, mais aussi les différents exemples tirés du texte (champs lexicaux, figures de style…), et les articulations logiques du devoir.

EXERCICE Voir corrigé page 78

1 ▶ Vous allez à présent compléter vous-même la troisième partie de ce commentaire composé, en vous aidant du canevas proposé et des conseils formulés entre parenthèses.

Troisième partie : plan à compléter

III - Cette atmosphère favorise la rêverie mélancolique du poète à travers :

1. L'impression de calme et de bercement paisible

   a. étude du champ lexical (utilisez les remarques faites lors de l'analyse préparatoire du poème)

   ....

   ....

▶ commentaire :

   b. étude de la versification et du rythme

   ....

   ....

- commentaire :
  2. La personnification du paysage
  (citer les personnifications)

  ....

  ....

- commentaire :
  Conclusion partielle : le paysage est investi par la sensibilité du poète qu'il reflète.
- signification du poème : mélancolie du poète devant............................, opposée à la pérennité et à l'impassibilité de la nature.

Le plan détaillé représente votre commentaire composé à l'état de notes que vous rédigerez directement au propre sur la copie d'examen. C'est pourquoi il est indispensable qu'il soit précis et très lisible !

4. Quelques écueils à éviter

Voici quelques problèmes fréquents que vous risquez de rencontrer au moment de construire votre plan. Les indications ci-dessous devraient vous permettre de résoudre ces problèmes.

- Le plan est déséquilibré : une partie est nettement trop longue, l'autre trop courte.

Le plan est mal construit, parce que les regroupements d'idées n'ont pas été faits de manière habile. Relisez votre plan et essayez de déplacer une ou plusieurs sous-parties, en modifiant le titre des grandes parties.

Remarque

Ce problème est fréquent et pas très grave s'il est repéré à temps. Une fois que vous aurez commencé à rédiger, il sera trop tard.

- Les titres sont trop brefs : un titre constitué d'un seul mot ou d'un bref groupe nominal est difficile à transformer en phrase (tête de partie) à la rédaction.

Préférez des titres très détaillés, si possible rédigés sous forme de phrases complètes dès le plan.

- **Votre partie ne comporte qu'une seule sous-partie** : en d'autres termes, vous avez un point 1, mais pas de point 2.

Reprenez vos notes d'analyse pour voir si vous n'avez pas oublié un élément ; sinon, essayez de scinder votre point 1 en modifiant le titre.

▶ **Vos grandes parties ne s'enchaînent pas** : vous aurez des problèmes de rédaction, car vous n'avez pas ménagé de transition.

Prévoyez dans le plan détaillé les connecteurs logiques à employer ; si les titres de vos parties ne peuvent être reliés entre eux, c'est que l'ordre des parties n'est pas bien choisi. Modifiez-le.

● **Remarque**

Dans tous les cas, relisez les titres de vos grandes parties : mis bout à bout, ils doivent constituer une phrase complète et correcte qui résume votre commentaire. C'est le fil directeur dont nous parlions au début de ce chapitre.

▶ FICHE SYNTHÈSE

le plan du commentaire composé

- Étalez devant vous la fiche de repérages préliminaires et la fiche d'analyse du texte.
- Relisez vos notes. À l'aide de couleurs, regroupez les remarques qui se rejoignent ; numérotez par ordre d'importance ces groupes de remarques.
- Déduisez-en deux ou trois grands centres d'intérêt (ce seront les deux ou trois grandes parties de votre plan). Hiérarchisez-les, en les classant du moins au plus important.
- Pour chacune de ces grandes parties, rédigez un titre aussi complet que possible.
- Développez votre plan pour obtenir le plan détaillé.
- Relisez votre plan et vérifiez qu'il est équilibré.

EXERCICE Voir corrigé pages 78-79

2 ▶ Lisez ci-dessous le portrait de Salammbô, héroïne du roman éponyme de Flaubert, puis faites l'analyse du texte.

Proposez un plan détaillé de commentaire composé.

Texte 3. Gustave Flaubert (1821-1880), *Salammbô*, 1862.

Sa chevelure, poudrée d'un sable violet, et réunie en forme de tour selon la mode des vierges chananéennes, la faisait paraître plus grande. Des tresses de perles attachées à ses tempes descendaient jusqu'aux coins de sa bouche, rose comme une grenade entr'ouverte. Il y avait sur sa poitrine un assemblage de pierres lumineuses, imitant par leur bigarrure les écailles d'une murène. Ses bras, garnis de diamants, sortaient nus de sa tunique sans manches, étoilée de fleurs rouges sur un fond tout noir. Elle portait entre les chevilles une chaînette d'or pour régler sa marche, et son grand manteau de pourpre sombre, taillé dans une étoffe inconnue, traînait derrière elle, faisant à chacun de ses pas comme une large vague qui la suivait.

Les prêtres, de temps à autre, pinçaient sur leurs lyres des accords presque étouffés, et dans les intervalles de la musique, on entendait le petit bruit de la chaînette d'or avec le claquement régulier de ses sandales en papyrus.

Personne encore ne la connaissait. On savait seulement qu'elle vivait retirée dans les pratiques pieuses. Des soldats l'avaient aperçue la nuit, sur le haut de son palais, à genoux devant les étoiles, entre les tourbillons des cassolettes allumées. C'était la lune qui l'avait rendue si pâle, et quelque chose des Dieux l'enveloppait comme une vapeur subtile. Ses prunelles semblaient regarder tout au loin au-delà des espaces terrestres. Elle marchait en inclinant la tête, et tenait à sa main droite une petite lyre d'ébène.

1 ▶ **III. Cette atmosphère favorise la rêverie mélancolique du poète à travers :**

1. L'impression de calme et de bercement paisible

a. Cette impression relève du lexique employé, comme le montre l'étude du champ lexical

– relevé du champ lexical : « ne pas marcher, ni remuer, demeurent, doucement, tranquilles »

▸ Commentaire : absence de mouvements

b. Cette impression provient aussi de la versification et des effets rythmiques

– domination de la coupe 6 + 6 (v. 2, 4, 6, 7, 8, 9, 11, 12, 13-16)

▸ Commentaire : rythme régulier

2. La personnification du paysage contribue elle aussi à une atmosphère de rêverie mélancolique

– relevé des personnifications : « surpris, éveillés, songent, le sommeil, las de ne pas voir »

▸ commentaire : les personnifications favorisent en effet la communion entre la nature et la sensibilité du poète

Conclusion partielle : le paysage est investi par la sensibilité du poète qu'il reflète

▸ signification du poème : mélancolie du poète devant la fuite du temps, opposée à la pérennité et à l'impassibilité de la nature.

2 ▶ **I. Une description réaliste, d'une extrême précision et baignant dans une atmosphère d'exotisme**

1. Précision du portrait

– *cf.* réalisme de Flaubert et art de la description chez les romanciers du XIXe siècle

– couleurs, matières, formes (faire référence au champ lexical)

– mais le réalisme est dépassé : exotisme

2. L'exotisme d'une scène à l'antique

– mise en place de la « couleur » antique

– atmosphère de mystères orientaux

– détails pittoresques

Conclusion partielle : Carthage et l'Orient vus par le XIXe siècle – Orientalisme et phénomène de mode.

II. Une apparition pleine de majesté et de mystère

1. Mise en place d'une atmosphère, favorisant l'impression de majesté qui émane de cette apparition

– bruits/silence

– rythme : phrases longues ; rythme fluide et majestueux

– atmosphère nocturne / jeux de lumière

⟶ Ces différents éléments contribuent à mettre le personnage en valeur.

2. Majesté de Salammbô, présentée comme une reine

– grandissement physique

– richesse (vêtements, bijoux, pourpre)

– démarche noble et régulière (*cf.* le rôle de la chaînette), pleine de distinction, mais aussi de séduction (sensualité)

⟶ Apparition impressionnante, qui impose (*cf.* le silence).

3. La forte impression provoquée par Salammbô provient aussi du mystère qui se dégage de son personnage

– personnage mystérieux, car inconnu

– vie recluse, accentuant l'effet de « l'apparition »

– figure de magicienne et de prêtresse/dimension sacrée du personnage.

La rédaction du commentaire

Tout comme les réponses aux questions, le commentaire composé doit être intégralement rédigé. Le principal problème rencontré par les candidats au baccalauréat de français est alors, très souvent, un problème de temps. Comment rédiger questions et commentaire composé en à peine 4 heures ? D'abord, en ne rédigeant pas intégralement le devoir au brouillon. Ensuite, en assimilant et en appliquant avec rigueur les règles de méthode qui régissent la rédaction d'un commentaire composé.

1. Conseils de méthode

▸ Que faut-il rédiger au brouillon ?

Vous n'aurez pas le temps, le jour de l'épreuve, de rédiger l'intégralité de votre commentaire composé au brouillon. L'intérêt du plan détaillé, tel que nous l'avons étudié dans le chapitre précédent, est de vous permettre de rédiger directement au propre le corps de votre devoir, c'est-à-dire les 2 ou 3 grandes parties qui constituent le développement. C'est pour cette raison que le plan détaillé doit être aussi précis et complet que possible, afin de vous éviter tout retour sur le texte pendant que vous composez le développement. Ainsi, vous pourrez vous concentrer exclusivement sur votre activité de rédaction et soigner votre expression écrite.

Par contre, vous rédigerez au brouillon l'introduction et la conclusion, qui doivent être particulièrement soignées. Ce sont des « moments » stratégiques de votre devoir : dans l'introduction, vous donnez au correcteur un premier aperçu de vos compétences d'analyse textuelle et de rédaction ; vous avez tout intérêt à ce que cette première impression soit bonne – tout comme la dernière, laissée par votre conclusion. Soignez par conséquent votre conclusion. Trop de candidats ont le tort de la bâcler, par manque de temps… et d'idées !

▸ Quelques conseils pour bien utiliser son brouillon :

– utilisez les feuilles de brouillon fournies par l'administration (et non vos feuilles personnelles) : elles ont pour but d'empêcher la fraude ;

– n'écrivez que **sur un côté** de votre feuille ;

– ne serrez pas, **aérez la présentation** pour pouvoir faire des ajouts ;

– numérotez vos feuilles de brouillon (dans l'ordre des différentes phases de votre travail de commentaire) : cela vous évitera de les feuilleter pour vous y retrouver et donc de perdre un temps précieux ;

– notez clairement sur chaque feuille **la phase du commentaire** sur laquelle vous travaillez (par exemple : « introduction, conclusion, plan », mais aussi « analyse du champ lexical ») ;

– quelques outils : pour votre travail au brouillon, prévoyez stylos de différentes couleurs et surligneurs fluorescents. Ils vous serviront pour votre travail de repérage sur le texte même, puis pour l'organisation – au brouillon – des remarques d'analyse.

▶ **La démarche de rédaction est la suivante :**

Phase 1 : rédaction de l'introduction au brouillon

Phase 2 : rédaction de la conclusion au brouillon

Phase 3 : mise au propre de l'introduction

Phase 4 : rédaction, en « direct » sur la copie, du développement

Phase 5 : mise au propre de la conclusion

▶ **Présenter sa copie :**

La démarche de rédaction s'appuie sur une présentation rigoureuse de la copie.

Principales règles de présentation :

– sautez 2 lignes :
  • entre l'introduction et le développement,
  • entre le développement et la conclusion ;

– sautez 1 ligne entre chacune des grandes parties ;

– allez à la ligne à chaque sous-partie et faites un retrait de paragraphe ;

– ne sautez jamais de ligne à l'intérieur d'une partie, ni dans l'introduction et la conclusion.

Lorsque l'on regarde la copie, même sans la lire, le plan doit sauter aux yeux. Veillez donc à une présentation soignée et logique !

N'oubliez pas que :

– le titre d'une œuvre se souligne ;

– le titre d'un poème ou d'un chapitre est à mettre entre guillemets ;

– toute citation extraite du texte est à mettre obligatoirement entre guillemets.

Voyez les exemples de présentation dans les paragraphes de commentaire composé des pages suivantes.

2. Rédiger l'introduction du commentaire composé

L'introduction du commentaire composé est avant tout l'introduction d'une explication de texte ; elle répond aux mêmes nécessités : présenter le texte, le situer, définir son originalité et proposer des jalons pour l'explication ou le commentaire. Pour répondre à ces impératifs, l'introduction d'un commentaire composé se décompose en trois phases.

Phase 1 : présenter le texte

On y indiquera l'auteur, l'œuvre dont le texte est extrait, la date de cette œuvre (ou le siècle) et on identifiera le thème.

Cas 1 : si vous connaissez l'œuvre dont le texte est extrait

On situera le texte dans l'économie de l'œuvre :

– pour un roman ou une pièce de théâtre, on indiquera les principaux événements qui précèdent l'extrait et en permettent la compréhension ;

– pour un recueil poétique, on s'attachera à la place du texte dans la logique d'ensemble du recueil et à son rapport avec les autres poèmes.

Cas 2 : si vous ne connaissez pas l'œuvre

On s'attachera au thème et à son importance dans la littérature.

Exemple :

Anna DE NOAILLES, « Il fera longtemps clair ce soir… » (texte D, p. 48).

Le thème apparent est la description d'un paysage au crépuscule. Il sert de prétexte à une méditation sur la fuite du temps, thème clef de la littérature, et plus particulièrement de la poésie. La nature, le rythme des jours ou des saisons sont fréquemment associés au sentiment inexorable de la fuite du temps.

Remarque

L'introduction au texte, qu'on trouve parfois dans le libellé du sujet, peut vous aider dans cette première phase, qu'elle vous propose un résumé succinct de l'œuvre ou vous indique le thème abordé.

Phase 2 : identifier l'originalité du texte

Dans un deuxième temps, il vous faudra identifier clairement la particularité du texte, son originalité, c'est-à-dire ce qui fait son intérêt littéraire et justifie son commentaire.

Ex. : *Dans le poème d'Anna de Noailles, le thème est banal : évoquer la fuite du temps en poésie est un stéréotype. Mais Anna de Noailles revitalise le thème par la retenue de son écriture poétique : la fuite du temps se lit en quelque sorte entre les lignes, derrière des images en apparence anodines.*

Phase 3 : annoncer le plan

Cette troisième et dernière phase de l'introduction est indispensable. Elle indique les grandes lignes de votre commentaire et doit correspondre rigoureusement au plan du développement (annoncez 2 parties s'il y a 2 parties dans le développement, 3 parties s'il y en a 3 !). Il existe essentiellement deux méthodes pour annoncer le plan :

– les questions,

– la phrase affirmative au futur (à valeur de projet).

Remarque

L'introduction est un passage essentiellement technique de votre devoir : on vous demande le respect de la méthode et non de la fantaisie ou de l'imagination.

Ex. : *Dans le commentaire composé du poème d'Anna de Noailles, nous avons prévue 3 parties :*

I. l'évocation d'un paysage crépusculaire

II. la suggestion d'une atmosphère

III. la rêverie mélancolique

D'où les deux types d'annonce possibles :

***Cas 1 :** Le poème d'Anna de Noailles se contente-t-il d'évoquer un paysage crépusculaire ? Ou cherche-t-il plutôt à suggérer une atmosphère, favorable à la rêverie mélancolique ?*

***Cas 2 :** Nous verrons comment l'évocation d'un paysage crépusculaire fait naître une atmosphère, favorable à la rêverie mélancolique.*

EXERCICES Voir corrigés page 90

1 ▶ Faites un relevé des informations qu'il faudrait faire figurer dans l'introduction d'un commentaire composé du poème de Baudelaire, « Le voyage » (texte B, p. 46).

2 ▶ Rédigez l'introduction au commentaire composé du poème d'Apollinaire, « Le pont Mirabeau » (texte C, p. 47).

Annotez votre introduction (retrouvez les trois phases et indiquez quel sera le contenu de chacune des parties du commentaire).

Annotez de même l'introduction proposée en corrigé.

3. Rédiger la conclusion du commentaire composé

Introduction et conclusion fonctionnent en parallèle. C'est pourquoi il est recommandé de rédiger la conclusion, au brouillon, directement après l'introduction. Vous ne rédigerez le développement qu'une fois l'introduction et la conclusion mises au point sur votre brouillon.

Toute conclusion comporte 2 phases :

Phase 1 : le bilan

Résumez en une ou deux phrases les points essentiels de votre commentaire. Il est indispensable d'être concis et synthétique.

***Ex. :** Pour le commentaire composé du poème « Il fera longtemps clair ce soir… » (texte D, p. 48), rappelez les trois grands axes du devoir et montrez une dernière fois comment ils découlent les uns des autres.*
Le poème se présente comme la description subjective d'un paysage crépusculaire (bilan partie I). La subjectivité même de la description permet au lyrisme du poète de s'épanouir et de faire naître une atmosphère très particulière, voire envoûtante (bilan partie II)… tremplin d'une rêverie qui a pour objet la fuite du temps (bilan partie III).

Phase 2 : l'ouverture ou élargissement

Voyez plus loin que votre analyse du texte et replacez le passage étudié dans une perspective littéraire plus vaste. C'est le moment d'être original et d'utiliser avec justesse et habileté vos connaissances littéraires et artistiques.

Exemple :

Pour le commentaire composé du poème « Il fera longtemps clair ce soir… », vous pourriez établir un parallèle avec d'autres poèmes sur la fuite du temps afin de mettre en évidence les particularités du texte d'Anna de Noailles. Vous pouvez vous servir des textes du corpus :

– Pour Apollinaire, dans « Le pont Mirabeau », c'est l'écoulement de la Seine qui se fait métaphore de la fuite du temps et de l'inexorable dégradation des sentiments amoureux.

Servez-vous aussi de vos lectures personnelles.

– Ronsard, dans « Mignonne… », se sert du thème de la fuite du temps comme argument de séduction : puisque toute beauté est éphémère, il faut profiter de la vie au plus vite, et donc de l'amour ; son poème est inspiré de la maxime « carpe diem » des philosophes antiques.

– Lamartine, dans « Le Lac », déplore la fuite du temps (« Ô temps, suspends ton vol… ») et la perte de la femme aimée ; il prend à témoin les lieux qui ont vu cet amour (en particulier le lac du Bourget).

Attention ! La conclusion n'est pas un devoir bis ! Ne parlez pas de tout ce que vous savez sur le sujet : sachez choisir et ne retenez que ce qui est le plus significatif.

Évitez les banalités et les lieux communs (par exemple exclamations naïvement enthousiastes sur la beauté du texte) en vous appuyant sur des considérations purement littéraires, ainsi que vous le montrent les exemples ci-dessus.

EXERCICE Voir corrigé pages 90- 91

3 ▶ Faites une liste des principaux éléments à intégrer dans la conclusion d'un commentaire composé du poème d'Apollinaire « Le pont Mirabeau » (texte C, p. 47) ; puis rédigez cette conclusion.

4. Rédiger le développement

Pour apprendre comment rédiger le développement d'un commentaire composé, nous nous appuierons sur l'analyse d'un commentaire rédigé : la seconde partie du commentaire composé du poème « Il fera longtemps clair ce soir… » (texte D, p. 48).

A. La tête de partie

Sa fonction est double :

– faire la transition avec la partie précédente, s'il y a lieu

– annoncer le thème ou les thèmes abordés dans la partie.

Elle doit mettre en valeur les mots clefs du commentaire.

Exemple :

Tête de partie : Mais *l'évocation de ce paysage crépusculaire se révèle être plus qu'un simple tableau (1. lien avec ce qui précède),* ***car*** *le poète y fait naître une atmosphère faite du mélange subtil d'impressions sensitives (2. annonce du thème de la seconde partie), et parvient par tout un jeu d'oppositions, à animer la nature (3. annonce des deux sous-parties).*

B. L'analyse du texte

N'oubliez pas que le commentaire composé ne doit jamais séparer fond et forme. C'est dans les passages d'analyse du texte que la connexion entre l'étude stylistique et l'analyse du sens se met en place. Concrètement, chaque sous-partie commence par une idée directrice (l'annonce du thème abordé) ; cette idée directrice est ensuite illustrée par une ou plusieurs citations du texte que l'on analyse sur le plan stylistique.

Exemple :

1. thème	*Le* ***paysage*** *évoqué par Anna de Noailles est en effet suggestif à* ***d'autres sens*** *que la vue.*
2. rappel partie I	*Cette dernière est sollicitée,* ***ainsi que nous l'avons montré,*** *dans la contemplation de la nature baignée de lumière crépusculaire. Mais* ***bruits et odeurs*** *viennent aussi réveiller des sensations auditives et olfactives*
3. citations intégrées	*puisque le poète est sensible à la « rumeur du jour vif » comme aux « roulements [qui] arrivent de la ville » ainsi qu'aux « parfums » et aux « odeurs ».*
4. remarque stylistique	*On notera que les* ***sonorités*** *viennent renforcer* ***les impressions auditives,*** *en particulier au vers 9 où des allitérations en [R] apparaissent dans « roulements » et « arrivent ».*
5. exploitation des remarques stylistiques	*Ainsi, nous voyons que non seulement la vue, mais aussi* ***l'odorat et l'ouïe*** *se trouvent sollicités, à travers un vocabulaire simple et peu étendu (quatre termes), mais qui suffit à suggérer par un subtil mélange* ***d'impressions fugitives*** *une atmosphère faite de légèreté et de retenue.*

C. L'emploi des citations

▶ Les citations sont essentielles : n'oubliez pas de faire régulièrement référence au texte. Faute de quoi vous obtiendrez un commentaire abstrait et théorique.

▶ Les citations doivent toujours être intégrées dans votre texte de commentaire. Ne les mettez pas entre parenthèses et évitez de les citer séparément, après un double point. Ainsi, la rédaction suivante ne convient pas :

« [...] mais bruits et odeurs viennent aussi réveiller des sensations auditives et olfactives : "rumeur du jour, roulements de la ville, parfums, odeurs" ».

▶ Les citations sont indispensables, mais elles ne suffisent pas : attention au « montage de citations ». L'erreur consiste à construire un paragraphe entier en assemblant des citations, sans les relier par la logique de commentaire. N'oubliez pas que citations et commentaires sont indissociables et doivent alterner avec régularité.

Attention ! Les citations sont réservées au développement. Ne mettez jamais d'exemple dans l'introduction et la conclusion.

EXERCICE Voir corrigé page 91

4 ▶ Annotez le paragraphe suivant en retrouvant les différents niveaux de la rédaction.

Anna de Noailles investit également son paysage d'une atmosphère en l'animant par une série d'oppositions que nous révèlent en particulier le jeu des verbes et les indications temporelles. Il s'agit pour le poète de suggérer le mouvement sous l'immobilité du tableau, le changement sous l'immuable pérennité de la nature. L'étude du jeu des verbes permet de mettre en évidence l'opposition entre deux registres :

– l'immobilité, rendue par « ne pas marcher ni remuer » ;

– le mouvement, évoqué par « se disperse, s'enfuit, soulevait, mouvant, redescend ». Le participe présent « mouvant », parce que sa valeur modale est l'absence de mouvement alors que sémantiquement, il exprime précisément le mouvement, peut faire le lien entre les deux registres.

Mouvement et immobilité se conjuguent donc avec une nette prédominance du mouvement, ce qui montre bien qu'on ne peut réduire le poème à l'évocation d'un paysage qui par définition serait inanimé.

▶ FICHE SYNTHÈSE

Le commentaire composé

- **Lire le texte**
- **Effectuer les premiers repérages :**
  – indications du paratexte,
  – impressions personnelles,
  – genre,
  – type,
  – effets stylistiques qui frappent d'emblée.
- **Choisir des outils d'analyse** (en fonction du genre et du type)
- **Analyser le texte**
- **Rechercher le plan** (2 à 3 grandes parties)
- **Développer ce plan sommaire pour obtenir le plan détaillé**
- **Rédiger l'introduction et la conclusion au brouillon**
  – Introduction :
  • situer le texte,
  • caractériser le texte,
  • annoncer le plan.
  – La conclusion :
  • résumer brièvement votre commentaire (bilan),
  • élargir l'analyse (ouverture).
- **Recopier l'introduction au propre**
- **Rédiger directement le développement au propre**
  – Chaque partie commence par une tête de partie (= annonce explicite du thème développé).
  – Chaque partie comporte trois ou quatre sous-parties, chaque sous-partie correspond à un paragraphe.
  – Les citations sont :
  • exactes,
  • placées entre guillemets,
  • intégrées à la phrase de commentaire,
  • commentées.
  – Ne pas oublier les transitions entre les parties.
- **Recopier la conclusion au propre**
- **Relire votre devoir** en veillant à :
  – l'orthographe,
  – la présentation des titres,
  – le sens des phrases (n'avez-vous oublié aucun mot ?).

EXERCICES Voir corrigés page 91-92

Dans les exercices suivants, nous allons voir de manière plus précise les problèmes que peut poser la rédaction des remarques stylistiques et le passage du commentaire formel à l'élucidation du sens.

5 ▶ APOLLINAIRE, « Le pont Mirabeau » (texte C, p. 47).

Le début de la deuxième partie du commentaire demande l'analyse du champ lexical de l'eau (II, 1). Suivez les étapes indiquées ci-dessous pour rédiger ce paragraphe.

1. Tête de sous-partie ou idée directrice : l'eau, figure du temps
2. Champ lexical (à citer)
3. Commentaire des exemples cités
4. Élucidation du sens.

6 ▶ Analyse d'un fait de style (même texte)

Dans la partie II, on pourra montrer comment l'eau devient métaphore du temps.

La rédaction du commentaire - Corrigés

1 ▶ **Situation et présentation du texte :**

Baudelaire, « Le voyage », poème extrait du recueil *Les Fleurs du mal*, 1857 ; long poème dont on commente les sections VII et VIII ; le poème développe un thème clef des *Fleurs du mal* : le voyage, associé ici à l'outre-tombe baudelairien. La méditation sur le temps s'accompagne d'une célébration de la mort.

Originalité du texte :

Baudelaire, contrairement à la majorité des poètes (Ronsard, Lamartine, Apollinaire, etc.) ne déplore pas la fuite du temps, mais appelle de ses vœux un ailleurs qu'il croit retrouver dans une mort qui, à l'instar du voyage, est évasion.

Plan :

I. Le voyage ou l'appel de l'ailleurs.

II. Le temps et la mort.

III. L'outre-tombe baudelairien.

2 ▶

Présentation de l'œuvre et situation de l'extrait. Identification du type de texte et du thème.	« Le pont Mirabeau » est extrait du recueil *Alcools* de Guillaume Apollinaire. Il s'agit de l'un des plus célèbres poèmes d'un recueil dont les choix esthétiques oscillent entre le moderne et le classique, tout en accordant une place prépondérante à la musicalité. Poème d'amour, « Le pont Mirabeau » évoque aussi la fuite du temps.
Originalité du texte	Le poète tire parti des contraintes formelles qu'il s'impose dans une volonté de renouvellement des techniques poétiques pour revitaliser un thème clef de la littérature.
Annonce du plan	Nous verrons comment s'exprime la nostalgie des amours perdus et comment cette nostalgie se combine avec la représentation métaphorique du temps. Nous étudierons enfin comment Apollinaire renouvelle la thématique de la fuite du temps.

3 ▶ Apollinaire : le poète fusionne dans son œuvre les échos de la modernité naissante et l'héritage de la tradition poétique. Il combine différentes sources d'inspiration : populaire, symboliste, cubiste, etc.

Poème caractéristique de cette multiplicité du langage poétique d'Apollinaire qui s'empare de thèmes clefs de la littérature pour les revitaliser (forme-musicalité). La banalité est élevée au rang d'œuvre d'art et y gagne une dimension nouvelle.

Pour l'élargissement : comparaison avec d'autres textes évoquant la fuite du temps. On peut se servir des textes du corpus :

– Anna de Noailles développe une nostalgie proche de celle d'Apollinaire, refusant elle aussi tout pathétique excessif.

– Chateaubriand, dans une prose qui tend à devenir poétique, voit dans la fuite du temps une motivation fondamentale à l'écriture autobiographique.

4 ▶ Lien logique/addition. Rappel du titre partie II. Correspond aux points a et b du plan	Anna de Noailles investit **également** son paysage d'une **atmosphère** en l'animant par une série d'oppositions que nous révèlent en particulier **le jeu des verbes et les indications temporelles.** Il s'agit pour le poète de suggérer le mouvement sous l'immobilité du tableau, le changement sous l'immuable pérennité de la nature. L'étude du jeu des verbes permet de mettre en évidence l'opposition entre deux registres : – l'immobilité, rendue par « ne pas marcher ni remuer » ;
Citations	– le mouvement, évoqué par **« se disperse, s'enfuit, soulevait, mouvant, redescend ».**
Remarque stylistique et son exploitation	Le participe présent **« mouvant », parce que sa valeur modale est l'absence de mouvement alors que sémantiquement, il exprime précisément le mouvement, peut faire le lien entre les deux registres.** Mouvement et immobilité se
Remarque quantitative	conjuguent donc avec **une nette prédominance** du mouvement, ce qui montre bien qu'on ne peut réduire le poème **à l'évocation d'un pay-**
Thème de la partie	**sage qui par définition serait inanimé.**

5 ▶ L'eau est présente dans le poème, dès le titre. Le thème n'est pas significatif en lui-même, mais surtout dans sa relation avec la représentation métaphorique du temps (tête de sous-partie).

Quatre termes évoquent directement la thématique de l'eau : « coule, Seine, onde, eau ». (Champ lexical, présentation 1).

Mais Apollinaire insiste surtout sur le mouvement et le flux, l'« eau » étant qualifiée de « courante ». La notion fondamentale de mouvement se retrouve dans « coule » et « onde ». (Champ lexical, présentation 2).

Cette eau en mouvement se confond au fil du poème avec le flux temporel dont elle devient la représentation métaphorique et le symbole. Dès lors, le champ lexical du temps et celui de l'eau se rencontrent pour construire les réseaux de correspondances poétiques qui structurent le poème.

6 ▶ La correspondance entre l'eau et le temps est mise en place dès les premiers vers du poème, dans l'ellipse du vers 2, qui répond au vers 1. Apollinaire suggère qu'un même flux anime le Seine (v. 1) et la vie, ici représentée par « nos amours » (v. 2). La correspondance n'est que suggérée, le « comme » de comparaison attendu étant remplacé par « et ».

Le sens de cette première correspondance est explicité au vers 13 qui ne laisse plus aucune équivoque. Les vers 19 à 22 entérinent le système de correspondance entre le temps (v. 19-20), la vie (« les amours », v. 21) et l'eau courante (v. 22).

Le commentaire comparé

Le commentaire comparé constitue une variante de l'exercice de commentaire de texte. Comme l'indique le titre de l'exercice, il s'agit de comparer deux textes littéraires dans un devoir organisé selon une démarche de commentaire composé. Les deux textes font partie du corpus et, à ce titre, comportent des points communs sur lesquels pourra porter la comparaison.

Nous allons voir ensemble :

– quels textes peuvent être comparés ;

– quels sont les objectifs et les enjeux d'une comparaison de texte ;

– quelle démarche adopter.

1. Pourquoi comparer des textes ?

Les Instructions officielles insistent sur la nécessité de développer chez les candidats la capacité à mettre en relation des notions, des textes et des œuvres.

C'est de ce type de confrontation ou de mise en relation qu'il s'agit dans la notion de corpus et dans les questions qui portent sur plusieurs (ou l'ensemble) des documents du sujet. L'objectif est de considérer un texte donné non comme une entité isolée, mais dans ses relations avec un contexte thématique, artistique, etc.

Par conséquent, retenez que la comparaison peut porter :

– sur les idées ;

– sur les procédés d'écriture, les choix esthétiques.

Exemple :

Dans le corpus qui sert de support à cette partie, les textes abordent tous le thème du temps. On peut donc envisager de comparer les opinions des écrivains et les nuances que chaque texte apporte au thème.

On peut noter aussi que s'il y a trois textes poétiques qui évoquent la fuite du temps (textes B, C et D), le texte A est en prose. Une confrontation formelle est tout à fait possible, d'autant plus que l'extrait des Mémoires d'outre-tombe *(texte A) se caractéristique par une écriture poétique.*

2. Quels textes peuvent être comparés ?

Forcément deux **textes littéraires,** puisque l'exercice de commentaire porte obligatoirement sur l'analyse littéraire. Ainsi, on ne vous demandera pas de comparer un poème et un article de journal contemporain.

Nous avons vu ci-dessus que l'on peut comparer des textes abordant **le même thème.** Voici deux libellés de commentaire comparé portant sur le corpus :

Exemples :

« En comparant le poème de Baudelaire (texte B) et celui d'Apollinaire (texte C), vous montrerez quelle conception du temps s'exprime dans ces deux textes. »

« En comparant le thème de la fuite du temps dans l'extrait des Mémoires d'outre-tombe *et dans "Le pont Mirabeau", vous direz si, à votre avis, la forme versifiée apporte un plus. »*

Voici d'autres situations propices à la comparaison de textes :

Exemple 1 :

*La première et la dernière page d'un livre (l'*incipit *et le dénouement) : Voltaire,* Candide, *1759 ; la lecture ou l'analyse de cette œuvre peut s'inscrire dans l'objet d'étude « argumentation », puisqu'il s'agit d'un conte philosophique.*

La première page présente les personnages du roman et la situation initiale : au château du baron, où vit Candide, la hiérarchie sociale de la société aristocratique du XVIIIe siècle est scrupuleusement respectée. Dans la conclusion du conte, au contraire, les personnages principaux se retrouvent dans une métairie où règne l'égalité et le partage des tâches. Le château et la métairie sont deux lieux symboliques du roman.

En tant que conte philosophique, Candide *a aussi une portée argumentative. La première page présente la thèse réfutée par Voltaire : « tout est pour le mieux dans le meilleur des mondes possibles ». Le récit ayant servi à détruire cette thèse, Voltaire propose dans la conclusion du conte une nouvelle règle de vie, énoncée comme une morale par Candide : « il faut cultiver notre jardin ».*

Remarque

Le corpus-support peut très bien consister en une nouvelle dont on vous demanderait de comparer le premier et le dernier paragraphe. Dans ce cas, il serait intéressant de faire quelques allusions au corps de la nouvelle, pour montrer comment on passe de l'état initial à l'état final.

Exemple 2 :

Deux portraits différents d'un même personnage dans une même œuvre, ou encore deux épisodes dont la confrontation est de nature à montrer la progression de l'intrigue ou encore à révéler une antithèse : Marivaux, Le Jeu de l'amour et du hasard (acte I, scène 7 et acte II, scène 3) ; objet d'étude : le théâtre.

La pièce est structurée autour de deux couples antithétiques, celui des maîtres (Dorante et Silvia) et celui des valets (Arlequin et Lisette). Le dramaturge a construit sa pièce autour de scènes parallèles qui mettent en valeur les contrastes entre les deux couples.

Voici le premier tête-à-tête des maîtres, puis celui des valets.

EXERCICE Voir corrigé page 98

1 ▶ Lisez les deux textes suivants extraits du *Jeu de l'amour et du hasard*, puis indiquez sur quels aspects des textes pourrait, à votre avis, porter un commentaire comparé.

ACTE I, SCÈNE 7

DORANTE, *à part.* — Cette fille-ci m'étonne, il n'y a point de femme au monde à qui sa physionomie ne fît honneur, lions connaissance avec elle… *Haut.* Puisque nous sommes dans le style amical et que nous avons abjuré les façons, dis-moi, Lisette, ta maîtresse te vaut-elle ? elle est bien hardie d'oser avoir une femme de chambre comme toi.

SYLVIA. — Bourguignon, cette question-là m'annonce que, suivant la coutume, tu arrives avec l'intention de me dire des douceurs, n'est-il pas vrai ?

DORANTE. — Ma foi, je n'étais pas venu dans ce dessein-là, je te l'avoue ; tout valet que je suis, je n'ai jamais eu de grandes liaisons avec les soubrettes, je n'aime pas l'esprit domestique ; mais à ton égard c'est une autre affaire ; comment donc, tu me soumets, je suis presque timide, ma familiarité n'oserait s'apprivoiser avec toi, j'ai toujours envie d'ôter mon chapeau de dessus ma tête, et quand je te tutoie, il me semble que je jure ; enfin j'ai un penchant à te traiter avec des respects qui te feraient rire. Quelle espèce de suivante es-tu donc avec ton air de princesse ?

SYLVIA. — Tiens, tout ce que tu dis avoir senti en me voyant est précisément l'histoire de tous les valets qui m'ont vue.

DORANTE. — Ma foi je ne serais pas surpris quand ce serait aussi l'histoire de tous les maîtres.

SYLVIA. — Le trait est joli assurément ; mais je te le répète encore, je ne suis point faite aux cajoleries de ceux dont la garde-robe ressemble à la tienne.

DORANTE. — C'est-à-dire que ma parure ne te plaît pas ?

SYLVIA. — Non, Bourguignon ; laissons là l'amour, et soyons bons amis.

ACTE II, SCÈNE 3

ARLEQUIN. — Madame, il dit que je ne m'impatiente pas ; il en parle bien à son aise, le bonhomme.

LISETTE. — J'ai de la peine à croire qu'il vous en coûte tant d'attendre, Monsieur, c'est par galanterie que vous faites l'impatient, à peine êtes-vous arrivé ! votre amour ne saurait être bien fort, ce n'est tout au plus qu'un amour naissant.

ARLEQUIN. — Vous vous trompez, prodige de nos jours, un amour de votre façon ne reste pas longtemps au berceau ; votre premier coup d'œil a fait naître le mien, le second lui a donné des forces et le troisième l'a rendu grand garçon ; tâchons de l'établir au plus vite, ayez soin de lui puisque vous êtes sa mère.

LISETTE. — Trouvez-vous qu'on le maltraite, est-il si abandonné ?

ARLEQUIN. — En attendant qu'il soit pourvu, donnez-lui seulement votre belle main blanche, pour l'amuser un peu.

LISETTE. — Tenez donc, petit importun, puisqu'on ne saurait avoir la paix qu'en vous amusant.

ARLEQUIN, *lui baisant la main.* — Cher joujou de mon âme ! cela me réjouit comme du vin délicieux, quel dommage de n'en avoir que roquille !

LISETTE. — Allons, arrêtez-vous, vous êtes trop avide.

ARLEQUIN. — Je ne demande qu'à me soutenir en attendant que je vive.

LISETTE. — Ne faut-il pas avoir de la raison ?

ARLEQUIN. — De la raison ! hélas je l'ai perdue, vos beaux yeux sont les filous qui me l'ont volée.

3. Comment procéder ?

Le commentaire comparé est un exercice difficile, c'est pourquoi le libellé peut parfois être rédigé de manière à vous guider à travers des pistes d'étude ou encore des questions.

Les techniques abordées dans les séquences précédentes demeurent valables en ce qui concerne :

- l'analyse littéraire des textes ;
- la recherche du plan ;
- la rédaction du commentaire.

Le commentaire comparé présente néanmoins quelques particularités méthodologiques que nous allons examiner ci-dessous.

▸ L'analyse des textes :

Pour gagner du temps, pratiquez d'emblée une analyse comparée : faites deux colonnes, une pour chaque texte, ou encore prenez deux feuilles de brouillon placées côte à côte.

Centrez votre analyse sur le (ou les) point (s) de comparaison entre les textes.

▸ Le plan du commentaire comparé :

Attention à ne pas séparer les textes dans la conception de votre devoir : sinon, il n'y a plus de comparaison ! Il serait particulièrement maladroit d'employer le plan suivant :

I. Texte 1.

II. Texte 2.

III. Comparaison.

Choisissez un plan thématique comme pour le plan d'un commentaire de texte normal.

Exemple :

Comparaison entre le texte de Chateaubriand (texte A, p. 45) et celui de Baudelaire (texte B, p. 46).

I. La représentation métaphorique du temps et ses procédés dans les deux textes.

II. L'angoisse de la fuite du temps chez Chateaubriand et l'appel de l'au-delà chez Baudelaire.

▸ **Rédiger les exemples** :

Lorsque vous illustrez une idée, pensez à confronter systématiquement les deux textes.

▸ **L'introduction** :

Suivez les trois étapes habituelles. Il vous faut en revanche présenter les deux textes et identifier le thème qui les rapproche. Vous pouvez suggérer, dès la phase 2 de l'introduction, l'originalité de chaque texte.

▸ **La conclusion** :

Procédez comme pour un commentaire normal. Dans l'élargissement, montrez que d'autres textes auraient pu être comparés, sur le même thème.

EXERCICE Voir corrigé page 98

2 ▸ Proposez un plan de commentaire comparé pour les deux textes extraits du *Jeu de l'amour et du hasard* (p. 95-96) de Marivaux. Retenez que les valets sont déguisés en maîtres et les maîtres en valets et qu'ils ignorent tous la véritable identité de l'autre.

Le commentaire comparé - Corrigés

1 – Le langage des maîtres et celui des valets ;

– les codes sociaux : la relation homme/femme, les stratégies de séduction ;

– la nature de la relation qui se noue dans le couple ;

– les procédés comiques.

2 Plan de commentaire :

I. Le premier tête-à-tête amoureux

1. Les codes sociaux : les valets singent les maîtres, et les maîtres imitent les valets.

2. Étude comparée des stratégies de séduction.

3. Une relation différente se dessine : plus spontanée chez les valets, prisonnière des conventions et des préjugés sociaux chez les maîtres.

II. Deux scènes de comédie révélant la variété du comique chez Marivaux

1. Le langage des maîtres et celui des valets.

2. La parodie : la deuxième scène ne prend son sens que par rapport à la première.

3. Le double quiproquo et ses implications.

Vous trouverez ci-après un exemple de sujet corrigé et intégralement traité : questions et commentaire.

Vous pourrez ainsi prendre mieux conscience de la globalité du travail à fournir dans les quatre heures de l'épreuve.

Ayez à l'esprit le tableau de répartition du temps proposé p. 20.

Lisez d'abord attentivement le corpus, puis les questions qui s'y rapportent. Certains des textes rassemblés ici (le portrait de Boule-de-Suif et celui de Salammbô) ont servi de support aux séquences précédentes : n'hésitez pas à relire les remarques faites à propos de ces textes !

Objets d'étude : la poésie ; le biographique.

Texte A. Mme DE STAËL (1766-1817), *De la littérature*, 1800.

Texte B. Guy DE MAUPASSANT (1850-1893), *Boule-de-Suif*, 1880.

Texte C. Gustave FLAUBERT (1821-1880), *Salammbô*, 1862.

Texte D. Claude ROY, *Clair comme le jour*, « Dormante », 1943.

Texte A. Mme DE STAËL, *De la littérature*, 1800.

Il arrivera, je le crois, une époque quelconque, où des législateurs philosophes donneront une attention sérieuse à l'éducation que les femmes doivent recevoir, aux lois civiles qui les protègent, aux devoirs qu'il faut leur imposer, au bonheur qui peut leur être garanti ; mais dans l'état actuel, elles ne sont, pour la plupart, ni dans l'ordre de la nature ni dans l'ordre de la société. Ce qui réussit aux unes perd les autres ; les qualités leur nuisent quelquefois, quelquefois les défauts leur servent ; tantôt elles sont tout, tantôt elles ne sont rien. leur destinée ressemble, à quelques égards à celle des affranchis chez les empereurs : si elles veulent acquérir de l'ascendant, on leur fait un crime d'un pouvoir que les lois ne leur ont pas donné ; si elles restent esclaves, on opprime leur destinée.

Texte B. Guy DE MAUPASSANT, *Boule-de-Suif*, 1880.

La femme, une de celles appelées galantes, était célèbre par son embonpoint précoce qui lui avait valu le surnom de Boule-de-Suif. Petite, ronde de partout, grasse à lard, avec des doigts bouffis, étranglés aux phalanges, pareils à des chapelets de courtes saucisses ; avec une peau luisante et tendue, une gorge énorme qui saillait sous sa robe, elle restait cependant appétissante et courue, tant sa fraîcheur faisait plaisir à voir. Sa figure était une pomme rouge, un bouton de pivoine prêt à fleurir ; et là-dedans s'ouvraient, en haut, deux yeux noirs magnifiques, ombragés de grands cils épais qui mettaient une ombre dedans ; en bas, une bouche charmante, étroite, humide pour le baiser, meublée de quenottes luisantes et microscopiques. Elle était de plus, disait-on, pleine de qualités inappréciables.

Aussitôt qu'elle fut reconnue, des chuchotements coururent parmi les femmes honnêtes, et les mots de « prostituée », de « honte publique » furent chuchotés si haut qu'elle leva la tête.

Texte C. Gustave FLAUBERT, *Salammbô*, 1862.

Sa chevelure, poudrée d'un sable violet, et réunie en forme de tour selon la mode des vierges chananéennes, la faisait paraître plus grande. Des tresses de perles attachées à ses tempes descendaient jusqu'aux coins de sa bouche, rose comme une grenade entr'ouverte. Il y avait sur sa poitrine un assemblage de pierres lumineuses, imitant par leur bigarrure les écailles d'une murène. Ses bras, garnis de diamants, sortaient nus de sa tunique sans manches, étoilée de fleurs rouges sur un fond tout noir. Elle portait entre les chevilles une chaînette d'or pour régler sa marche, et son grand manteau de pourpre sombre, taillé dans une étoffe inconnue, traînait derrière elle, faisant à chacun de ses pas comme une large vague qui la suivait.

Les prêtres, de temps à autre, pinçaient sur leurs lyres des accords presque étouffés, et dans les intervalles de la musique, on entendait le petit bruit de la chaînette d'or avec le claquement régulier de ses sandales en papyrus.

Personne encore ne la connaissait. On savait seulement qu'elle vivait retirée dans les pratiques pieuses. Des soldats l'avaient aperçue la nuit, sur le haut de son palais, à genoux devant les étoiles, entre les tourbillons des cassolettes allumées. C'était la lune qui l'avait rendue si pâle, et quelque chose des Dieux l'enveloppait comme une vapeur subtile. Ses prunelles semblaient regarder tout au loin au-delà des espaces terrestres. Elle marchait en inclinant la tête, et tenait à sa main droite une petite lyre d'ébène.

Texte D. Claude ROY, *Clair comme le jour*, Gallimard, 1943.

Le poème suivant a été inspiré à Claude Roy par une jeune nageuse endormie sur une plage aux environs de Nice.

Dormante

Toi ma dormeuse mon ombreuse ma rêveuse
ma gisante aux pieds nus sur le sable mouillé
toi ma songeuse mon heureuse ma nageuse
ma lointaine aux yeux clos mon sommeillant œillet

distraite comme nuage et fraîche comme la pluie
trompeuse comme l'eau légère comme vent
toi ma berceuse mon souci mon jour ma nuit
toi que j'attends toi qui te perds et me surprends

la vague en chuchotant glisse dans ton sommeil
te flaire et vient lécher tes jambes étonnées
ton corps abandonné respire le soleil
couleur de tes cheveux ruisselants et dénoués

Mon oublieuse ma paresseuse ma dormeuse
toi qui me trompes avec le vent avec la mer
avec le sable et le matin ma capricieuse
ma brûlante aux bras frais mon étoile légère

je t'attends je t'attends je guette ton retour
et le premier regard où je vois émerger
Eurydice[1] aux pieds nus à la clarté du jour
dans cette enfant qui dort sur la plage allongée

1. Piquée par un serpent, Eurydice mourut sur le rivage. Son époux, Orphée, tenta en vain de la ramener des Enfers.

I. Questions

1. Comparez la représentation de la femme dans les quatre documents.

2. Relevez les dénominations de la femme dans le poème de Claude Roy (texte D), commentez leur choix.

3. Quelles différences formelles observez-vous entre la strophe centrale du poème de Claude Roy (texte D) et les autres strophes de ce même texte ?

II. Commentaire

Vous ferez un commentaire du texte de Claude Roy (texte D).

Réponses aux questions

1. Les textes B, C et D présentent un point de vue masculin sur la femme ; seul le document A a été écrit par une femme. Mme de Staël représente le point de vue féministe tel qu'il s'exprime à la charnière du XVIIIe et du XIXe siècle. On peut opposer les propositions féministes de Mme de Staël à la vision profondément misogyne de Maupassant (texte B).

Par ailleurs, les textes B, C et D sont principalement sensibles à la séduction féminine, tandis que Mme de Staël (texte A) défend les droits des femmes.

2. Les dénominations de la femme sont très nombreuses ; elles parcourent tout le poème dont elles assurent l'unité, en particulier au moyen des jeux de sonorités, puisque la plupart des appellations de la femme se termine en [oez]. Elles sont mises en apposition au pronom personnel « toi » (vers 1), auxquelles elles se rapportent et qu'elles complètent. Toutes les dénominations, à l'exception des deux dernières (« Eurydice » et « cette enfant qui dort ») sont précédées de l'adjectif possessif de la première personne. Elles constituent autant de surnoms tendres par lesquels le poète tente de saisir et

de définir sa relation avec la femme. Les plus nombreuses évoquent le sommeil et la mort (« dormeuse, ombreuse, rêveuse, gisante, songeuse, berceuse, paresseuse, dormeuse, Eurydice »). Les autres dénominations renvoient aux stéréotypes de la femme-fleur (« mon sommeillant œillet ») ou de la femme enfant, évoquent le cosmos (« mon étoile légère ») ou contribuent à introduire une dimension intemporelle et mythique dans l'évocation de la jeune fille, comparée à « Eurydice ».

3. La strophe 3 est la seule où n'apparaît aucune dénomination de la femme. L'apostrophe (« toi ma dormeuse », « toi qui me trompes ») disparaît au profit d'un passage descriptif. La femme n'est plus nommée, appréhendée sur le mode de l'appellation, mais décrite dans un tableau où elle est en étroite communion avec la nature.

▶ Plan du commentaire

Pour vous aider dans votre entraînement, nous proposons ci-dessous un plan sommaire du commentaire.

I - La dormeuse ou la contemplation de la belle endormie

1. Le champ lexical du sommeil

– sommeil et dénominations de la femme

– titre du poème

2. Sonorités et rythme : le bercement

– analyse des effets sonores

– analyse du rythme

Conclusion partielle : sommeil et mort ?

II - La femme et la nature

1. Mouvement et immobilité

– analyse des deux champs lexicaux

– le plan du texte

2. Un personnage en symbiose avec la nature

– rôle de l'immobilité

– des images sensuelles

– la femme participe des éléments naturels

Conclusion partielle : communion avec la nature – le poète exclu ?

III - Les sentiments du poète/une quête amoureuse ?

1. La jalousie

– champ lexical de l'adoration amoureuse

– les sources de la jalousie

– le sentiment de l'exclusion

2. Un appel pressant

– appel d'amour

– quête amoureuse

Conclusion partielle : Orphée, figure du poète ?

▶ **Commentaire rédigé :**

« Dormante », de Claude Roy, extrait du recueil *Clair comme le jour*, est un poème d'amour. Le poète y évoque avec lyrisme une jeune fille endormie sur une plage. À la faveur d'un moment privilégié, la parole poétique tente de cerner une relation qui n'est peut-être que rêvée. Nous verrons comment le poète rend compte de sa contemplation de la jeune endormie. Puis nous étudierons l'harmonie parfaite qu'il décèle entre la femme aimée et la nature et nous analyserons les sentiments les plus intimes qu'il se risque à formuler à la faveur du sommeil de la jeune fille.

L'image de la jeune fille contemplée par le poète est indissociable du sommeil qui semble la transfigurer. C'est ainsi que le titre du poème, « Dormante », combine d'emblée les thèmes de la féminité et du sommeil. Ces deux thèmes et leur étroite imbrication structurent par la suite la progression du poème dont ils assurent l'unité.

Si l'on excepte l'occurrence du nom « sommeil » au vers 9, le champ lexical de l'endormissement se confond avec les dénominations de la femme. Le poème peut donc être compris comme une sorte d'invocation à la belle endormie, à travers l'accumulation d'appellations tendres qui sont autant de tentatives de saisir la nature même d'une personnalité qui fuit dans le sommeil. « Dormeuse » (vers 1 et 13) répond à « Dormante » ; à l'état passager suggéré par le titre succède l'affirmation d'un caractère distinctif. Par ailleurs, le titre fait écho à la dénomination finale (vers 20) « cette enfant qui dort ». Le poème, clos sur lui-même, explore par les mots un monde fermé, qui isole la jeune fille, le monde du sommeil et du rêve.

Le champ lexical du sommeil joue en effet sur les connotations et les associations sémantiques. Il rapproche « dormeuse » et « rêveuse », dormir et songer, mais aussi le sommeil et la mort. Le mystère et la fascination qui émanent tant du personnage que du poème relèvent de leur ambivalence fondamentale. La jeune fille est-elle seulement endormie, ou morte et perdue, telle « Eurydice » ? Est-elle « paresseuse » ou « gisante », figée dans un sommeil de mort ?

Métaphorique ou réelle, l'image de la mort n'est de toute manière que sous-jacente, et adoucie par les sonorités et les rythmes qui introduisent un bercement régulier. Claude Roy emploie à cette fin la coupe régulière de l'alexandrin (6 + 6) dans de nombreux vers du poème (vers 2, 4, 6, 9, 11, 16, 18, 19, 20). Dans d'autres vers, libres cette fois, le rythme joue sur la répétition régulière des appellations de la femme : aux vers 1 et 3, on a le schéma rythmique (1) + 3 + 3 + 3, rythme « oral » qui ne tient pas compte des règles de la versification traditionnelle.

Ces effets rythmiques sont soulignés par les effets sonores. La sonorité [oez] domine dans le poème, à la fois à la rime et en rime intérieure. D'autres sons doux et assourdis ([ɔ], [o], [e], [m], [s]) complètent l'atmosphère d'engourdissement propice à un sommeil que, métaphoriquement, le poète rapproche de la mort.

Autant que par son état d'engourdissement, la jeune fille se caractérise par les liens étroits qu'elle entretient avec le décor et les éléments naturels qui le composent. Le personnage féminin semble faire partie intégrante de la nature dont elle apparaît comme l'une des composantes.

C'est ainsi que le poème rend compte d'un dialogue entre mouvement et immobilité, où la nature semble s'animer, tandis que la jeune dormeuse est pétrifiée, au point que son image appelle la métaphore de la mort que nous évoquions plus haut. La seule action rapportée au personnage féminin est purement instinctive, voire passive : « ton corps [...] respire le soleil ». Mais c'est la « vague » qui se « glisse », « flaire » ou « vient lécher » le corps de la jeune fille. Une nature animée prend en quelque sorte possession du personnage, figé dans une immobilité dont rend compte l'absence de verbes conjugués dans les strophes 1, 2 et 4.

Dans l'abandon de son sommeil, la dormeuse est en symbiose totale avec le paysage de mer et de sable où elle dort. « Nageuse » sortie de la mer, elle est « eau » elle-même, comme ses « cheveux ruisselants ». L'eau, qu'elle soit mer ou « pluie », sert ici à affirmer sa féminité même. Mais la femme est aussi lumière comme « le soleil » et chaleur (vers 16). Pour ces différentes raisons, elle n'est pas ressentie (contrairement au poète) comme un corps étranger dans le cadre naturel. En effet, elle ne diffère en rien des éléments qui l'entourent.

Comme une nouvelle Vénus sortie des flots, elle appartient à la nature qui la possède. Immobilité et inconscience l'intègrent au paysage et la séparent du poète amoureux qui la contemple. On ne peut qu'être frappé par les images à la fois concrètes et sensuelles qui décrivent la relation entre la jeune fille et la nature sur le mode de la relation amoureuse. Dans la strophe 3, pivot du poème, la vague « flaire » et « vient lécher » les jambes de la femme. C'est dans cette strophe centrale que la relation exclusive est identifiée. Elle est néanmoins préparée dès la strophe 2 par les comparaisons des vers 5 et 6 et le parallèle établi par le poète entre la femme et les phénomènes cosmiques : « mon jour, ma nuit », expression à laquelle fait écho l'image du vers 16, « mon étoile légère ».

Dans son sommeil, la femme aimée devient étrangère au poète. Fuyante, elle lui échappe, perdue dans son sommeil, et dans la symbiose avec la nature, comme Eurydice dans la mort. De ce rêve empli d'éléments naturels, le poète se sent exclu.

Le poète amoureux, en contemplation devant la jeune ondine qui lui paraît différente et transfigurée dans son sommeil, laisse libre cours à l'expression de sentiments marqués à la fois par la jalousie et le désir.

La jalousie, indissociable du sentiment d'exclusion, jaillit de presque toutes les expressions d'adoration amoureuse du poète. C'est ainsi qu'il est jaloux des pensées et des rêves de la jeune fille qu'il sait ne pouvoir pénétrer, ce qu'exprime la répétition sémantique « rêveuse » / « songeuse » dans la première strophe. Les rêves de la jeune fille apparaissent en fait comme intimement liés à sa féminité même, comme en témoigne la fusion de l'élément aquatique et du sommeil, donc du rêve, au vers 9. Le poète est jaloux aussi de devoir partager la femme aimée avec les éléments naturels qui eux peuvent la toucher, comme le « soleil » qui baigne son corps (vers 11), ou encore le « vent », « la mer » et « le sable » (vers 14 et 15). Il est jaloux encore du temps consacré au sommeil comme s'il lui était volé. C'est ce dont témoignent des qualificatifs et des dénominations à valeur de reproches comme « distraite » ou « ma paresseuse ». L'abondance des adjectifs possessifs de la première personne marque le désir de possession. Ce désir est d'autant plus affirmé que ces possessifs précèdent les différentes dénominations de la femme. Au contraire, les adjectifs possessifs de la deuxième personne (strophe 3) marquent la douleur de la séparation.

En effet, le poème n'est pas un dialogue : il n'y a pas échange, mais plutôt appel pressant d'un poète amoureux. Cet appel renvoie à la quête de la femme qu'il croit perdue pour lui. Tel un cri, il est destiné à percer jusqu'à l'inconscient de la jeune fille endormie. C'est pourquoi le poète multiplie les appellations tendres et les juxtapose dans un effet d'accumulation qui s'étend à toutes les strophes, sauf la troisième. On notera aussi l'anaphore du pronom personnel « toi », qui marque l'insistance du poète à s'imposer à la conscience de la jeune fille – ou sa tentative de s'insinuer dans ses pensées et ses rêves. Le poème développe par ailleurs une sorte de mélopée d'amour, qui s'appuie sur des sonorités douces et envoûtantes en [oez] et le rythme régulier des vers. Il s'agit d'une mélopée insistante destinée à atteindre la jeune fille jusqu'au plus profond de son sommeil.

Dans sa quête amoureuse, le poète se nomme à la première personne (vers 8, 17, 18). Le jeu des pronoms personnels témoigne en réalité d'une relation unilatérale. Le poème est-il la plainte d'un amoureux qui aime plus qu'il n'est aimé, comme le suggèrent les dénominations « mon souci, mon oublieuse », ou encore « ma capricieuse » ? Tout poète est-il frère d'Orphée ? Toute femme désirée son Eurydice ?

« Dormante » est un poème d'amour où le poète mêle le bonheur d'aimer et la souffrance d'un cœur inquiet et incertain. Claude Roy y développe le thème éternel de la dualité de l'amour : à la fois source de joie et de peine. Le poète a su traduire ce déchirement à l'aide d'images concrètes qui sont pour beaucoup dans l'impression de sincérité que laisse son chant.

CORPUS

Les personnages de romans, comme les êtres de chair et de sang, se trouvent fréquemment confrontés à des situations caractéristiques, communes à tous les hommes, mais auxquelles leur insertion dans un texte de fiction donne comme l'écho d'une réflexion ou d'une méditation de l'auteur (et, par suite, de son lecteur) sur ces expériences – au nombre desquelles la mort, qui constitue le thème commun aux trois extraits constituant le corpus sur lequel s'appuiera en partie cette séquence.

Objet d'étude : le personnage de roman, du XVIIe siècle à nos jours.

Texte A. Victor HUGO (1802-1885), *Les Misérables* (cinquième partie, livre neuvième, chapitre V [fin de ce chapitre, l'avant-dernier du roman]), 1862.

Texte B. Marcel PROUST (1871-1922), *À la recherche du temps perdu, Le côté de Guermantes* (II, chapitre premier [fin du chapitre]), 1921.

Texte C. Albert COHEN (1895-1981), *Belle du Seigneur* (quatrième partie, chapitre LXXX [fin de cette partie]), 1968.

Texte A. Victor HUGO (1802-1885), *Les Misérables* (cinquième partie, livre neuvième, chapitre V [fin du chapitre, l'avant-dernier du roman]), 1862.

Fantine, victime des dures conditions sociales de l'époque, s'est sacrifiée pour tenter d'assurer le bonheur de sa fille, Cosette, qu'elle a confiée à la famille Thénardier. Malheureusement les Thénardier, sous couvert d'accueillir Cosette, ont abusé la confiance de Fantine et ont toujours maltraité la petite fille. Jean Valjean, naguère condamné injustement au bagne et poursuivi sans fin par Javert, un policier impitoyable, a pris Cosette sous sa protection et, après de multiples péripéties, l'a aidée à trouver le bonheur auprès de l'étudiant Marius. Le roman se termine et Jean Valjean, aux côtés de Cosette et Marius, est à l'agonie.

D'instant en instant Jean Valjean déclinait. Il baissait ; il se rapprochait de l'horizon sombre. Son souffle était devenu intermittent ; un peu de râle l'entrecoupait. Il avait de la peine à déplacer son avant-bras, ses pieds avaient perdu tout mouvement, et en même temps que la misère de ses membres et l'accablement du corps croissait, toute la majesté de l'âme montait et se déployait sur son front. La lumière du monde inconnu était déjà visible dans sa prunelle.

Sa figure blêmissait et en même temps souriait. La vie n'était plus là. Il y avait autre chose. Son haleine tombait, son regard grandissait. C'était un cadavre auquel on sentait des ailes.

Il fit signe à Cosette d'approcher, puis à Marius ; c'était évidemment la dernière minute de la dernière heure, et il se mit à leur parler d'une voix si faible qu'elle semblait venir de loin, et qu'on eût dit qu'il y avait dès à présent une muraille entre eux et lui.

– Approchez, approchez tous deux. Je vous aime bien. Oh ! c'est bon de mourir comme cela ! Toi aussi, tu m'aimes, ma Cosette. Je savais bien que tu avais toujours de l'amitié pour ton vieux bonhomme. Comme tu es gentille de m'avoir mis ce coussin sous les reins ! Tu me pleureras un peu, n'est-ce pas ? Pas trop. Je ne veux pas que tu aies de vrais chagrins. Il faudra vous amuser beaucoup, mes enfants. [...] C'est fini. Mes enfants, ne pleurez pas, je ne vais pas très loin. Je vous verrai de là. Vous n'aurez qu'à regarder quand il fera nuit, vous me verrez sourire. Cosette, te rappelles-tu Montfermeil ? Tu étais dans le bois, tu avais bien peur ; te rappelles-tu quand j'ai pris l'anse du seau d'eau ? C'est la première fois que j'ai touché ta pauvre petite main. Elle était si froide ! Ah ! vous aviez les mains rouges en ce temps-là, mademoiselle, vous les avez bien blanches maintenant. Et la grande poupée ! te rappelles-tu ? Tu la nommais Catherine. Tu regrettais de ne pas l'avoir emmenée au couvent ! Comme tu m'as fait rire des fois, mon doux ange ! [...] Cosette, voici le moment venu de te dire le nom de ta mère. Elle s'appelait Fantine. Retiens ce nom-là : Fantine. Mets-toi à genoux toutes les fois que tu le prononceras. Elle a bien souffert. Elle t'a bien aimée. Elle a eu en malheur tout ce que tu as eu en bonheur. Ce sont les partages de Dieu. Il est là-haut, il nous voit tous et il sait ce qu'il fait au milieu de ses grandes étoiles. Je vais donc m'en aller, mes enfants. Aimez-vous bien toujours. Il n'y a guère autre chose que cela dans le monde : s'aimer. Vous penserez quelquefois au pauvre vieux qui est mort ici. [...] Je ne sais pas ce que j'ai, je vois de la lumière. Approchez encore. Je meurs heureux. Donnez-moi vos chères têtes bien-aimées, que je mette mes mains dessus.

Cosette et Marius tombèrent à genoux, éperdus, étouffés de larmes, chacun sur une des mains de Jean Valjean. Ces mains augustes ne remuaient plus. Il était renversé en arrière, la lueur des deux chandeliers l'éclairait ; sa face blanche regardait le ciel, il laissait Cosette et Marius couvrir ses mains de baisers ; il était mort.

La nuit était sans étoiles et profondément obscure. Sans doute, dans l'ombre, quelque ange immense était debout, les ailes déployées, attendant l'âme.

Texte B. Marcel Proust (1871-1922), *À la recherche du temps perdu, Le côté de Guermantes* (II, chapitre premier [fin du chapitre]), 1921.

Le narrateur, dont le nom n'est jamais indiqué dans l'ensemble du cycle romanesque de Marcel Proust À la recherche du temps perdu, *mais dont l'expérience telle qu'elle est retracée dans le livre évoque fréquemment la vie de l'auteur lui-même, après s'être remémoré son enfance, parvient au moment ou sa gand-mère maternelle, à laquelle le liait une profonde affection, et qui souffre de troubles cardiaques depuis assez longtemps, parvient au terme de son existence, en présence de sa famille et de sa vieille servante Françoise.*

– [...] Qu'est-ce qu'il y a, on ne donne plus d'oxygène ?

Ma mère dit :

– Mais alors, maman va recommencer à mal respirer.

Le médecin répondit :

– Oh ! non, l'effet de l'oxygène durera encore un bon moment, nous recommencerons tout à l'heure.

Il me semblait qu'on n'aurait pas dit cela pour une mourante, que si ce bon effet devait durer, c'est qu'on pouvait quelque chose sur sa vie. Le sifflement de l'oxygène cessa pendant quelques instants. Mais la plainte heureuse de la respiration jaillissait toujours, légère, tourmentée, inachevée, sans cesse recommençante. Par moments, il semblait que tout fût fini, le souffle s'arrêtait, soit par ces mêmes changements d'octaves qu'il y a dans la respiration d'un dormeur, soit par une intermittence naturelle, un effet de l'anesthésie, le progrès de l'asphyxie, quelque défaillance du cœur. Le médecin reprit le pouls de ma grand'mère, mais déjà, comme si un affluent venait apporter son tribut au courant asséché, un nouveau chant s'embranchait à la phrase interrompue. Et celle-ci reprenait à un autre diapason, avec le même élan inépuisable. [...] On me fit m'essuyer les yeux avant que j'allasse embrasser ma grand'mère.

– Mais je croyais qu'elle ne voyait plus, dit mon père.

– On ne peut jamais savoir, répondit le docteur.

Quand mes lèvres la touchèrent, les mains de ma grand'mère s'agitèrent, elle fut parcourue tout entière d'un long frisson, soit réflexe, soit que certaines tendresses aient leur hyperesthésie qui reconnaît à travers le voile de l'inconscience ce qu'elle n'ont presque pas besoin des sens pour chérir. Tout d'un coup ma grand'mère se dressa à demi, fit un effort violent, comme quelqu'un qui défend sa vie. Françoise ne put résister à cette vue et éclata en sanglots. Me rappelant ce que le médecin avait dit, je voulus la faire sortir de la chambre. À ce moment, ma grand'mère ouvrit les yeux. Je me précipitai sur Françoise pour cacher ses pleurs, pendant que mes parents parleraient à la malade. Le bruit de l'oxygène s'était tu, le médecin s'éloigna du lit. Ma grand'mère était morte.

Quelques heures plus tard, Françoise put une dernière fois et sans les faire souffrir peigner ces beaux cheveux qui grisonnaient seulement et jusqu'ici avaient semblé être moins âgés qu'elle. Mais maintenant, au contraire, ils étaient seuls à imposer la couronne de la vieillesse sur le visage redevenu jeune d'où avaient disparu les rides, les contractions, les empâtements, les tensions, les fléchissements que, depuis tant d'années, lui avait ajoutés la souffrance. Comme au temps lointain où ses parents lui avaient choisi un époux, elle avait les traits délicatement tracés par la pureté et la soumission, les joues brillantes d'une chaste espérance, d'un rêve de bonheur, même d'une innocente gaieté, que les années avaient peu à peu détruits. La vie en se retirant venait d'emporter les désillusions de la vie. Un sourire semblait posé sur les lèvres de ma grand'mère. Sur ce lit funèbre, la mort, comme le sculpteur du moyen âge, l'avait couchée sous l'apparence d'une jeune fille.

Texte C. Albert Cohen (1895-1981), *Belle du Seigneur* (quatrième partie, chapitre LXXX [fin de cette partie]), 1968.

Ariane, qui vit en Suisse, femme du petit fonctionnaire Adrien Deume qui travaille pour un organisme international dans l'entre-deux-guerres, s'est enfuie avec le beau Solal ; Adrien Deume s'attend à la retrouver à la maison en revenant d'une mission et à aller peut-être avec elle à une boîte en vogue, le Donon ; il est bouleversé en constatant son départ. Il glisse doucement vers le suicide (tentative dans laquelle, on le saura plus tard dans le roman, il échouera néanmoins, alors qu'Ariane et Solal, eux, se suicideront réellement à la fin du livre).

En smoking, le pantalon à ganse de soie abaissé sur ses genoux, les fesses nues et une fois de plus trônant sur le siège en imitation acajou, il était penché sur la première photo qu'il avait prise d'elle, pendant les fiançailles. Juste avant le déclic, elle lui avait dit qu'elle le regarderait en pensant qu'elle l'aimait. La gorge durcie et les yeux secs, le collier de barbe tremblant et les mains froides, il contempla le beau visage qui lui disait son amour, qui le lui dirait chaque fois qu'il le regarderait. Téléphoner à Kanakis, le supplier de venir ? Ça ne se faisait pas, c'était trop tard, onze heures du soir, de quoi est-ce qu'il aurait l'air ? Et puis à Kanakis, ça lui était bien égal, son malheur. Après un enterrement, tout le monde allait bouffer.

« Le Donon, oui. »

Mais rentrer et ne pas la trouver ? À qui dire au revoir le matin, à qui bonne nuit, le soir ? Le soir, quand ils s'étaient quittés, de sa chambre, à travers le mur, il lui criait, pour être encore avec elle, même de loin, il lui criait de nouveau bonne nuit. Plusieurs fois il lui criait bonne nuit. « Dors bien, chérie, bonne nuit, bonne nuit, dors bien, à demain. » C'était des cris d'amour, tout ça. Quand il y avait une belle musique à la radio, vite il l'appelait, il ne pouvait rien écouter de nouveau si elle n'était pas avec lui pour partager. De nouveau, il se leva. S'embrouillant dans son pantalon de smoking tombé aux chevilles, il alla devant la glace du lavabo, s'y considéra, s'y fit un sourire. Voilà, c'était ça le désespoir, se sourire tout seul dans la glace.

« Qu'est-ce que je dois faire ? » demanda-t-il à la glace.

À l'école, les leçons apprises avec tant de soin, jusqu'à onze heures, jusqu'à minuit. « Couche-toi, Didi, il est tard », disait Mammie. Mais il voulait être le premier à la composition de récitation, et il rallumait lorsqu'elle était partie, et le matin il se levait à cinq heures pour repasser la composition. À quoi bon ? Sa joie de commencer des cahiers neufs à la rentrée, en octobre. Avec quel soin il inscrivait les titres, avec quel amour. À quoi bon ? Herstal, Belgique. Une fois, au morning tea, elle lui avait cligné de l'œil, pour rien, par amitié, pour lui dire qu'on s'entendait bien. Dans la glace, il se cligna de l'œil. Ses paupières étaient vivantes, lui obéissaient.

Une fois encore, assis sur le siège, il ôta le cran d'arrêt du browning, le remit, passa ses doigts dans ses cheveux en sueur, considéra ses doigts, les essuya à la veste du pyjama. Il avait peur. Des gouttes coulaient le long du collier de barbe, venaient se rejoindre sous le menton. Il avait peur. De nouveau, il ôta le cran d'arrêt. Même pour mourir, il fallait faire un geste de vie, presser la détente. L'index qui pressait la détente, qui bougeait encore une fois afin de ne plus jamais bouger. Oui, voilà, le tout était que l'index voulût presser. Mais lui, non, il était jeune, il avait toute la vie devant lui. Conseiller bientôt, puis directeur de section. Demain, dicter le rapport. Se lever maintenant, téléphoner pour un taxi, et puis le Donon. Oui, le Donon.

Mais d'abord le mettre un peu contre la tempe, juste pour voir comment c'était quand on s'y décidait. Mais lui, non, pas si bête, il était jeune, il avait toute la vie devant lui. Lui, c'était seulement pour voir. Seulement faire le geste, pour se rendre compte, pour voir comment on faisait. Oui, c'était comme ça qu'on faisait, le canon contre la tempe. Mais lui, non, son index ne voudrait pas. Lui, c'était seulement pour voir. Lui, non, non, très peu pour lui, pas si bête. Bien dormi, bien reposée ? Une fois, elle lui avait cligné de l'œil.

Elle lui cligna de l'œil, et son index voulut. « Couche-toi maintenant, il est tard », chuchota une voix à son oreille tandis que lentement il se prosternait. Le front sur le tabouret, entre les pattes de l'ourson, il entra dans la chambre chaude de son enfance.

Pour aborder un sujet de dissertation avec les meilleures chances de réussite, il importe tout d'abord de savoir de quoi il s'agit dans l'esprit de ceux qui ont conçu ce type d'épreuves, et de se demander quelles connaissances, quelles qualités et quel type de travail sont utiles pour s'y confronter.

1. Instructions officielles, logique de l'épreuve

Dans les instructions officielles, l'épreuve de la dissertation est présentée de la façon suivante :

« La dissertation consiste à conduire une réflexion personnelle et argumentée à partir d'une problématique littéraire issue du programme de français. Pour développer son argumentation, le candidat s'appuie sur les textes dont il dispose, sur les "objets d'étude" de la classe de première, ainsi que sur ses lectures et sa culture personnelle. » (*B.O.* n° 26 du 28 juin 2001.)

C'est la dissertation qui est décrite le plus brièvement dans les instructions officielles : ce qui la concerne est 20 % plus court que ce qui concerne le commentaire ou les questions, fait à peine le cinquième de ce qui concerne l'écriture d'invention, et une fraction de ce qui concerne l'épreuve orale.

Pourquoi cette relative sécheresse ? Peut-être parce que la dissertation est le plus « classique » des trois exercices, ayant été pratiquée, sous une forme ou une autre, par de nombreuses générations de futurs bacheliers. C'est pourquoi, pour bien comprendre ce qui est attendu des candidats, il n'est pas inutile de replacer cette épreuve dans une rapide perspective historique.

Durant de très nombreuses années, l'un des trois sujets proposé à l'épreuve de français était une dissertation littéraire générale, c'est-à-dire un travail qui, partant d'une question à analyser ou d'une citation à commenter, ne faisait pas appel à tel ou tel point particulier de ce qui avait été étudié durant les cours de français au lycée, mais invitait les candidats à faire usage de leur connaissance de la littérature en général ; cela incluait, naturellement, les œuvres qui avaient été étudiées en classe, mais qui étaient différentes pour chacun, car le programme de français se limitait alors, pour l'essentiel, à des indications sur les siècles dont devaient de préférence être issues les œuvres à étudier telle ou telle année (Moyen Âge en troisième, XVIe et XVIIe siècles en seconde, XVIIIe et XIXe siècles en première, avec quelques textes contemporains répartis ici et là).

Mais les correcteurs constataient ce que personne ne contestera : à mesure que le baccalauréat s'adressait à des parts de plus en plus larges de chaque classe d'âge, les candidats « traditionnels », issus pour la plupart de milieux aisés, et qui avaient eu accès très jeunes à la culture classique, devenaient de plus en plus minoritaires, et la nature même de l'examen en était peu à peu changée ; en particulier, très peu de jeunes gens se sentaient suffisamment familiers avec la littérature pour oser aborder le sujet de dissertation, et presque tout le monde préférait se réfugier vers les sujets mieux circonscrits soit du résumé de texte avec discussion, soit du commentaire littéraire, qui pouvait porter sur n'importe quel texte, mais, du moins, sur un texte unique !

Voyant cela, l'Inspection générale de l'Éducation nationale décida en 1995 de revoir de fond en comble la nature de l'épreuve anticipée de français : les programmes furent désormais beaucoup plus délimités, se référant à des œuvres spécifiques, renouvelées en partie chaque année. La dissertation ne renvoya plus à la littérature en général, mais à une ou deux œuvres en particulier, dont les sujets invitaient à explorer de manière approfondie tel ou tel aspect, supposé avoir été bien défriché avec le professeur au cours de la classe de première.

Le problème était que l'on avait sans doute poussé le balancier trop loin dans le sens inverse de celui où il était resté bloqué durant longtemps, et l'on ne s'était pas clairement rendu compte qu'il est sans doute aussi difficile, voire davantage, de traiter intelligemment dans une dissertation d'une œuvre particulière que d'une problématique générale : d'où à nouveau une fuite des candidats vers les autres sujets, mais aussi, pour les audacieux qui choisissaient tout de même la dissertation, des notes souvent mauvaises, car ils peinaient à distinguer ce qui pouvait être redites de choses apprises en cours de ce qu'aurait dû être la construction d'une problématique véritablement adaptée au sujet qui leur était proposé.

Les instructions ont donc de nouveau été profondément modifiées, dans le sens décrit au début de cette séquence. On pourrait risquer l'hypothèse que l'on s'est désormais arrêté à un moyen terme : la littérature est abordée au lycée en fonction d'« objets d'étude » (voir p. 6) qui peuvent être étudiés à partir de divers textes au choix des enseignants, et les sujets proposés à l'examen s'appuient premièrement sur ces « objets d'étude », deuxièmement sur des textes proposés avec le sujet lui-même, et qui sont en rapport avec l'un de ces « objets », et troisièmement sur la culture personnelle des candidats.

2. Ce qu'on attend de vous

L'objectif, pour le candidat, est donc de prouver qu'il est capable d'utiliser aussi bien, de manière précise, des éléments textuels dont il dispose physiquement le jour de l'examen, que, de manière allusive mais juste, des notions qu'il a acquises au cours de sa scolarité, et que, selon ses capacités à cet égard, des connaissances qui sont les siennes, et qu'il a eu la possibilité de s'approprier à l'occasion de lectures (ou de vision de films, etc.) personnelles, même si ses choix en ce domaine ont pu être guidés par les conseils de ses professeurs.

Bien sûr, les textes proposés avec le sujet sont moins directement nécessaires que dans le commentaire de texte, qui s'appuie quasi exclusivement sur l'un d'eux. Mais il n'est pas possible de les négliger complètement pour se rabattre sur des connaissances possédées antérieurement : certains exemples au moins en seront extraits.

Bien sûr les textes et notions étudiés en classe ne seront pas forcément en adéquation exacte avec ce que demande le sujet, qui peut aborder l'un des « objets d'étude » sous un angle relativement imprévu, ou simplement pas réellement étudié au cours de l'année. Mais il est impératif de savoir au mieux mobiliser ce que l'on a appris, pour ne pas rester enfermé dans le cadre étroit qu'offrent les deux, trois ou au maximum quatre textes qui sont la base du sujet.

Et bien sûr on n'attend pas d'un jeune de dix-huit ou dix-neuf ans qu'il maîtrise complètement une culture vaste et variée. Mais on s'attend à ce qu'il ait développé des savoirs et des compétences qui excèdent un peu ce que lui a apporté l'école, et à ce qu'il soit capable, dans le cadre d'une réflexion organisée, de mobiliser ces savoirs et compétences afin d'enrichir les points de vue qu'il est amené à présenter.

Donc ne nous leurrons pas : la dissertation demeure sans doute le plus exigeant des trois sujets auxquels vous serez confrontés le jour de l'examen. Le commentaire de texte peut à la rigueur s'appuyer sur des « recettes » élaborées en classe, à condition qu'on les ait convenablement maîtrisées ; le sujet d'écriture laisse, quelque précis que soit le cadre dans lequel il est conçu, une certaine liberté d'élaboration. Mais la dissertation va exiger des connaissances, de la rigueur, et de l'inventivité.

Si elle peut paraître difficile, elle peut aussi « rapporter gros » : on ne trahit pas de secret en disant que les professeurs qui corrigent vos copies ont en général un *a priori* favorable pour les élèves qui choisissent le sujet de dissertation, tout en redoutant parallèlement de tomber pour la énième fois de leur carrière sur un tissu de platitudes et d'approximations. Si votre copie gagne leur respect en sachant appliquer certains « trucs » tout en faisant preuve d'une personnalité authentique, la porte d'une excellente note vous est grande ouverte.

3. Que faire des textes fournis avec le sujet ?

L'une des grandes originalités des nouveaux sujets de français est qu'ils sont obligatoirement accompagnés d'un ou plusieurs textes, qui sont communs aux trois travaux proposés, dont en outre les questions seront le plus souvent également communes.

Si l'on voit bien que l'épreuve de commentaire repose par nature sur un texte précis, si l'on comprend que, pour ne pas être un pur exercice d'écriture libre, le sujet d'écriture doit s'appuyer sur des textes à partir desquels il peut s'élaborer, on peut en revanche être un peu perplexe, voire à la limite gêné, face à la présence de textes fournis par les auteurs du sujet.

De fait, on peut supposer que, dans l'esprit de l'auteur du sujet, puis du correcteur, le fait que le ou les textes fournis concernent globalement les trois types de sujets qui vous sont proposés est une contrainte liée aux instructions officielles et à la volonté de produire des énoncés « harmonieux », mais que l'on attachera généralement moins d'importance à l'utilisation que vous ferez ou non de ces textes dans votre dissertation.

Il n'en reste pas moins que les textes fournis constituent à la fois un garde-fou et une opportunité.

Ils sont un garde-fou, parce qu'ils sont choisis de manière à orienter votre réflexion dans telle et telle direction, et à vous éviter les voies de garage et les impasses, en vous montrant, en un sens, sur quel type d'œuvre vous pouvez utilement vous appuyer.

Exemple :

Dans un sujet qui vous inviterait à vous interroger sur le rôle des techniques poétiques (mètre, rime, etc.) dans la poésie, la présence d'un poème en prose au milieu de deux poèmes en vers rimés, ou d'un poème en vers libres au milieu de deux textes en mètres réguliers, tentera de vous dissuader de vous livrer à un simple catalogue de tous les types de vers que vous connaissez et de leur utilisation par tel ou tel poète, mais vous incitera au contraire à dépasser ce point de vue simpliste pour vous demander ce qui, de la forme ou de l'esprit, peut nous faire définir une œuvre comme poétique.

Ces textes sont aussi une opportunité : ce qui manquait le plus souvent dans les dissertations auparavant, qu'il s'agisse des dissertations littéraires générales de jadis ou des dissertations sur programme de naguère, c'était un contact direct avec les textes. Les candidats se reposaient le plus souvent, croyant ou feignant de croire que la dissertation, sous couvert de généralité, ne devait manipuler que des abstractions, sur de vastes idées souvent un peu creuses au sujet de tel genre littéraire ou de telle œuvre. Cette tendance, due parfois à une certaine naïveté qui faisait passer pour plus importante une idée générale mal développée qu'un exemple précis bien analysé, pouvait également être liée à la réelle difficulté qu'il peut y avoir à apprendre par cœur un nombre même restreint de citations facilement utilisables, et sur lesquelles fonder des démonstrations de valeur.

Dès lors que les responsables de l'Éducation nationale ont en quelque sorte pris acte de ce que l'effort de mémoire, beaucoup moins sollicité aujourd'hui qu'il ne l'était dans les études secondaires d'il y a quelques décennies, est devenu non seulement rébarbatif, mais concrètement difficile pour beaucoup de jeunes, il devenait logique de suppléer ce manque d'éléments concrets en les fournissant directement, ou du moins en en fournissant quelques-uns, à l'usage (non exclusif) de ceux qui arrivent avec un bagage mince.

Exemple :

Dans le même sujet portant sur les formes de la poésie, si l'on dispose d'un poème de Victor Hugo, mieux vaudra utiliser, si l'on souhaite écrire un développement sur les valeurs de l'alexandrin, les vers que l'on a devant soi et que, en faisant l'effort d'attention minimal, on citera du moins correctement, que de s'en remettre à une mémoire quelque peu défectueuse ou mise en veilleuse par le stress de l'examen, et de citer de manière inexacte des alexandrins qui, allongés à treize syllabes ou raccourcis à onze, n'en seront pas, ce qui ne saurait que compromettre la validité de la démonstration.

De manière moins caricaturale, disons que, utilisés de manière non exclusive, les textes fournis avec le sujet constitueront une excellente occasion de développer des analyses d'exemples qui ne seront pas suspectes d'avoir été plus ou moins préparées à l'avance, et fourniront au candidat l'occasion de démontrer un certain savoir-faire technique dans l'analyse ponctuelle.

4. Comment utiliser ce que vous avez appris ?

L'une des principales tentations qui ont de tout temps guetté l'élève qui compose une dissertation est la restitution de parties de cours prédigérées, censées contenir une plus grande proportion de vérité que ce qu'il serait capable d'écrire lui-même, et donc garantes du sérieux de sa démarche.

Cela conduit fréquemment au pire : rien n'est plus artificiel que de plaquer sur une problématique des éléments issus d'une autre, ou bien développés en cours comme de simples connaissances destinées à étayer la réflexion, non à s'y substituer.

Toutefois, il est bien entendu nécessaire d'avoir abondamment recours aux œuvres que l'on a étudiées, et pas seulement en classe de première : tel livre lu attentivement en seconde, voire au collège, pourra être d'un meilleur secours que les textes étudiés au cours de l'année qui vient de s'écouler, si le sujet s'y prête. Replacer ce que l'on a vu en première dans une perspective plus large, englobant toutes les approches qu'on a pu faire auparavant du phénomène littéraire, ne peut en tout état de cause qu'être bénéfique.

Encore faut-il utiliser ces livres (ou ces passages de livres) à bon escient, sans plaquer sur eux une grille de lecture rigide, qui limiterait d'emblée le nombre de problématiques dans lesquelles on pourrait les englober.

Exemple :

Si l'on considère une fois pour toutes, parce que c'est l'orientation générale qui ressort des cours que l'on a entendus au cours de l'année, que le XVIIe siècle est essentiellement celui du classicisme, et que le sujet porte sur la liberté au théâtre, on a de fortes chances de passer à côté d'éléments qui, chez Racine, relèvent plutôt de ce qu'on pourrait appeler un baroque maîtrisé, sans parler de la difficulté extrême que semble avoir connue Corneille à faire entrer ses pièces dans les cadres rigides effectivement définis par les théoriciens du classicisme (qui ne sont du reste pas les écrivains que l'on connaît de nos jours).

De manière générale, de même que pour les extraits qui vous sont présentés, vous aurez intérêt à raisonner en termes de passages précis à analyser, plutôt qu'en termes d'idées d'ensemble sur telle œuvre, *a fortiori* sur tel auteur ou tel genre littéraire. N'oubliez jamais qu'il s'agit d'une dissertation littéraire (même si l'appellation n'est plus officiellement celle-là), et qu'en littérature ce qui compte, c'est l'impression esthétique plus que l'idée développée par l'écrivain : il sera temps en terminale, lorsque vous étudierez la philosophie, de vous lancer dans des développements essentiellement conceptuels, pour l'instant contentez-vous de parler d'œuvres en en faisant ressortir la valeur littéraire plus que les idées.

5. Et la culture personnelle ?

On touche, avec la culture personnelle ou la culture générale, à l'un des principaux freins qui ont de tout temps fait obstacle aux élèves désireux de réussir leurs dissertations.

Il est fort bien de savoir utiliser impromptument un texte que l'on a sous les yeux et que l'on n'a vraisemblablement jamais croisé auparavant. Il est également très désirable de savoir évoquer avec aisance les ouvrages sur lesquels on a travaillé au long de sa scolarité. Mais il est assurément mieux encore (ou en tout cas cela donnera à votre travail une touche personnelle qui le valorisera fortement) de se référer à des données culturelles qui, selon toute probabilité, n'ont pu être étudiées en classe, mais relèvent de vos acquis entièrement individuels.

Peut-être avez-vous, au long de vos études, manqué de temps pour vous construire une culture générale variée et cohérente, et ce n'est sans doute pas à quelques mois de l'examen, avec les efforts que vous devez fournir dans diverses matières, que vous trouverez le temps nécessaire à cette acquisition complexe.

Toutefois, même dans un cas comme celui-là, tout n'est pas totalement perdu : il existe des livres qui sont destinés précisément à vous faire acquérir à vitesse accélérée des connaissances de base sur toutes sortes de thèmes qui seront éventuellement réutilisables le jour de l'examen. De même, le recours fréquent à une encyclopédie, accompagné d'un libre vagabondage à travers ses articles, produit assez rapidement des résultats tangibles.

Quant à Internet, s'il représente de fait une ressource documentaire remarquable, il convient toutefois de l'utiliser en se fixant certaines règles :

il existe un fort effet « centrifuge » lors d'une recherche sur Internet, même avec le moteur de recherche le mieux intentionné du monde, et, beaucoup plus qu'avec une encyclopédie papier, vous risquez de vous retrouver, en voulant vous documenter, déporté vers des choses non seulement sans aucun rapport (ce qui n'est pas grave, puisque le propre de la culture générale est précisément de ne pas être spécialisée), mais parfois sans aucun intérêt.

Veillez donc à faire preuve de jugement critique quant à vos sources ; préférez par exemple les faits que vous trouvez sur le site de l'*Encyclopædia Britannica* à ceux que vous trouverez sur les sites personnels d'amateurs ou sur Wikipedia, dont le caractère collaboratif et évolutif n'est pas toujours garant d'une grande fiabilité ; retenez de préférence les informations que vous aurez trouvées sur divers sites : elles ont de meilleures chances d'être fiables.

Plus généralement, que peut-on introduire de personnel dans une dissertation ? Il faut partir des livres bien sûr. Le meilleur filon est celui des grands auteurs étrangers, qui demeurent très peu étudiés au lycée, et qui, sur tous les sujets qui n'ont pas trait exclusivement à l'usage de la langue (c'est-à-dire la très grande majorité), apporteront presque toujours des lumières très précieuses, en complément des auteurs français vus de plus près avec vos professeurs.

Exemple :

Si vous avez à parler de théâtre, se référer à Racine est bien, mais (en vous appuyant par exemple sur l'opposition qu'ont tracée entre les deux auteurs Hugo ou Stendhal) avoir recours à une pièce de Shakespeare prouvera que vous avez eu la curiosité d'aller y voir de plus près que le peu qu'on en sait généralement (à condition que vous ne vous limitiez pas à un poncif sur Roméo et Juliette comme représentants du parfait amour ou à la scène « To be or not to be » *comme exemple du doute existentiel…).*

Il n'est pas interdit, loin de là, d'utiliser des livres qui n'appartiennent pas au « canon » des auteurs classiques ; mais il convient de le faire avec précaution : n'oubliez pas que, si votre correcteur a de fortes chances d'être agacé si vous vous mettez à lui rappeler les grandes lignes de la vie et de l'œuvre de Balzac ou Hugo, qu'il connaît mieux que vous, il n'est pas pour autant omniscient, et appréciera, si vous citez un auteur peu connu ou très directement contemporain (donc qui n'a pas eu le temps d'accéder aux manuels de littérature), que vous disiez en quelques mots de qui et de quoi il s'agit.

Il n'y a pas de règle générale quant à ce qu'on peut ou ne peut pas utiliser, mais en gros, plus on s'éloigne de la littérature d'apparence classique, plus il convient d'être circonspect : usez avec modération de la science-fiction et des romans policiers, *a fortiori* de la bande dessinée (où il vaudra mieux se limiter aux « grands classiques » : citer Hergé passera bien, s'appuyer sur des mangas beaucoup moins).

En outre, l'énoncé des sujets vous invitera souvent à tirer des éléments pour votre dissertation de vos « connaissances » en général, voire de votre « expérience ». C'est une manière de dire que la littérature n'est pas une tour d'ivoire, et qu'il vous est loisible, voire recommandé, de voir comment des concepts qui sont utilisés en matière littéraire peuvent être applicables à d'autres champs du savoir ou de l'existence.

Mais, là encore, attention : si, comme cela risque statistiquement d'être le cas au vu des données du *box office*, vos goûts et vos connaissances en cinéma se limitent aux « grosses machines » hollywoodiennes et aux comédies françaises les plus racoleuses, il n'est sans doute pas utile d'en faire mention, sauf si le sujet porte par exemple sur l'art populaire. Si au contraire vous avez quelques lumières sur, par exemple, le film noir classique américain, ou le cinéma asiatique, ou les films de Charlie Chaplin, ce sera un plus pour votre copie d'en faire mention et de les utiliser comme vous utiliseriez une œuvre littéraire (c'est-à-dire pas en racontant platement l'histoire du film, mais en analysant par exemple ce qui se passe entre tel et tel personnage dans telle scène du film).

Exemple :

Si votre sujet vous invite à réfléchir sur le sentiment esthétique et sur l'émotion que peut procurer une œuvre littéraire, il vous sera facile de montrer que le support des images donne aux films un accès beaucoup plus direct à notre sensibilité qu'aux livres. Telle scène du Kid *de Chaplin pourra avantageusement être comparée à telle scène mélodramatique qui, au théâtre, « marche » beaucoup moins bien pour la sensibilité contemporaine, comme dans* La Dame aux camélias.

Quant à l'expérience, attention : soyez conscient du risque de démagogie que comporte cet appel à faire feu de tout bois et à vous reposer sur des choses étrangères à la littérature. Dans la quasi-totalité des cas, vos expériences personnelles, en dehors du cadre des rapports que vous pouvez avoir avec une œuvre d'art, seront strictement sans intérêt dans une dissertation. Soyez donc particulièrement lucide sur ce point, et ne croyez pas pouvoir suppléer un manque de connaissances littéraires par une vie riche et variée (à supposer que la vôtre le soit) sur laquelle vous vous croiriez invité à vous étaler longuement. En revanche, utilisés avec discernement, certains épisodes personnels rendront votre travail plus vivant.

Exemple :

Si vous parlez de Proust, et si le premier contact que vous avez eu avec cet auteur dont l'œuvre est si profondément ancrée dans la mémoire, et tout particulièrement dans les souvenirs d'enfance, a correspondu pour vous à un véritable ressenti intérieur, à une sensation de reconnaître dans le roman des éléments de ce que vous avez un jour ou l'autre ressenti, vous pouvez, sans que cela devienne envahissant, et sans que l'anecdote remplace l'analyse, en faire brièvement mention.

▶ FICHE SYNTHÈSE

Tenez compte des textes qui vous sont proposés dans le sujet pour construire, au moins en partie, votre problématique, ou vérifiez que la problématique que vous élaborez est en mesure d'en rendre compte.

Appuyez-vous sur toutes les œuvres que vous avez étudiées dans votre scolarité, en privilégiant systématiquement le recours à des passages significatifs plutôt qu'aux généralités sur l'ensemble des livres.

Dépêchez-vous de combler les « trous » de votre culture générale, ou donnez-vous au moins les moyens de paraître en avoir une en évitant les plus grosses bourdes.

Sachez utiliser vos connaissances autres que scolaires de manière lucide, en privilégiant les éléments qui ont une certaine pertinence par rapport à des problématiques littéraires.

EXERCICES

Voir corrigés pages 122-123

1 ▶ En reprenant une des œuvres que vous avez étudiées en classe de seconde, retrouvez les axes de lecture ou points d'attention qui vous ont aidé à la comprendre. Pouvez-vous retrouver de mémoire une référence de l'ouvrage où s'illustre cet axe ?

2 ▶ Cherchez, dans les extraits de votre manuel scolaire de littérature, deux citations qui vous paraissent mériter d'être retenues comme caractéristiques de ces auteurs : Gérard de Nerval, Mme de Sévigné, François Mauriac.

▶ Expliquez ces choix.

▶ Poursuivez l'exercice avec d'autres auteurs.

3 ▶ De ces trois citations tirées du théâtre de Victor Hugo, laquelle vous paraît la plus utile à retenir pour caractériser ce théâtre ? Justifiez votre choix.

– « Je suis une force qui va ! » (Hernani)

– « Mais c'est à se briser le front contre le mur ! » (Ruy Blas)

– « Ah ! le peuple ! océan ! onde sans cesse émue ! » (Hernani)

4 ▶ Faites une fiche « auteur » sur Molière, en supposant que vous étudiez *L'Avare*. Faites une autre fiche sur le même, en supposant cette fois que vous étudiez *Tartuffe*. Que faut-il modifier ?

▶ Recommencez avec d'autres auteurs de votre choix.

Objectifs et méthodes - Corrigés

Les exercices de cette séquence ne donnent pas tous matière à corrigé. On se limitera donc aux exercices pour lesquels il est possible de fournir quelques indications.

1 ▶ Si vous n'y arrivez pas de mémoire, reprenez vos notes de cours. Sans doute éveilleront-elles des souvenirs plus précis.

2 ▶ **Citations caractéristiques de Gérard de Nerval :**

▶ *« Je suis le ténébreux,– le veuf,– l'inconsolé... »*

Ce vers exprime l'état de manque dont souffre l'auteur, et en même temps l'obscurité de sa personnalité, mystérieuse à ses propres yeux, par une vaine tentative de se définir.

▶ *« Aimer une religieuse sous la forme d'une actrice !... Et si c'était la même ! »*

On retrouve dans cette phrase l'incertitude des aspirations de l'auteur, à la fois tendres et mystiques, constamment projetées dans le rêve ; un poète sans repères nets.

▶ **Citations caractéristiques de Mme de Sévigné :**

▶ *« Je n'ai reçu qu'une lettre de vous, ma chère bonne, et j'en suis fâchée... »*

Citation témoin de l'attachement maladif de la marquise pour sa fille, caractéristique des nombreuses fois où elle réclame davantage de nouvelles.

▶ *« Enfin c'en est fait, la Brinvilliers est en l'air... »*

On voit dans cette citation le goût des traits d'esprit de Mme de Sévigné : même dans les circonstances tragiques (Mme de Brinvilliers vient d'être exécutée sur le bûcher), elle ne peut s'empêcher d'en parler sur un ton léger, avec le plaisir d'employer une formule spirituelle.

▶ **Citations caractéristiques de François Mauriac :**

▶ *« Il était prêt à soutenir que l'on n'est jamais malheureux, sinon par sa faute. »*

Cette citation pose le problème de la responsabilité de chacun sur sa propre vie, de la force ou de la faiblesse avec laquelle on assume ses actes, et de l'incompréhension des êtres devant l'attitude des autres, qui les conduit à s'accuser mutuellement par impossibilité de se mettre dans leur peau.

▶ *« Comment y fus-je amené, moi qui n'étais pas un monstre ? »*

Cette question montre la bonne foi de chacun, qui est amené à agir contre son désir profond par l'incompréhension des autres, et qui du même coup conduit les autres à se méfier de lui, dans un enchaînement infernal dont nul ne peut sortir sans faire le pas du pardon. C'est tout le problème de l'incommunicabilité des êtres posé par Mauriac dans la plupart de ses romans.

On aurait pu citer des phrases témoins de sa sensibilité poétique, mais elles auraient été trop longues pour être vraiment mémorisables.

3 ▶ ***« Je suis une force qui va ! »***

Cette citation exprime le sentiment inquiétant du héros romantique possédé et dominé par la force du destin, une fatalité qui l'entraîne malgré lui et qui emporte tout et tous sur son passage.

Les deux autres citations ne sont pas inintéressantes, la deuxième comme exemple de la liberté de langage de Victor Hugo, et la troisième exprimant le regard romantique sur la puissance impersonnelle du peuple. Mais elles sont moins fondamentales que la première, qui exprime le fond de la mentalité romantique.

4 ▶ **Molière (1622-1673)**

▶ On peut classer ses comédies en trois catégories :

– **les farces,** où dominent les jeux de scène et les coups de bâton, *L'Avare* (1668) ;

– **les comédies-ballets,** qui mêlent le théâtre, la musique et la danse, *Le Bourgeois gentilhomme* (1670) ;

– **les grandes comédies,** dont le sujet est souvent grave, *Dom Juan* (1665).

Dans la ligne voulue par Louis XIV, Molière ridiculise les excès en tout, et prône un idéal de mesure : *Harpagon* est ridicule parce qu'il est trop attaché à l'argent.

Ne pas oublier qu'il s'agit avant tout d'un théâtre de divertissement.

▶ Si la fiche-auteur, au lieu d'être rédigée à propos de *L'Avare*, l'était à propos de *Tartuffe*, on ne s'attarderait pas sur le comique de farce et l'exemple d'Harpagon ; en revanche, on rappellerait la genèse de la pièce :

Querelle à propos de *L'École des femmes*, jugée par certains immorale. Molière y répond par *La Critique de l'école des femmes*, *L'Impromptu de Versailles*, et par *Tartuffe* et *Dom Juan*.

Plusieurs interdictions de *Tartuffe* sous l'influence du parti « dévot », avant d'être finalement autorisé (risque de confusion entre les faux dévots dénoncés par Molière et la religion sincère).

Notez que cette fiche-auteur ne s'attarde pas sur des détails biographiques souvent bien connus depuis le collège et peu utiles dans une étude destinée au baccalauréat. Mais il pourrait en être autrement sur d'autres auteurs.

Il est déterminant de bien comprendre l'énoncé d'un sujet de dissertation, afin d'éviter l'impardonnable hors sujet qui fera refuser la moyenne même à une copie bien rédigée et bien organisée.

Il importe donc de suivre une démarche rigoureuse dans cette première étape du travail de la dissertation.

1. Un principe de base

Avant toute autre considération, afin d'éviter de tomber dans le hors sujet, il faut se pénétrer du principe suivant :

La dissertation n'est pas une question de cours ; elle est un exercice de rhétorique.

Les deux réformes successives qui ont été évoquées dans la première partie ont permis de situer la dissertation à égale distance de deux dangers qui la guettaient (et qui ont bien failli lui être fatales, par le désintérêt qu'ils causaient chez la majorité des candidats, et par les notes souvent faibles qu'ils entraînaient chez nombre des autres) : le recours à une vaste culture personnelle dont on sait que peu de jeunes gens la possèdent, et l'observation un peu myope de textes étudiés de trop près, et au sujet desquels il devient difficile de prendre de la hauteur.

Mais dire que les sujets de dissertation tels qu'ils se présentent dorénavant évitent de vous précipiter d'un coup dans l'un de ces deux dangers, c'est dire aussi que ces écueils subsistent, marginalement, si l'on n'y prend pas garde.

On aura donc intérêt à analyser l'énoncé le plus précisément possible, afin de déterminer sans ambiguïté la nature du sujet, et échapper ainsi à la tentation de se rabattre soit sur des notions étudiées en cours et que l'on plaquerait artificiellement sur les textes proposés et sur le thème abordé, soit sur des généralités vagues sur « la littérature », « l'écrivain » et autres concepts trop vastes s'ils ne sont pas analysés dans le détail.

Exemple :

Si vous êtes confronté à un sujet du type : « La littérature peut-elle décrire un homme réel comme elle décrit un personnage inventé ? », vous aurez raison de vous souvenir des cours que vous aurez entendus concernant l'écriture biographique, mais vous aurez tort si vous vous lancez dans une restitution intégrale de ce cours sur les modalités de l'écriture biographique, car ce qui vous est demandé ici, c'est de comparer ce type d'écriture à l'écriture d'invention, non de l'analyser pour soi-même.

2. Passer du temps à l'analyse de l'énoncé

On vient de le voir, certains énoncés peuvent nous entraîner dans une voie apparemment facile, et finalement différente de ce qu'ils demandent en réalité : méfiez-vous des sujets trop évidents, ceux que l'on croit avoir compris à la première lecture ; ne vous jetez jamais dans la recherche des arguments sans vous être obligé à scruter le libellé pendant le temps nécessaire.

Par conséquent, on passera au moins un quart d'heure à analyser l'énoncé, parfois plus s'il est long ou complexe. On aura peut-être l'impression de perdre du temps ; qu'à cela ne tienne : on dit volontiers qu'une dissertation est à moitié faite lorsque l'énoncé a été analysé avec toute la précision voulue.

Exemple :

Bien que tiré du type de sujet qui a eu cours dans les années précédant la dernière réforme, on peut donner ici un exemple éclairant, tiré d'une situation réelle :

« Selon un critique contemporain, tout roman de Malraux présente l'aventure sous trois aspects : "une aventure imaginaire et romanesque, une autre politique et sociale, une troisième enfin esthétique et métaphysique". L'œuvre de Malraux que vous avez étudiée cette année répond-elle à cette affirmation ? » La plupart des candidats qui ont composé sur ce sujet cette année-là n'ont visiblement pas pris le temps d'examiner cet énoncé : ils se sont lancés généralement dans une description des éléments romanesques, politiques, et spirituels rencontrés dans le roman, sans réfléchir au problème posé ni définir les termes du libellé ; de nombreux développements partaient dans tous les sens et étaient affectés d'une terrible platitude. Il aurait bien fallu un quart d'heure de réflexion pour définir des termes comme « aventure », « imaginaire », « esthétique », ou « métaphysique »…

3. Repérer et évaluer les mots clefs

Les sujets appellent généralement le candidat à porter un jugement sur une citation ou à répondre à une question portant sur un des aspects du thème considéré ; une compréhension approximative des expressions qui composent cette citation ou cette question peut entraîner des erreurs sur l'objet de la dissertation ; en particulier, une attention insuffisante au sens des mots clefs peut amener à déformer le sujet, et le glissement vers d'autres notions, souvent voisines, est une cause de hors sujet.

Exemple :

Le sujet proposé ci-dessus et qui portait spécifiquement sur un roman de Malraux pourrait être élargi à une bonne part de la littérature romanesque, et devenir : « Selon la formule d'un critique contemporain, qu'il applique à un auteur du XXe siècle, tout roman présente l'aventure sous trois aspects : "une aventure imaginaire et romanesque, une autre politique et sociale, une troisième enfin esthétique et métaphysique." Dans quelle mesure cette appréciation vous semble-t-elle justifiée par les textes dont vous disposez, les œuvres que vous avez étudiées, et celles que vous connaissez par vos lectures personnelles ? »

Si vous aviez à réfléchir et à disserter à partir d'une telle formule, il serait bien clair qu'une lecture trop vague des mots clefs ne permettrait pas de lancer une véritable réflexion ; si certains termes, comme « romanesque » ou « politique », se comprennent aisément, d'autres, comme « esthétique » ou « métaphysique », méritent réflexion et explication – ce qui ne veut pas dire que vous devrez passer la moitié de votre devoir à en chercher la définition, mais que, préalablement à l'élaboration de la dissertation proprement dite, vous devriez, pour vous-même, vous demander à quoi ils renvoient exactement dans l'esprit de l'auteur de la formule, et dans les œuvres romanesques que vous avez pu étudier.

Quels sont les mots clefs d'un tel énoncé ? Dans l'ordre : « tout roman » (la totalisation doit toujours poser la question des exceptions possibles) ; « aventure » (ce n'est pas seulement une intrigue, mais toute l'incertitude qui marque une destinée humaine) ; « imaginaire et romanesque » (toute la dimension d'une intrigue imaginée par les romanciers à l'aide de personnages fictifs) ; « politique et social » (l'engagement des héros, ou parfois de l'auteur lui-même, dans la société de leur temps, et qui est fonction des choix personnels de l'écrivain) ; « esthétique » (beaucoup de romans, parallèlement à leur intrigue, engagent une réflexion sur l'art, mais tous sont aussi une démonstration pratique de l'art de l'écrivain) ; « métaphysique » (les interrogations spirituelles et philosophiques sur le sens de la vie humaine, posées directement par l'action et les déclarations des personnages, ou indirectement par ce qui leur arrive, qui peut avoir une signification qui les dépasse, mais qui prend son sens en fonction des convictions de l'auteur en matière de religion ou de vie spirituelle par exemple).

Ces mots clefs devraient être expliqués également dans leurs relations les uns avec les autres : si une aventure romanesque n'a rien de surprenant, il faudra absolument définir ce que peut être une aventure politique et sociale, une aventure esthétique, une aventure métaphysique. Sans quoi on passera à côté de ce qui fait l'intérêt d'un tel sujet.

On aura donc soin de définir tous les mots clefs, même ceux dont le sens paraît évident :

- ▶ Un mot difficile est une aubaine dans un énoncé (à condition de le comprendre) car sa difficulté porte en elle-même l'origine d'une problématique. Surtout, on ne fera pas comme s'il n'était pas là : que de copies estropiées, dans notre exemple, parce que des candidats ont prudemment ignoré les mots « esthétique » et « métaphysique »! On doit définir ce mot le plus précisément possible ; sinon... il vaut mieux choisir un autre sujet !
- ▶ Les mots faciles doivent retenir autant votre attention : comme ils paraissent évidents, on glisse dessus, et on ne voit pas ce qu'ils peuvent apporter au sujet : on a vu plus haut comment le mot « aventure » pouvait considérablement enrichir la copie si on prenait en compte ses différents sens ; dans le cas contraire, si on en reste à l'évidence, on passera à côté d'une source abondante d'arguments.
- ▶ Les mots qui entourent ces mots clefs ne doivent pas être négligés : adjectifs, adverbes, pronoms, articles peuvent dans certains cas constituer

de simples outils et n'avoir pas de valeur particulière ; mais un énoncé se caractérisant généralement par sa concision, peu de mots y sont inutiles : on aura donc intérêt à en mesurer l'importance. Dans notre exemple, on voit bien que le petit adjectif « tout » a beaucoup plus d'importance que la formule purement introductive « selon un critique contemporain ».

▶ Préciser le rapport logique établi entre ces mots : opposition, confirmation, ressemblance, conséquence, cause, etc. Toujours dans le même exemple, nous avons vu qu'il était nécessaire d'établir les rapports entre le mot « aventure » et les adjectifs qui lui sont accolés ; mais il ne sera pas inutile non plus de comparer les adjectifs entre eux, pour voir s'ils sont compatibles, s'ils se complètent ou s'opposent, s'il y a une hiérarchie entre eux, si l'ordre dans lequel ils sont présentés est significatif ou non.

Notez toutes ces remarques au brouillon, de façon concise et utilisable dans la suite de la réflexion : c'est là que vous trouverez plus tard vos pistes de recherche.

4. Comprendre les différents énoncés

▶ **L'énoncé peut se présenter sous deux formes :**

– une citation accompagnée d'une question, contenant éventuellement des consignes ;

– une question directement posée, avec ou sans consigne précise.

Cette différence formelle n'a pas vraiment d'incidence sur l'analyse du sujet. On précisera seulement que dans le premier cas, l'analyse de la citation ne dispense pas de l'analyse de la question, puisque toutes deux orientent la réflexion.

▶ **Les questions sont d'une grande variété, dont voici les principales :**

– « Vous répondrez à cette question à partir des textes qui vous sont proposés, de ceux que vous avez étudiés en classe et de vos lectures personnelles. » Dans ce cas, la consigne dépend de la question précédemment formulée.

– « Cette définition vous paraît-elle s'appliquer aux textes du corpus proposé, à ceux que vous avez étudiés en classe et à ceux que vous avez approchés dans vos lectures personnelles ? » Il s'agira ici de comparer les œuvres que l'on a étudiées et les extraits proposés avec une définition générale.

Ce type de question se rapproche d'autres formulations voisines : « Dans quelle mesure cette réflexion s'applique-t-elle... ? » « Les œuvres... correspondent-elles à ce jugement ? » « Dans quelle mesure les œuvres... vérifient-elles cette affirmation ? »

– « En vous appuyant sur les textes qui vous sont présentés, sur les œuvres que vous avez étudiées et sur celles que vous connaissez par vos lectures personnelles, vous direz si vous partagez ce point de vue » ; ou bien : « Partagez-vous cette opinion ? » Sous une formulation apparemment plus personnelle, ces questions rejoignent les précédentes, puisqu'il s'agit de confirmer ou d'infirmer un jugement à partir d'œuvres spécifiques.

– « Vous commenterez ces propos de X... », ou : « Vous commenterez et éventuellement discuterez cette opinion... » ; ou encore : « Vous expliquerez et commenterez... » Là encore, sous une apparence différente, ces consignes rejoignent les formulations précédentes : en effet, commenter revient à comparer la citation proposée avec les œuvres que l'on connaît ou que l'on a devant soi ; cela suppose d'expliquer, et éventuellement de discuter. Ces formules reviennent donc à peu près au même, la seule différence étant un plus ou moins grand degré de précision dans la consigne.

– « Justifiez ces propos en vous appuyant sur les extraits mis à votre disposition, sur les livres que vous avez lus en classe ou pour vous-même. » Justifier suppose cette fois de rechercher dans les œuvres et extraits les éléments susceptibles de confirmer la citation, et semble donc bien exclure une discussion, ou au moins une réfutation. Cela dit, rien n'empêche d'introduire des nuances dans la justification – ce qui rapproche l'exercice des cas précédents.

– Les questions sans citation ont une forme souvent liée au type d'œuvres sur lesquelles elles invitent à réfléchir : « Un roman est-il toujours romanesque ? » Ou bien : « La poésie peut-elle s'exprimer aussi bien en prose qu'en vers ? » Ces formulations sont cependant assez souples : selon les cas, on pourra répondre en exposant, de façon organisée, les différents aspects de la question, ou bien discuter entre les différentes réponses possibles.

On jouit dans la dissertation d'une grande liberté d'écriture, beaucoup plus en tout cas que dans un travail de commentaire de texte, tout en étant astreint à une moins grande créativité que dans le travail d'invention. Dans la dissertation, la diversité des énoncés n'est qu'apparente : l'inventaire précédent montre que si certains sujets peuvent inviter à exposer les données d'une question, la plupart d'entre eux demandent, ou permettent, de conduire une réflexion critique sur cette question.

En outre, cette simplicité des consignes s'accompagne d'une réelle liberté dans la manière de traiter le sujet, pourvu qu'on en respecte les termes.

Exemple :

« Quel intérêt un lecteur d'aujourd'hui peut-il trouver à la lecture d'œuvres vieilles de plusieurs siècles ? Vous répondrez à cette question à partir des extraits qui vous sont proposés et des œuvres antérieures au xxe siècle que vous avez lues en classe ou pour vous-même. » Un tel sujet peut aussi bien se traiter comme un exposé argumenté des différents centres d'intérêt que l'on peut y trouver, que comme un examen comparatif des différentes réponses possibles, afin d'en dégager la meilleure.

5. Poser le problème

La relative latitude dont dispose un candidat devant un sujet de dissertation l'oblige en revanche à définir son objectif, puisqu'il existe plusieurs possibilités : c'est ce qu'on appelle poser le problème.

Cette étape du travail est déterminante, dans la mesure où elle aboutira à définir la ligne directrice de la dissertation ; c'est cette ligne directrice qui assurera la cohérence de l'ensemble.

A. Confrontation des extraits, de l'« objet d'étude » et de l'énoncé

Un sujet se comprend par rapport à des textes ou à des types de textes précis ; une même question peut prendre un sens différent selon les œuvres auxquelles elle s'applique. Il faut donc s'efforcer de comprendre le problème soulevé par l'énoncé dans les textes en question.

Exemple :

Une question sur la fonction du personnage dans la manifestation des idées de l'écrivain n'aura pas le même sens face à un passage de Zola que face à une page de Proust ; chez le premier, la richesse de la trame narrative n'éloigne jamais tout à fait de la volonté de démontrer certaines thèses sociales et « biologiques », tandis que chez le second, la démonstration, pour autant qu'on puisse utiliser ce terme, ne portera que sur la capacité même de la littérature à faire revivre le passé, sans assigner à ce dernier de signification définitive.

Le candidat doit donc se poser les questions suivantes :

– Pourquoi me pose-t-on cette question à propos de ces extraits et de ce type d'œuvre ? Cela permet de comprendre l'énoncé de l'intérieur : ne pas pouvoir répondre à cette question est mauvais signe pour la suite, et devrait pour tout dire inciter à se replier vers un des deux autres sujets proposés.

– Quels aspects de ces textes et des œuvres que j'ai étudiées me paraissent rentrer dans le sujet ? La réponse à cette question doit faciliter la réponse à la précédente.

Exemple :

En constatant dans un passage de Zola une notation qui paraît psychologiquement excessive ou improbable, on comprendra pourquoi la question des idées de l'écrivain telles qu'elles se manifestent à travers ses personnages se pose.

– Quels éléments des textes ou des œuvres que je connais par ailleurs illustrent chacun des mots clefs de l'énoncé ? On rassemble ainsi autour de l'énoncé un certain nombre de références significatives : reliées entre elles, elles vont révéler le problème contenu dans l'énoncé.

Exemple :

La confrontation entre la narration linéaire, volontiers factuelle, de Zola, et les perpétuels entrelacements de narration et d'images de Proust, pointe nettement vers des conceptions différentes de ce que le roman est à même de transmettre au lecteur en termes d'idées ou de sentiment esthétique.

B. Reformuler la question, c'est-à-dire définir la ligne directrice

Si on répond directement à la question de l'énoncé, on court le risque de réduire la dissertation à un simple inventaire des éléments de réponse, privé de tout principe unificateur.

Il est donc indispensable de définir avec précision à quelle question le raisonnement va tenter de répondre : c'est la « problématique » qui va donner du nerf au développement, lui assurer son unité, et le rendre intéressant. À quoi bon en effet répondre à une question si on ne voit pas en quoi elle fait problème ? La médiocrité de la plupart des dissertations vient de là : on n'attend aucune réponse, puisqu'aucun problème n'a été soulevé.

Exemple :

« Quel intérêt un lecteur d'aujourd'hui peut-il trouver à la lecture d'œuvres vieilles de plusieurs siècles ? » Si on répond directement à cette question, on présentera les uns après les autres différents centres d'intérêt, sans savoir (ni faire comprendre au correcteur, ce qui est plus grave !) pourquoi on choisit l'un plutôt que l'autre, ni pourquoi on commence par l'un plutôt que par l'autre, et on arrivera à la conclusion sans avoir vraiment de réponse argumentée à fournir.

Si au contraire on se pose toutes les questions suggérées dans les paragraphes de cette séquence, on parviendra à poser un problème précis de ce genre : l'éloignement dans le temps est-il un obstacle à l'intérêt qu'un lecteur pourrait porter à la lecture d'œuvres anciennes ? Une telle problématique permet de remonter aux causes, et donc d'envisager des réponses variées à la question : en définissant des obstacles, on s'oblige à argumenter et à raisonner jusqu'à obtenir une conclusion satisfaisante.

Lorsque le problème est ainsi posé, la dissertation peut s'élaborer avec plus de facilité : il n'y aura plus qu'à compléter une argumentation déjà bien amorcée, opérer une mise en ordre, et rédiger, objets des séquences suivantes.

FICHE SYNTHÈSE

– La dissertation n'est pas une question de cours ; elle est un exercice de rhétorique.

– Passez au minimum un quart d'heure à l'analyse de l'énoncé.

– Assurez-vous d'avoir compris les mots clefs ; définissez-les.

– Analysez l'énoncé en fonction des extraits proposés et des œuvres étudiées.

– Attention aux apparentes évidences : examinez tous les termes de l'énoncé, pour ne rien abandonner au hasard.

– La quasi-totalité des énoncés invite à prendre une position nuancée par rapport à une question donnée, quels que soient les termes de cet énoncé.

– Une question indispensable : « Pourquoi me pose-t-on cette question à propos de ces extraits et de ce type d'œuvre ? »

– Déduisez de la réponse à cette question la problématique et la ligne directrice choisie pour la dissertation : reformulez la question de façon qu'elle pose réellement problème.

EXERCICES

Voir corrigés pages 133-134

1 ▶ Relevez et définissez les mots clefs dans les énoncés suivants :

▶ Un critique a défini la poésie comme « le plus véridique des moyens de mentir dont se soit équipé l'homme depuis l'invention de l'écriture. » Dans quelle mesure votre lecture des poèmes proposés, de ceux que vous avez étudiés ou lus pour votre plaisir confirme-t-elle cette formule paradoxale ?

▶ « L'auteur d'un texte de fiction narrative peut-il être pris au sérieux ? »

▶ « Les personnages que le théâtre met en scène sont-ils, selon la question que pose un critique contemporain, "des hommes, nos égaux en dignité, en maturité et en complexité, ou des marionnettes aux mains du dramaturge, bon ou mauvais démiurge" ? »

2 ▶ Dans les énoncés précédents, quels mots secondaires vous paraissent mériter attention ? Pourquoi ?

3 ▶ Le dernier énoncé de la question 1 comprend des mots difficiles et des mots faciles. Quel parti pourriez-vous tirer des uns et des autres pour l'analyser ?

4 ▶ Dans ce même énoncé, définissez les rapports logiques entre les mots clefs.

5 ▶ Dans une œuvre que vous connaissez bien, cherchez à définir le problème posé par le héros principal.

6 ▶ Dans une édition scolaire d'une œuvre que vous avez lue ou étudiée, justifiez les questions ou sujets de devoir proposés par l'éditeur : quels aspects de l'œuvre donnent sens à ces questions ?

1 ▶ **VÉRIDIQUE** : implique moins la notion de vérité au sens strict que la volonté affirmée de « dire le vrai » ; il s'agit donc moins ici de vérité factuelle que d'obéissance à des contraintes de sincérité, de ce que l'on pourrait appeler authenticité.

Mentir : il s'agit là encore moins de quelque chose de faux en tant que tel que d'une volonté de dire le faux.

L'écriture : la question est d'emblée posée dans un cadre strictement défini comme celui de l'écrit, elle ne se rapporte donc pas aux relations entre les gens, par exemple, mais uniquement aux choses écrites, la question étant de savoir s'il convient de se restreindre aux textes purement littéraires, ou si l'on peut aussi risquer des comparaisons avec des écrits plus « utilitaires » (discours rédigés, par exemple).

Paradoxale : l'attrait de la formule repose sur l'opposition entre les deux termes « véridique » et « mentir » rapprochés dans le même membre de phrase : le fait même que la formule soit définie comme paradoxale vous invite à réfléchir explicitement sur la complémentarité entre deux termes en apparence antagonistes.

FICTION : le terme suppose une invention, attention donc à ne pas inclure dans votre développement d'œuvres historiques ou biographiques (même si certaines biographies usent et abusent d'éléments fictifs pour compléter ou maquiller le portrait qu'elles tracent de leurs personnages).

Narrative : exclut, de son côté, non seulement la poésie (qui, par certains aspects, peut être appelée une « fiction »), mais aussi le théâtre, qui, tout en racontant des histoires, n'est pas « narratif » au sens strict, puisque personne ne nous raconte l'histoire, qui semble se dérouler toute seule sur scène, sans l'intervention d'un narrateur, en apparence.

HOMMES : rattache fortement la littérature, ici le théâtre, à la vie, au contraire d'une littérature de pur divertissement.

Marionnettes : insiste sur le côté manipulateur de l'auteur de théâtre qui, en faisant aller et venir ses personnages à sa guise, souhaite peut-être faire de même avec le public.

2 ▶ Le sujet semble tenir pour acquis que vous serez globalement d'accord avec les termes de la citation, puisqu'il vous demande si votre expérience « confirme » ces dires, tout en nuançant la portée de l'idée présentée et en vous invitant à être critique avec l'expression « dans quelle mesure ».

Le fait que la phrase soit qualifiée de « formule » plutôt que, par exemple, d'« analyse », vous incite toutefois à considérer cette idée comme un point de départ, une idée plus aboutie dans la forme que dans le fond, et à partir de laquelle vous êtes libre d'élaborer une problématique qui ne soit pas enfermée dans les termes de cette « formule ».

La manière dont la question est formulée, puisqu'on se demande si un écrivain peut être « pris au sérieux », vous invite à constater que, le plus souvent, la littérature est considérée comme un mensonge (un beau mensonge, mais un mensonge) : il sera sans doute judicieux de commencer par l'exposé de cette opinion généralement partagée, avant de la nuancer ou de la discuter.

L'homme est ici abordé sous son aspect essentiellement moral et psychologique, puisqu'il est question de « dignité », de « maturité » et de « complexité ». Il serait donc imprudent de se lancer sans considérations préalables dans un développement concernant le théâtre engagé ou la portée sociale de l'œuvre dramatique.

En revanche, l'assimilation du « dramaturge » à un « démiurge », outre le parallélisme permis par les consonances, peut vous conduire à des considération quasi métaphysiques sur le phénomène de la création, l'équivalence que l'on peut tracer entre la création de l'homme par un dieu dans les religions et la création du personnage par l'auteur au théâtre ; il ne faudrait pas aller trop loin dans cette voie, mais le sujet vous y invite tout de même.

3 ▶ **Mots difficiles :** Comme on vient de l'évoquer, la présence du terme « démiurge », qui est généralement employé dans un contexte religieux, invite à élargir la réflexion au-delà du domaine strictement littéraire, ce qui sera facilité si l'on se souvient des origines sacrées du spectacle théâtral. Sous une apparente simplicité, les termes « dignité », « maturité » et « complexité » doivent être étudiés avec précision pour éviter les faux-sens et les fausses routes : la dignité n'est pas la noblesse d'âme, la maturité n'est pas la sagesse, la complexité n'est pas la complication, etc.

Mots faciles : des mots comme « hommes », « personnages » et « marionnettes » ne posent pas de difficulté de compréhension, il conviendra surtout de mettre ces trois concepts en opposition pour bien saisir le sens du sujet.

4 ▶ Comme on vient de l'indiquer, l'opposition qui structure la phrase est entre les mots clefs « hommes » et « marionnettes » qualifiant tous deux des personnages de théâtre ou la vision qu'on peut en avoir. Il faudra impérativement développer d'une manière quelconque la logique binaire sous-jacente à cette phrase ; on pourra faire ressortir avec nuance tout ce que peut avoir de « truqué » la construction d'un personnage qui nous semble « plus vrai que nature » ; on pourra aussi souligner la conviction que peuvent avoir certains auteurs d'avoir composé des personnages riches de sens divers et symboles de liberté là où le spectateur ne verra que des automates ou des représentants serviles de la pensée du dramaturge.

De surcroît, la seconde opposition entre le « bon » et le « mauvais » démiurge, au sein de l'une des deux branches de l'alternative « homme »/« marionnette », gagnera également à être développée.

5 ▶ Ce problème peut être posé par sa psychologie, les idées qu'il représente, sa place dans l'œuvre, ou encore le courant littéraire auquel il appartient. À vous de trouver la meilleure porte d'entrée.

6 ▶ Certaines questions portent sur un aspect particulier de l'œuvre, d'autres sur son ensemble. N'oubliez pas les deux perspectives.

Cette nouvelle étape consiste à réunir les matériaux nécessaires à la rédaction de la dissertation. À vrai dire, le fond de l'argumentation est déjà pressenti à la suite de l'analyse de l'énoncé, puisque vous avez dû repérer et noter déjà quelques références des textes présentés ou des œuvres lues relatives au sujet.

Il s'agit maintenant de compléter et préciser cette première approche par d'autres références capables de confirmer ou nuancer les données du problème.

La recherche s'oriente selon deux pistes parallèles :
– l'inventaire de toutes les références possibles,
– la recherche des arguments proprement dite.

Ces deux pistes sont étroitement imbriquées, les références suscitant la découverte de nouveaux arguments, et les arguments rappelant à la mémoire d'autres références. Nous traiterons ces deux aspects successivement pour plus de clarté, mais gardez bien à l'esprit qu'ils sont inséparables : d'ailleurs, vous vous en rendrez compte vous-même à l'usage.

1. Inventaire des références

Puisque l'analyse de l'énoncé et la définition de la problématique vous ont pénétré du sujet, vous devriez trouver sans peine les éléments des textes que vous avez lus auparavant et qui prendront place dans votre dissertation.

A. Organiser le brouillon

L'analyse de l'énoncé vous a permis de réfléchir aux mots clés et de définir certaines notions : plutôt que d'entreprendre un brouillon anarchique, vous vous faciliterez la tâche en l'organisant selon un classement provisoire. Il suffit de délimiter sur votre feuille un espace pour chaque aspect du problème que vous avez dégagé de l'étude de l'énoncé : vous y noterez les références correspondantes.

Exemple :

Dans le sujet précédemment cité sur l'aventure dans les romans de Malraux (p. 128), on classera les références des extraits fournis ou des romans étudiés selon les rubriques de base : aventure imaginaire, romanesque, politique, sociale, esthétique, métaphysique, on réservera également un espace pour les références qui ne correspondraient à aucune des cases précédentes.

B. Pour utiliser un livre que l'on a étudié ou que l'on a lu, le parcourir de mémoire dans son ensemble

▸ Certaines références, nous l'avons vu, se présentent d'elles-mêmes à votre esprit comme d'évidentes réponses au problème posé par le sujet : notez-les aussitôt, sans leur laisser le temps de s'échapper ; dans le travail intellectuel, une idée peut jaillir à un instant précis et ne plus reparaître par la suite. Il est donc capital de la noter sur le moment.

▶ Les autres références sont à rechercher de façon systématique : parcourez de mémoire l'ensemble des textes que vous avez vus en classe ou lus par vous-même ; tous les chapitres, épisodes, éléments des œuvres que vous connaissez en commençant par le début, en vous demandant à chaque fois quels aspects peuvent servir à la dissertation.

Notez tout ce qui vous vient à l'esprit, même si l'idée qui s'en dégage n'est pas encore claire : il faut profiter de ce que votre attention est encore fraîche et ouverte pour accumuler le plus de matériaux possibles ; lorsque vous serez bien engagé dans la réflexion, vous serez concentré sur certaines pistes, et vous aurez plus de peine à trouver du nouveau ; enfin, il sera toujours temps de faire le tri entre l'utile et l'inutile.

C. S'appuyer sur les textes qui vous sont fournis

Il ne faut bien entendu pas négliger d'utiliser les quelques textes ou extraits qui vous sont fournis comme partie intégrante du sujet : le plus souvent, leur choix même pourra orienter votre réflexion vers une manière de considérer le sujet qui sera celle que les correcteurs attendent de vous.

Rédiger une dissertation complète en n'utilisant que des exemples qui seraient en contradiction flagrante avec les indices que suggèrent les textes qui vous sont fournis serait risquer d'être à tout le moins partiel et incomplet : ces derniers sont là pour vous aider à orienter votre réflexion vers des aspects de la question que les personnes qui ont élaboré le sujet (et donc les correcteurs aussi) ont toutes chances de trouver particulièrement pertinentes par rapport au thème abordé.

Exemple :

Si l'on vous demande de réfléchir sur la poésie, et sur sa capacité à s'exprimer aussi bien en prose qu'en vers, il ne fait pas de doute que la question s'accompagnera de textes poétiques dont l'un au moins sera en prose. Si vous en faites abstraction pour ne vous concentrer que sur les poèmes en vers que vous avez étudiés au cours de votre scolarité (où peut-être vous n'aurez eu pratiquement aucune occasion d'aborder des poèmes en prose), en partant du principe que ce sont les vers qui font le poème, vous passez de toute évidence à côté du sujet ; il faudra au contraire, à défaut de connaître beaucoup de textes poétiques en prose, vous attacher à exploiter le plus possible celui qui vous est fourni.

2. Recherche des arguments

Les références accumulées n'ont de valeur qu'intégrées à un raisonnement cohérent : la recherche des arguments consiste à définir le rapport de chaque référence avec le problème posé, quels éléments de réponse ces références apportent au traitement du sujet.

A. Regardez de près les textes qui vous sont proposés

Il est indispensable que vous ne considériez pas les textes ou extraits dont vous disposez physiquement le jour de l'examen comme de simples bases de réflexion générale : même si vous vous êtes donné la peine de mémoriser des passages de diverses œuvres, ce sont les seuls textes dont vous disposiez concrètement ce jour-là avec la certitude de pouvoir les citer sans risque d'erreur.

Il ne s'agit pas de multiplier le travail par deux et de faire une étude littéraire composée à l'intérieur de la dissertation, mais de savoir prélever les vers, les mots, les phrases, qui viendront le mieux à l'appui des idées que vous allez développer : il vous est possible, et il sera même très apprécié, que vous développiez sur plusieurs paragraphes l'étude de points de détail que vous aurez prélevés dans les textes disponibles, car la dissertation porte avant tout sur la littérature : les idées n'y sont intéressantes que dans la mesure où elles s'appuient sur des exemples littéraires ; c'est vous qui, en analysant ce matériau de manière intelligente, en faites ressortir les idées essentielles.

B. Mobilisez vos connaissances

L'étude de plusieurs œuvres et de plusieurs « objets d'étude » au lycée vous a donné une connaissance de ces œuvres et de ces ensembles littéraires, mais vous a fourni aussi des instruments d'analyse et une réflexion générale sur les différentes problématiques qu'elles impliquent.

C'est le moment de vous souvenir du travail de l'année, et d'y chercher les idées qui pourraient servir à cette dissertation. Passez en revue ce que vous savez des auteurs, des courants littéraires, des circonstances historiques qui ont entouré la publication de telle ou telle œuvre ; rappelez-vous les thèmes traités en cours, dans des exposés, des travaux personnels, ou dans de précédentes dissertations. Reprenez tous les éléments susceptibles d'alimenter votre réflexion et d'étayer votre raisonnement : vous montrerez ainsi votre capacité à manier les idées.

Mais attention ! Assurez-vous que ces idées correspondent bien au problème à traiter :

– vouloir à tout prix replacer certaines idées intéressantes peut se révéler très dangereux ; et même, lorsque vous avez retrouvé dans votre cours un thème réutilisable dans votre dissertation, veillez à ne pas vous laisser entraîner à votre insu dans une direction qui ne serait plus celle du sujet ;

– obligez-vous donc à confronter chaque idée avec la problématique du sujet : si vous ne parvenez pas à définir le lien logique, abandonnez cette fausse piste.

C. Formulez vos arguments

▶ Les arguments tirés du travail de l'année et déjà définis seront rapprochés des références capables de les étayer. Soit vous trouvez la ou les références dans l'inventaire que vous avez déjà fait ; soit l'argument vous conduit à trouver une référence à laquelle vous n'aviez pas pensé. En tout état de cause, un argument doit toujours s'appuyer sur une référence (sinon, c'est une affirmation gratuite).

Exemple :

Si, dans un sujet sur les rapports qu'entretient le théâtre avec la réalité, vous voulez démontrer que l'auteur a toujours une idée de la société à présenter à travers ses pièces, il faudra trouver dans les pièces de théâtre que vous avez lues et/ou dans les extraits dont vous disposez des passages, des phrases, des mots, qui le prouvent ou du moins le suggèrent, en expliquant pourquoi ces références particulières vous semblent de bonnes preuves.

▶ Les autres arguments sont à tirer des références : là encore, confrontez chacune des références avec le problème posé, en vous demandant quel élément de réponse on peut trouver dans cette référence ; vous formulerez l'argument en expliquant l'apport de cette référence au sujet et en le comparant avec celui d'autres références. Deux références proches paraissent soutenir *a priori* le même argument : en expliquant la particularité de chacune, vous affinerez votre analyse et verrez émerger deux arguments au lieu d'un.

Exemple :

Si l'on veut montrer que Proust (texte B, p. 108-109) tend toujours à confronter la réalité vécue à une interprétation esthétique, on peut montrer sans peine la diversité des registres : la comparaison du souffle de la mourante avec une musique (« ces mêmes changements d'octaves qu'il y a dans la respiration d'un dormeur », « un nouveau chant s'embranchait à la phrase interrompue », « celle-ci reprenait à un autre diapason ») semble relever d'un désir de fuir, par une observation suraiguë, la souffrance qu'engendre la situation vécue, ce que souligne le recours à la musique, art par excellence du fugitif et de l'éphémère ; en revanche la métaphore qui clôt le chapitre (« la mort, comme le sculpteur du Moyen Âge, l'avait couchée sous l'apparence d'une jeune fille »), tout en s'appuyant sur une connaissance précise des « gisants » que l'on trouve sur les tombeaux médiévaux, est construite et appelée par tout le paragraphe qui précède, et se veut un appel sinon à l'éternité, du moins à quelque chose de durable, comme la pierre. Il y a donc bien là, derrière un même recours à des images issues d'autres arts, deux manifestations très différentes voire opposées du sentiment esthétique, l'une qui, quelque peu forcée voire douloureuse, semble fuir la réalité, l'autre qui tend à lui donner une forme plus belle et définitive.

Il arrive cependant que plusieurs références correspondent effectivement au même argument. Soit ces références valent par leur nombre, et on les gardera toutes ; soit l'accumulation est inutile, et l'on conservera uniquement la plus significative d'entre elles.

Quoi qu'il en soit, on observera toujours le principe :

– pas d'argument sans référence ;

– pas de référence sans argument.

D. De quoi tirer argument ?

On se demande parfois de quelle nature doivent être les arguments dans une dissertation littéraire. On peut affirmer sans trop se tromper qu'ils sont à peu près de toute nature, et qu'on ne négligera aucune piste, des plus simples aux plus subtiles. Notons seulement quelques points importants :

- Votre sentiment personnel n'est jamais un argument, pas plus dans la dissertation que dans tout travail d'écriture. La dissertation est une démarche rationnelle : les formules comme « je pense que » ou « à mon avis » n'y ont pas leur place. Une opinion personnelle n'engage que vous, et n'est donc pas une preuve : le fait que vous aimiez tel personnage ou détestiez tel poème n'a pas d'intérêt pour votre correcteur, qui vous attend sur le terrain logique.
- Votre argumentation ne sera pas exactement du même ordre dans des genres littéraires différents.
- Vous utiliserez bien entendu les idées formulées par les auteurs ou les personnages des œuvres que vous connaissez, l'évolution psychologique des héros, les descriptions des lieux et les changements d'époque.

Mais vous n'oublierez pas les arguments proprement littéraires, comme la composition des œuvres, leur organisation en parties, chapitres, actes et scènes, le style des auteurs et leurs choix artistiques : souvenez-vous qu'une dissertation littéraire ne porte pas seulement sur des contenus, mais aussi sur des contenants, des œuvres littéraires constituant un tout avec ce que la terminologie traditionnelle appelle le fond et la forme.

Exemple :

Une problématique centrée sur le réalisme dans le roman vous amènerait à mesurer la place du réel dans tel ou tel roman, de Balzac par exemple : vous puiseriez bien sûr vos arguments dans les différentes facettes de ce que vous savez du monde balzacien et des idées de l'auteur, mais vous devriez également faire état de la technique narrative et descriptive de Balzac, qui nuance fortement le prétendu réalisme de ses romans. Votre argumentation s'appuierait d'ailleurs sur le même type d'arguments pour exposer le réalisme effectif de Balzac dans certains passages.

3. Révision éventuelle de la problématique

Le point de départ de la recherche de vos arguments est la problématique que vous avez dégagée de l'analyse de l'énoncé. Or, il peut se faire que la réflexion sur vos arguments vous amène à modifier la perspective choisie au départ. Cela ne doit pas vous surprendre : il est normal que l'examen de votre argumentation vous donne une vision plus précise du problème posé par le sujet ; dans ce cas, ne vous entêtez pas dans la première direction et redéfinissez tout de suite votre problématique ; c'est une opération rapide, puisque vous avez toutes les cartes en main ; et si vous attendez trop, il sera trop tard (les repentirs sont recevables dans le travail préparatoire : ils ne le seront plus au stade de la rédaction).

La recherche des arguments vous a montré que vous vous étiez trompé de problème : ce sont souvent des éléments des textes dont vous disposez, ou d'œuvres particulièrement marquantes que vous avez étudiées, auxquels vous n'aviez pas pensé au départ qui ne rentrent pas dans votre problématique. Il faut alors faire un choix :

– soit ces éléments sont hors sujet ; il est alors très simple de les éliminer sans regret, puisque vous vous rendez compte finalement que vous n'avez pas commis d'erreur ;

– soit ils apportent un nouvel éclairage sur le sujet ; si cette nouvelle perspective est secondaire, vous pouvez la négliger, ou lui prévoir une petite place dans votre raisonnement ; si au contraire elle fait vaciller vos idées primitives, il faut réexaminer l'énoncé et redéfinir le problème, ainsi que le rôle de chaque argument ; cela peut prendre un peu de temps, mais c'est indispensable.

La recherche des arguments vous a dévoilé un aspect insoupçonné du sujet, mais ne remet pas en cause la problématique : dans ce cas, il faudra revoir la formulation du problème pour y intégrer cette nouvelle voie :

– soit en élargissant la perspective ;

– soit au contraire en la réduisant.

Exemple :

Si on reprend l'exemple du réalisme, vous avez pu partir sur une problématique simple : comment un auteur observant la société de son temps (comme le fait par exemple Balzac) utilise-t-il le réalisme pour donner une vision exacte de cette société ? Or vous vous rendez compte que, bien souvent, le caractère ou les idées de l'auteur l'entraînent assez loin du réel qu'il prétend décrire (c'est assurément le cas pour Balzac, qu'on peut à juste titre considérer comme au moins aussi romantique que réaliste, et dont par ailleurs les positions politiques royalistes et quelque peu passéistes déforment souvent la vision qu'il nous propose de la société de son temps). Il vous faut alors intégrer cette nouvelle donnée à votre problématique, qui pourrait devenir : lorsqu'ils décrivent (ou veulent décrire, ou croient décrire) le monde qui les entoure, les écrivains sont-ils aussi réalistes qu'on le pense ? D'autres arguments pourraient vous faire constater qu'un réalisme apparent n'a pas toujours pour objectif de se rapprocher du réel, mais plutôt de susciter l'émotion chez le lecteur : votre problématique devra alors prendre en compte les fonctions du réalisme dans le roman.

Au terme de cette recherche de vos arguments, vous aurez travaillé environ une heure, et vous aurez examiné entre dix et vingt arguments, en sélectionnant au moins le double de références. C'est à partir de ce matériau que vous pourrez envisager la mise en forme de votre développement.

▶ FICHE SYNTHÈSE

– La recherche des références littéraires dans les textes que vous avez devant vous et dans les œuvres que vous connaissez par ailleurs, et la définition des arguments sont deux opérations parallèles : s'il est plus commode de commencer par la première, il n'est pas interdit de commencer par l'autre.
– Construisez un brouillon propre : classez les références et les arguments par thèmes et mettez en regard les correspondances.
– Observez systématiquement les textes dont vous disposez, et revoyez mentalement de manière aussi large et exhaustive que possible les œuvres que vous connaissez, afin de vous assurer d'un nombre de références suffisant, et de ne manquer aucune référence capitale au moins dans les textes fournis.
– Cherchez dans vos souvenirs de cours les idées qui peuvent nourrir votre argumentation, mais ne vous laissez pas entraîner hors sujet : comparez chaque idée avec la problématique que vous avez définie.
– Formulez vos arguments en expliquant quel élément de réponse chacun apporte au problème posé.
– Reliez chaque référence à un argument, et inversement.
– N'hésitez pas à revoir votre problématique si vous constatez un écart avec certains arguments ; mais vérifiez que cette modification ne vous éloigne pas du sujet.

EXERCICES

Voir corrigés pages 142-143-144

1 ▶ Vous disposez des textes qui sont fournis au début de cette partie (p. 109) et vous avez à traiter le sujet suivant : « Selon un critique littéraire contemporain, "le romancier ne parvient jamais à s'abstraire totalement de son personnage : même s'il en fait une créature aussi différente de lui-même qu'il lui est possible, il ne peut pas faire qu'il ne parle pas à travers cette créature." Dans quelle mesure cette affirmation vous semble-t-elle justifiée ? » Cherchez au moins trois arguments que vous pourriez développer sur ce thème à partir de trois références de chacun des trois textes.

2 ▶ On vous propose de réfléchir sur le concept de mouvement littéraire et sur sa pertinence par rapport aux événements historiques. Trouvez quelques arguments que vous pourriez développer sur ce thème à partir de ce que vous savez sur le romantisme.

3 ▶ Au théâtre, la tragédie a longtemps passé pour le genre « noble » et la comédie pour le genre « vulgaire ». Trouvez des arguments à l'appui de cette opinion, et trouvez-en d'autres qui la contredisent.

La recherche des arguments - Corrigés

1 ▶ Texte A

« Toute la majesté de l'âme montait et se déployait sur son front. La lumière du monde invisible était déjà visible dans sa prunelle » : Hugo a pu s'éloigner du catholicisme de sa jeunesse, mais il a conservé toute sa vie une religiosité diffuse, une foi en les forces de l'esprit, indissociable d'un humanisme qui fait confiance à la perfectibilité de l'homme : la « rédemption » de Jean Valjean dans le roman, qui se montre quasi physiquement au moment de sa mort, en est un exemple particulièrement marquant.

« Cosette, te rappelles-tu Montfermeil ? Tu étais dans le bois, tu avais peur ; te rappelles-tu quand j'ai pris l'anse du seau d'eau ? C'était la première fois que j'ai touché ta pauvre petite main » : le thème de l'enfance chez Hugo est presque toujours associé à des expériences personnelles, heureuses (sa propre enfance, ou vers la fin de sa vie son recueil *L'Art d'être grand-père*), ou malheureuses (la perte de sa fille Léopoldine noyée en 1843, et dont il a tiré l'inspiration des *Contemplations*) ; on est ici dans le second registre, celui de la nostalgie de l'enfance enfuie à jamais, associée au thème de la mort (celle de Jean Valjean, où Hugo anticipe le moment où il rejoindra sa fille disparue).

« Ce sont les partages de Dieu. Il est là-haut, il nous voit tous, et il sait ce qu'il fait au milieu de ses grandes étoiles » : dans les paroles de Jean Valjean, homme simple, on retrouve l'aspiration de Hugo à une religion débarrassée de toute sa dimension sociologiquement plutôt réactionnaire (à l'époque), et qui parle directement au cœur de l'homme, comme le spectacle des étoiles peut lui en inspirer le sentiment.

Texte B

« Il me semblait qu'on n'aurait pas dit cela pour une mourante, que, si ce bon effet devait durer, c'est qu'on pouvait quelque chose sur sa vie » : Proust, bien qu'il ait retravaillé son texte durant de nombreuses années, a sans doute une quarantaine d'années lorsqu'il rédige ceci ; il a déjà eu l'occasion de vivre des deuils, et d'être confronté aux incertitudes des derniers moments, et aux vrais ou faux espoirs que peut entretenir l'acte médical.

« On me fit m'essuyer les yeux avant que j'allasse embrasser ma grand-mère » : la perfection même de la syntaxe (imparfait du subjonctif, tel que l'appelle la concordance des temps) ne dissimule qu'à peine, et en vérité révèle plutôt, dans la brièveté inhabituelle chez Proust de la phrase, l'émotion ressentie lors de la perte de sa propre grand-mère ou d'un autre être cher.

« Quand mes lèvres la touchèrent, les mains de ma grand-mère s'agitèrent, elle fut parcourue tout entière d'un long frisson, soit réflexe, soit que certaines tendresses aient leur hyperesthésie qui reconnaît à travers le voile de l'inconscience ce qu'elles n'ont presque pas besoin des sens pour chérir » : cette description constitue, de manière physiologiquement assez exacte, une analyse de certaines formes de coma, état au cours duquel on sait maintenant que, même si toute forme de conscience paraît absente, le patient peut néanmoins conserver certaines perceptions voire, de manière inconsciente, « comprendre » certaines des choses qui se déroulent autour de lui.

Texte C

« En smoking, le pantalon à ganse de soie abaissé sur ses genoux, les fesses nues et une fois de plus trônant sur le siège en imitation acajou » : l'observation peut sembler triviale, mais Cohen ne se soucie pas de ce genre de convenances ; lorsqu'on est frappé d'une émotion particulièrement violente, comme Adrien vient de l'être par la découverte du départ de sa femme, toute réaction de souffrance psychologique mise à part, il est fréquent que cela s'accompagne de manifestations physiologiques qui prennent souvent la forme de violentes diarrhées : d'où le fait que le personnage soit « une fois de plus » aux toilettes.

« Ça ne se faisait pas, onze heures du soir, de quoi est-ce qu'il aurait l'air ? » : Cohen, qui a lui-même été fonctionnaire international, a sans doute eu l'occasion d'éprouver la distance qui peut séparer l'intensité d'une situation personnelle de la rigidité des convenances sociales, distance qui fera que, même au comble de la détresse, dans ce monde tout de conventions, on n'osera pas appeler quelqu'un au secours.

« Mais d'abord le mettre un peu contre la tempe, juste pour voir comment c'était quand on s'y décidait. Mais lui, non, pas si bête, il était jeune, il avait toute la vie devant lui. » : là encore, le mécanisme psychologique qui peut conduire au suicide est reproduit avec une précision remarquable, telle qu'un psychiatre pourrait l'analyser ; la personne suicidaire passe en effet par toutes sortes de phases de projet de suicide accompagnées de dénégations rationnelles, mais qui peuvent frôler de plus en plus fréquemment l'acte fatal ; ce que vit ici Adrien, il est probable que Cohen, grand dépressif pendant de nombreuses années, en ait vécu d'assez près l'expérience.

2 ▶ Le romantisme est un mouvement européen : contrairement au classicisme qui est parti de France pour gagner les autres capitales, le romantisme a éclos quasi simultanément dans les principaux pays du continent, ce qui semble indiquer qu'il n'est pas indépendant des événements historiques de cette période (fin du XVIIIe et début du XIXe siècles), qui de plus en plus concernent l'ensemble des peuples d'Europe.

Pourtant le romantisme, en France en particulier, a été en décalage avec les idées de son temps : le jeune Victor Hugo est tour à tour bonapartiste et royaliste légitimiste, à une époque où ces idées sont déjà vaincues et apparaissent comme des reliques du passé. De même Balzac, sous couvert de réalisme, développe des théories politiques et sociales réactionnaires, vantant la supériorité de l'Ancien Régime sur le monde issu de la Révolution.

On note toutefois que le fait que les romantiques soient en décalage avec leur époque prouve du moins qu'ils ont une opinion à exprimer, et qu'ils ne se réfugient pas, face aux événements troublés de leur temps, dans le confort facile de « l'art pour l'art ».

3 ▶ **Pour la supériorité de la tragédie :**

– la majorité des auteurs dramatiques dont les œuvres demeurent lues aujourd'hui sont des tragiques ;

– la tragédie fait appel en nous à des sentiments profonds et peut réveiller des expériences douloureuses, alors que la comédie demeure à un niveau plus superficiel ;

– les situations tragiques sont plus universelles et se démodent moins que certains quiproquos comiques.

Pour la supériorité de la comédie :

– l'auteur de théâtre français le plus joué et le plus universel est Molière, qui n'a écrit que des comédies ;

– il est possible de faire admettre, en provoquant le rire, des idées qui, si elles étaient présentées sérieusement, feraient scandale (c'est le cas, dans la pièce de Beaumarchais, pour la dénonciation de l'ordre social existant) ;

– la comédie a beaucoup progressé en subtilité, d'Aristophane à Molière, puis à Marivaux, par exemple, et exprime aussi des sentiments de manière plus nuancée que jadis.

Construire un plan

Il s'agit de présenter les arguments selon un ordre rationnel qui les rende clairs et convaincants. Comme dans un raisonnement mathématique, il faut suivre les étapes d'une logique rigoureuse, sans laquelle la réponse, même juste, n'a aucune valeur : c'est le moment de vous souvenir que la dissertation est avant tout un exercice de rhétorique.

1. Quelques données préalables

A. Un plan doit être dynamique

On doit apporter en conclusion une réponse à la question que l'on a posée en introduction : entre les deux, on doit progresser régulièrement et par étapes de l'une à l'autre. On ne doit donc pas juxtaposer les unes après les autres des parties interchangeables, mais faire sentir une évolution, un progrès, d'étape en étape ; chaque partie nouvelle doit marquer une avancée par rapport à la précédente, dans la résolution du problème posé.

Une dissertation ne doit donc jamais se contenter de décrire les différents aspects d'un problème, mais réaliser un raisonnement progressif.

Exemple :

Dans une dissertation sur le comique au théâtre, on ne se contentera pas de décrire diverses facettes et divers procédés comiques, mais on pourra se demander quelle est la fonction de l'élément comique aux yeux de l'écrivain, et quel est son effet sur le spectateur, ce qui suscitera diverses hypothèses, et donc dynamisera le développement.

B. Un plan en trois parties

En théorie, le nombre des parties importe peu, et doit s'adapter au sujet que l'on a à traiter. En pratique, trop de parties dispersent le développement et peuvent difficilement être approfondies en quatre heures ; trop peu de parties ne permettent pas de tenir un véritable raisonnement. En outre, deux ou quatre parties enferment le développement dans une structure binaire qui est essentiellement statique ; seule une structure ternaire permet un raisonnement dynamique.

Une dissertation n'est pas une discussion : la discussion présente deux opinions opposées sans prétendre trancher, alors que la dissertation conduit une réflexion progressive jusqu'à une solution qui en découle.

Un plan en trois parties s'impose donc dans tous les cas.

C. Une grande souplesse dans le choix du plan

Certains énoncés semblent imposer un plan. En réalité, si tel plan peut paraître mieux adapté à tel sujet, il y a cependant plusieurs façons de traiter un sujet, donc plusieurs plans possibles : l'essentiel est sa cohérence interne.

N'ayez donc pas peur de ne pas avoir trouvé « le bon plan » : si certains peuvent sembler mieux indiqués que d'autres pour traiter un sujet, ce n'est pas pour cela que les autres seront forcément mauvais. Le plan dépend surtout du problème que vous aurez posé en introduction.

2. Le plan est-il contenu dans l'énoncé ?

Avant de se lancer dans la construction d'un plan personnel, il est toujours utile de voir si le plan n'est pas suggéré, sinon imposé, par l'énoncé. Ce n'est pas le cas le plus fréquent, mais lorsqu'il se présente, on peut gagner du temps.

A. Indices pour reconnaître un plan

▸ Lorsque l'énoncé se présente comme une simple question, le plan est généralement tout à fait libre, et l'on cherchera en vain des indications.

Exemple :

Quel intérêt un lecteur d'aujourd'hui peut-il trouver à la lecture d'œuvres vieilles de plusieurs siècles ?

Un tel sujet laisse la possibilité de plans très variés, car la question est très ouverte.

▸ En revanche, lorsque l'énoncé propose une citation assez longue, ou une question en plusieurs éléments, il y a des chances d'y trouver des indications de plan.

▸ Dans la plupart des cas, l'énoncé est construit sur trois éléments, susceptibles de servir de supports aux trois parties de la dissertation. Ces trois éléments peuvent être explicites ou avoir besoin d'être dégagés ; dans ce dernier cas, l'analyse de l'énoncé les aura fait émerger.

Exemple :

Selon un critique, tout roman présente l'aventure sous trois aspects : « une aventure imaginaire et romanesque, une autre politique et sociale, une troisième enfin esthétique et métaphysique ».

Une telle citation composée de trois éléments n'impose pas obligatoirement de reprendre ces éléments comme supports des trois parties, mais offre néanmoins cette possibilité commode.

Selon un critique contemporain, « le grand écrivain est celui qui, ayant laissé d'abord parler son inspiration, accepte ensuite de la mutiler pour l'accorder à l'idée qu'il se fait d'une œuvre d'art, ou renonce à l'idée qu'il se fait d'une œuvre d'art pour – advienne que pourra – se livrer entièrement à cette inspiration ».

Cette citation donne deux orientations opposées, la préférence donnée à un art défini par des règles, ou la préférence donnée à la libre expression de l'idée et du sentiment. Cependant, on remarquera que la première partie de la phrase est elle-même problématique, et qu'on peut très bien envisager un plan examinant dans une première partie en quoi consiste « l'inspiration », en deuxième partie à quoi peut conduire la « mutilation » de cette inspiration pour l'accorder à des règles, et en troisième partie ce que peut produire un abandon complet à cette inspiration.

Remarque

Quand un énoncé suggère un plan, celui-ci n'est jamais obligatoire, et l'on peut préférer un autre plan, pourvu qu'il soit efficace.

B. Définir une logique d'ensemble

Quand on a trouvé dans l'énoncé l'indication d'un plan possible, il est nécessaire d'expliciter la logique qui unit ces trois points :

– sans cet effort de cohérence interne, la dissertation risque fort de n'être que l'assemblage de trois développements indépendants, alors qu'elle doit constituer un seul raisonnement ;

– normalement, l'analyse de l'énoncé a dû faire apparaître cette logique des éléments : il suffira alors d'en préciser la progression.

Dans l'exemple précédent concernant l'aventure romanesque, la logique entre les trois éléments de l'énoncé n'est pas perceptible d'emblée : pour éviter un simple exposé de trois questions indépendantes, il faudra confronter ces trois points à la notion d'aventure, qui prendra à chaque fois un sens différent ; ces trois points peuvent également progresser dans le sens d'un approfondissement de la perspective.

C. Classer les arguments dans les trois parties ainsi définies

▸ Soit vous cochez de trois couleurs différentes, dans votre brouillon, les arguments correspondant aux trois parties.

▸ Soit vous recopiez, sur trois feuilles différentes, les arguments qui vont alimenter les trois parties.

▸ Hiérarchisez les arguments, soit en les numérotant, soit en les recopiant dans l'ordre : vous pouvez les classer par ordre d'importance croissante ou décroissante, du plus évident au plus recherché, ou du plus convaincant au plus annexe.

▸ Ne retenez que les arguments qui conviennent effectivement à ce que vous cherchez à montrer dans chaque partie. N'hésitez pas à renoncer à ceux qui feraient double emploi ou qui ne s'avèrent pas nécessaires.

▸ Si un argument clef ne trouve sa place dans aucune partie, il faudra changer de plan.

▸ Précisez le lien logique unissant les arguments entre eux pour assurer la cohérence interne de chaque partie : les arguments ne doivent pas être juxtaposés, mais enchaînés.

3. Trouver le plan le mieux adapté

Lorsque le plan n'apparaît pas dans l'énoncé, il faut imaginer celui qui conviendra le mieux :

– au problème posé,

– aux arguments dont on dispose.

Il existe en effet différents types de plans, qui conviennent plus ou moins bien aux différents types de sujets ; mais il faut vérifier que les arguments que l'on a trouvés permettent effectivement de traiter tel sujet selon tel plan !

A. Plan d'exposition

Ce plan consiste à présenter successivement les différentes facettes d'une œuvre ou d'un auteur, comme on le ferait dans un exposé :

Partie I : premier thème.

Partie II : deuxième thème.

Partie III : troisième thème.

Ce plan est tout indiqué dans tous les sujets qui invitent à exposer les éléments d'une question ; en revanche, il est à éviter dans les sujets nécessitant une discussion.

Exemple :

Quel intérêt un lecteur d'aujourd'hui peut-il trouver à la lecture d'œuvres vieilles de plusieurs siècles ?

Le plan peut très bien exposer successivement trois sources d'intérêt majeures que l'on peut trouver dans des œuvres anciennes : la découverte, à travers ces œuvres, de conditions historiques décrites par ceux qui les vivaient ; l'approfondissement de problématiques littéraires contemporaines, dont le passé donne une perspective plus vaste ; et la permanence de grandes questions concernant l'homme, la société, etc., au travers des œuvres de diverses époques.

Avantage de ce plan : sa simplicité et sa souplesse.

Inconvénients : le risque est grand de tomber dans le catalogue d'idées sans raisonnement véritable.

Il conviendra donc de le rendre dynamique :

– en ordonnant les parties selon une logique progressive ;

– en suscitant l'intérêt du correcteur par une véritable problématique ;

– en s'assurant que les parties ne sont pas interchangeables dans le raisonnement choisi, et que les parties suivantes constituent bien une avancée par rapport aux précédentes.

Exemple :

Dans le sujet ci-dessus portant sur la littérature des siècles passés, on dynamisera le développement en se demandant d'abord pourquoi le lecteur d'aujourd'hui ne trouverait plus d'intérêt à des œuvres du passé ; cela précisé, il sera ensuite *beaucoup plus intéressant de chercher comment, malgré parfois leur relative difficulté d'accès, les œuvres du XVIIe siècle nous donnent une idée (directement ou indirectement) des conditions qui prévalaient dans la bonne société française de l'époque, comment, en définissant les règles du « classicisme », elles imposent à tous les siècles suivants de se situer par rapport à ces règles, et comment enfin elles abordent des problèmes qui peuvent toujours être les nôtres, et qu'on peut le cas échéant relier à des questions d'actualité (*Tartuffe *de Molière, par exemple, peut être rapproché de ce que l'on appelle le « politiquement correct »). Les deux premières parties examinent deux aspects différents mais complémentaires, et la troisième renouvelle l'intérêt du lecteur en prouvant que des textes anciens ont des choses à nous dire sur le monde moderne.*

B. Plan dialectique traditionnel

Ce plan convient lorsque deux hypothèses s'opposent et que, sans trancher nécessairement entre les deux, on doit proposer un choix nuancé :

Partie I : thèse.

Partie II : antithèse.

Partie III : synthèse.

Cela consiste donc à exposer dans les deux premières parties les arguments opposés, et à chercher dans une troisième partie comment sortir de cette opposition. On voit que, contrairement à une simple discussion qui se contente de présenter les arguments opposés, la dissertation a pour but de trouver une solution capable de trancher ou de dépasser l'opposition.

Avantages de ce plan : la clarté des deux premières parties, et la dynamique nécessaire de la troisième. Une dissertation réussie sur ce plan peut être excellente.

Inconvénients : la synthèse est souvent difficile à mettre au point. Le risque est de donner en synthèse des arguments qui auraient pu figurer aussi bien dans les parties précédentes, et de ne réaliser finalement qu'une discussion déguisée ; le risque est aussi de ne faire en synthèse qu'une préconclusion qui n'ajoute rien à la thèse et à l'antithèse.

On veillera donc à l'efficacité de la synthèse :

– en prévoyant les arguments clefs qui y figureront avant même de construire la thèse et l'antithèse : il est toujours plus facile de ménager les premières parties en fonction de la troisième que d'imaginer celle-ci après les deux autres ;

– en cherchant non pas à trancher entre les deux hypothèses, mais à les dépasser en changeant de perspective ;

– en s'assurant que de nouveaux arguments font effectivement progresser le problème ;

– en rédigeant une synthèse aussi longue que les deux premières parties : une synthèse trop courte est souvent le signe de son indigence.

Exemple :

Le roman est-il un genre littéraire réaliste ?

On peut imaginer le plan suivant :

Partie I : les arguments et les exemples montrant que le roman, de tous les genres littéraires, est celui qui s'approche le plus de la réalité vécue.

Partie II : des arguments et des exemples contraires, montrant que le roman peut aussi être le lieu des inventions les plus improbables.

Partie III : au lieu de la solution de facilité qui consisterait à dire que le roman tantôt est réaliste, tantôt ne l'est pas, on s'efforcera de montrer que son réalisme consiste essentiellement dans la cohérence interne du monde qu'il nous montre, plutôt que dans la description fidèle de la réalité.

C. Plan critique

Ce plan est adapté aux sujets sur lesquels on s'apprête à adopter une opinion tranchée, chaque fois que dans une discussion, la balance penche nettement d'un côté :

Partie I : première hypothèse.

Partie II : critique de cette hypothèse, en montrant toutes les objections qu'on peut lui opposer.

Partie III : deuxième hypothèse, plus convaincante que la première.

Un tel plan suppose donc de prendre nettement parti pour la seconde hypothèse, pour pouvoir montrer sa supériorité sur la première.

Avantages de ce plan : par nature progressif et dynamique, il est particulièrement efficace quand il est réussi.

Inconvénients : on risque de mal distinguer la deuxième et la troisième partie, qui toutes deux s'opposent à la première ; si l'une ne fait que répéter l'autre, on retombe dans le schéma de la discussion.

On obtiendra une bonne progressivité du plan :

– en définissant d'abord les arguments de la troisième partie, qui est l'aboutissement du raisonnement ;

– en trouvant ensuite les arguments de la deuxième partie, en vérifiant à chaque fois qu'ils sont bien des critiques de ceux de la première et ne recoupent pas ceux de la troisième ;

– en observant bien que critiquer une hypothèse n'est pas la même chose que soutenir l'hypothèse contraire, comme lorsqu'on a à choisir entre deux produits : montrer les défauts de l'un n'est pas la même chose que montrer les qualités de l'autre.

Exemple :

L'écrivain doit-il se donner pour but de convaincre son lecteur ?

On peut répondre à cette question par oui ou par non. Si l'on estime que non, on pourra par exemple adopter le plan suivant :

Partie I : non, la littérature n'a pas à convaincre, puisqu'elle est œuvre d'art, et peut être entièrement dégagée des querelles de son temps, par exemple dans la littérature d'évasion ou le fantastique.

Partie II : cependant, l'écrivain ne fait-il pas preuve d'une force de conviction hors du commun lorsqu'il parvient à nous captiver en nous décrivant des événements qui sont de manière flagrante imaginaires et impossibles, ou par la seule force de ses mots ?

Partie III : oui, l'écrivain doit convaincre son lecteur, y compris et surtout lorsqu'il ne traite pas de questions appelant une opinion, mais que la matière de son œuvre est une élaboration entièrement fictive.

On voit que dans ce plan, si la deuxième partie remet en cause les conclusions de la première, la troisième propose une autre interprétation, qui permet de conclure en répondant positivement.

D. Plan analytique

Ce plan convient aux sujets qui demandent de réfléchir à une notion un peu complexe ou à des énoncés longs, pour lesquels l'examen du problème nécessite un vrai développement :

Partie I : analyse du problème.

Partie II : recherche des causes.

Partie III : réponses, conséquences, solutions.

Cela consiste donc à approfondir méthodiquement le problème global, sans le diviser en thèmes ou thèses.

Avantages de ce plan : très méthodique, il garantit une réflexion progressive, et fait merveille lorsque l'énoncé comporte de multiples facettes.

Inconvénients : il suppose une bonne capacité d'analyse, sans laquelle on aura de la difficulté à remplir les parties et à mettre le problème au clair.

On y parviendra :

– en situant précisément les enjeux du problème et en en décomposant les différentes facettes ;

– en s'appuyant très précisément sur les références à l'œuvre étudiée, qui seules peuvent donner à la dissertation la conviction dont elle a besoin ;

– en ne donnant pas, par mégarde, les réponses dès la première partie.

Exemple :

Dans l'énoncé précédent sur la nécessité ou non pour l'écrivain de convaincre, la première partie pourrait montrer en quoi le problème de la conviction est central dans divers genres littéraires tout en semblant marginal dans d'autres, la deuxième expliquerait pourquoi la conviction est un facteur déterminant dans la mesure où il s'agit d'abord de capter l'intérêt du lecteur, et la troisième donnerait une réponse nuancée et argumentée à la question posée.

E. Beaucoup d'autres plans possibles

Les quatre types de plans présentés ci-dessus ne sont que les plus couramment utilisés, et recouvrent à peu près tous les sujets. On notera cependant trois remarques :

▶ Tous les autres plans sont possibles, à partir du moment où ils sont cohérents et conviennent au problème posé : aidez-vous donc de ces modèles, mais si vos arguments ne s'y prêtent pas, organisez-les de façon plus personnelle.

▶ Plusieurs plans sont possibles pour un même sujet : tout dépend de la problématique dégagée, des arguments que vous avez trouvés, et de votre appréciation personnelle de la question. Pourvu que vous arriviez à démontrer vos affirmations en vous référant à l'œuvre étudiée, des positions différentes peuvent être adoptées, organisées en conséquence.

Exemple :

Toujours dans le même sujet sur la nécessité pour l'écrivain de convaincre, on peut très bien imaginer des réponses différentes, et donc des plans différents de ceux qu'on a proposés plus haut :

Partie I : la littérature doit convaincre.

Partie II : en réalité, la littérature ne doit rien, c'est le lecteur qui demande à être convaincu.

Partie III : l'écrivain s'adapte en réalité à la demande explicite ou non de ses lecteurs.

Ou bien :

Partie I : la littérature n'a pas à convaincre, mais à divertir.

Partie II : mais elle se trouve souvent au croisement de diverses problématiques qui la dépassent, mais sur lesquelles elle est appelée à témoigner plus ou moins directement.

Partie III : l'écrivain est donc amené à convaincre non parce qu'il le souhaite, mais parce qu'il ne peut faire autrement que d'être dans son temps.

Ou bien encore :

Partie I : la littérature de combat, pourquoi et comment elle se donne pour but de convaincre.

Partie II : la manière dont les œuvres sont reçues, et la moins grande pérennité des œuvres engagées.

Partie III : si l'écrivain choisit de convaincre, il le fait donc le plus souvent au détriment de sa postérité littéraire.

Dernière remarque importante :

▶ Un bon plan doit être équilibré, c'est-à-dire que ses parties seront de longueurs sensiblement égales.

On ne saurait admettre qu'une partie ne comporte que deux arguments si ses voisines en comptent cinq : on aura donc soin de concevoir un plan qui permette cet équilibre des arguments.

En revanche, on considère comme normal un écart d'un argument entre les parties, au maximum deux : le développement idéal comptera le même nombre d'arguments dans chaque partie, mais si une partie en comporte cinq, on admettra que les autres en comportent quatre ou trois (ou six, si on est inspiré !).

En tout état de cause, aucune partie ne saurait compter moins de trois arguments.

4. Organisation interne des parties

De même que le développement est organisé en parties logiquement ordonnées, de même les arguments doivent eux-mêmes s'enchaîner rigoureusement à l'intérieur de chaque partie. Que vous ayez construit vos parties à partir de vos arguments, ou que vous ayez trouvé vos arguments pour remplir vos parties, il faudra de toute façon élaborer un raisonnement.

Comme on l'a vu plus haut, il s'agit au minimum de hiérarchiser les arguments ; on s'efforcera cependant de les unir selon une logique plus précise, lorsque cela est possible : cause, conséquence, opposition, confirmation, etc.

On adaptera l'ordre des arguments à ce qu'on cherche à montrer.

Enfin, on dosera les arguments en fonction de leur rôle dans le raisonnement : on évitera de développer un argument irréfutable si on sait qu'on doit le critiquer ensuite ! Il vaut mieux le réserver comme argument final...

Exemple :

Si on bâtit une partie montrant que l'écrivain se doit de convaincre, on pourrait ranger ainsi quelques références et arguments :

Premier argument : l'écrivain ne peut échapper à son époque (exemple : l'engagement de Sartre ou de Voltaire).

Deuxième argument : il se situe également dans une filiation littéraire qui repose sur la force de conviction (exemples : les grands orateurs grecs et latins, les sermons de Bossuet, les textes de Diderot).

Troisième argument : en tout état de cause, c'est une opinion argumentée et convaincante que le lecteur (ou au moins certains lecteurs) attend(ent) de lui (exemples : Pascal prenant la défense de Port-Royal, les textes journalistiques de Mauriac).

Quatrième argument : même les écrivains apparemment les plus détachés de leur époque en donnent involontairement un reflet (exemples : certains textes de science-fiction transposant sur des extra-terrestres le racisme latent de leurs auteurs, comme on a pu le reprocher à John Campbell ou Robert Heinlein).

Chaque argument sera développé et expliqué à partir de références tirées d'œuvres connues et des textes fournis ; on voit dans cet exemple les arguments classés du plus simple au plus recherché, du plus évident au plus caché.

Quand le raisonnement est élaboré dans chaque partie, la dissertation est prête pour la rédaction.

FICHE SYNTHÈSE

– Un plan doit être dynamique, en trois parties progressives.
– Il arrive que le plan puisse se déduire de l'énoncé : on commencera donc par examiner si c'est le cas.
– Tout plan doit obéir à une logique précise, sans se contenter de juxtaposer des idées.
– La répartition des arguments dans les parties se fait par dosage équilibré, en fonction de la problématique.
– Les parties doivent être de longueurs sensiblement égales.
– On choisira le plan le mieux adapté au type de l'énoncé, mais aussi à la problématique posée et aux arguments dont on dispose.
– Les arguments s'organisent à l'intérieur de chaque partie selon une progression logique.

EXERCICES

Voir corrigés pages 156-157

1 ▶ Quel plan est suggéré dans les énoncés suivants :

– Le théâtre du XVIIe siècle vous paraît-il correspondre à l'idéal classique alors en voie de constitution : plaire, émouvoir, être utile ?

– Le théâtre peut-il être une littérature d'idées, ou demeure-t-il avant tout un spectacle populaire ?

– Qu'est-ce que l'écriture biographique veut nous dire sur les hommes qu'elle prend pour modèles ?

2 ▶ Soit ce sujet : « Les mouvements littéraires, comme les hommes, comme les siècles, vivent et meurent. Partagez-vous ce constat ? » Critiquez les plans suivants, en montrant leurs avantages et leurs inconvénients, et en expliquant pourquoi vous en choisiriez certains et en rejetteriez d'autres :

Partie I : le classicisme
Partie II : les Lumières
Partie III : le romantisme

Partie I : les mouvements littéraires sont temporaires
Partie II : ils se développent et meurent pourtant sur des durées assez longues
Partie III : leur mise en perspective historique leur assure une certaine pérennité

Partie I : les mouvements littéraires imprègnent la société
Partie II : ils sont donc sujets aux mêmes changements que ces sociétés
Partie III : c'est pourquoi ils évoluent plus qu'ils ne disparaissent

Partie I : vie des mouvements littéraires

Partie II : mort des mouvements littéraires

Partie I : les mouvements littéraires s'enracinent dans une époque

Partie II : ils disparaissent donc avec elle

Partie III : l'histoire littéraire leur assure toutefois une sorte de seconde vie

Partie IV : par conséquent ils quittent le domaine de l'histoire pour entrer dans la culture

3 ▶ Faites le plan détaillé (parties et arguments) d'une dissertation sur ce thème : « La littérature épistolaire ne doit qu'à son statut épistolaire d'être de la littérature. »

Construire un plan - Corrigés

1 – Les trois verbes « plaire, émouvoir, être utile » invitent évidemment le candidat à étudier successivement l'application de chacun d'eux à des pièces appartenant au corpus considéré, les trois verbes servant de thème aux trois parties. Cela permet de présenter et d'analyser clairement chacun des termes du problème.

– L'opposition entre deux idées nettement délimitées invite bien sûr à procéder par thèse et antithèse : d'abord on s'intéresse aux pièces qui se veulent porteuses d'idées, puis on s'attache à celles qui semblent ne pas partager cette ambition. La synthèse peut s'efforcer de montrer que le fait même de vouloir produire un spectacle populaire est en soi une démarche d'idées, et qu'il n'y pas d'engagement plus net que le refus de s'engager.

– On peut procéder cette fois par approfondissements successifs : dans un premier temps, il semble que la biographie soit là pour faire un portrait surtout louangeur de son modèle ; mais (deuxième temps) ces louanges ne sont souvent pas exemptes de perfidie soit envers le modèle lui-même, soit, par contraste, pour d'autres personnages ; enfin, on peut montrer que, au-delà des jugements moraux, la biographie est aussi un objet d'écriture, et que le personnage y prend en définitive un statut peu différent de celui d'un personnage de roman.

2 Le premier plan juxtapose trois exemples qui sont assurément pertinents, mais auxquels ne se limite pas la problématique : il y a eu d'autres mouvements littéraires, et de toute façon le devoir rédigé se contentera probablement d'aligner des exemples sans leur insuffler de dynamique. Doit être rejeté.

Le deuxième plan mélange une étude critique avec une opposition du type thèse/antithèse, pour parvenir à une position nuancée, qui s'abstient de trancher vraiment quant à la véracité de la phrase. Si la rédaction qui suit est traitée avec assez de vigueur pour compenser la relative mollesse du plan, c'est un très bon choix.

Le troisième plan est d'inspiration analytique, il approfondit progressivement la question pour parvenir à une conclusion forte. C'est un bon plan, même si sa mise en œuvre va nécessiter du doigté.

Sous un faux air de thèse/antithèse, le quatrième plan passe complètement à côté de la question en disjoignant artificiellement ce qui est conjoint dans le sujet (« vie et mort » sont ici inséparables, il serait artificiel de les séparer). En outre, les deux parties seulement risquent d'être insuffisantes pour rendre compte de tout le problème.

Le cinquième plan est trop découpé, et les idées ont trop peu de suivi : plus précisément, si l'on voit bien comment on passe d'une partie à la suivante, le mouvement d'ensemble n'apparaît pas du tout, et on risque d'avoir un travail touffu et qui ne trouve pas de vraie ligne directrice.

3 ▶ **Première partie : caractéristiques de la littérature épistolaire**

– ensemble de signes extérieurs (lettres datées, adresses, signatures...)

– présence perceptible constamment d'un destinataire

– usage fréquent de registres de langue variés, mais souvent familiers

Deuxième partie : la lettre comme objet de la littérature

– un jeu sur les épisodes permis par les remises de lettres plus ou moins promptes ou tardives (voir *Les Liaisons dangereuses*)

– le roman épistolaire comme littérature « au carré »

Troisième partie : la lettre, objet littéraire autonome

– la valeur littéraire de lettres privées et de témoignages (exemple : lettres de soldats au front)

– la lettre comme premier pas vers l'œuvre littéraire, ou comme prolongement de l'œuvre (voir les correspondances d'écrivains)

– la lettre comme lieu privilégié du lien écrivain/lecteur.

Cette dernière étape est de grande importance. Comme on l'a vu à propos de l'argumentation, la dissertation est avant tout un exercice de rhétorique ; il s'agit surtout de se faire bien comprendre :

– d'une part vous serez jugé en partie sur la qualité de votre expression : sa correction, sa clarté, sa richesse, comme pour les autres sujets ;

– d'autre part la mise en œuvre de l'argumentation que vous avez préparée ne sera efficace que si la rédaction sait mettre en valeur votre démarche : deux dissertations de même contenu peuvent se voir noter très différemment selon que la rédaction sera plus ou moins précise.

1. Schéma d'ensemble d'une dissertation

A. Introduction

Un paragraphe de dix à quinze lignes en quatre phrases (ou du moins quatre éléments) :

▸ Présentation générale du sujet : soit le thème qu'il aborde, soit l'œuvre ou l'auteur concerné, soit la citation éventuellement contenue dans l'énoncé.

Il importe que cette première phrase ne soit pas creuse, mais introduise réellement le sujet : elle doit donc s'orienter déjà vers le problème que l'on va traiter.

Exemple :

Il est inutile de commencer par des considérations biographiques sur l'auteur de l'un ou l'autre des textes qui font partie du sujet si elles n'ont pas de rapport direct avec le sujet.

Si on lance le devoir directement avec la citation contenue dans l'énoncé, on la reproduira intégralement si elle n'est pas trop longue, en substance ou par extraits si elle déborde les dimensions d'une introduction (mais ce cas est rare).

▸ **La question posée par l'énoncé** : on reprend la citation éventuelle si on ne l'a pas déjà reproduite en premier point, et on adapte cette question au contexte d'une introduction.

Exemple :

Si la question est : « Dans quelle mesure partagez-vous cette opinion ? », on ne la reprendra évidemment pas sous cette forme, mais par une formule de ce genre : « Cette opinion soulève pourtant un certain nombre d'objections. »

▸ **L'explication concise du problème posé par la question** : on doit pouvoir montrer en une phrase, c'est-à-dire rapidement mais avec précision, où se situe le problème ; les détails de la problématique seront analysés dans le développement.

Ce point est capital : c'est le problème que vous formulez ici qui va servir de ligne directrice à toute la dissertation ; c'est à ce problème que vous répondrez en conclusion.

Attention !

Ne posez qu'un seul problème : si vous donnez ici plusieurs questions, vous aurez ensuite beaucoup de mal à assurer l'unité et la cohérence de votre développement.

Ne répondez pas au problème en le posant : la réponse doit arriver en conclusion, au terme de votre raisonnement, et non en introduction. Autrement dit, le raisonnement ne doit pas être la justification d'une réponse acquise d'avance, mais une démarche progressive vers cette réponse.

▶ **Annonce de votre plan** : présentez le plus légèrement possible les trois parties projetées.

On évitera bien sûr les formulations lourdes du genre : « Cette dissertation comportera trois parties, à savoir etc. » On préférera les phrases plus naturelles comme : « S'il est vrai que... on remarquera cependant... tout en examinant si... » Quoi qu'il en soit, votre formulation sera avant tout adaptée au problème et au plan choisi : il n'y a donc pas de formule imposée, et l'on évitera autant que possible les expressions passe-partout dont l'emploi trop universel s'accorde mal aux cas particuliers.

Exemple :

Selon un critique contemporain, « le grand écrivain est celui qui, ayant laissé d'abord parler son inspiration, accepte ensuite de la mutiler pour l'accorder à l'idée qu'il se fait d'une œuvre d'art, ou renonce à l'idée qu'il se fait d'une œuvre d'art pour – advienne que pourra – se livrer entièrement à cette inspiration. » Vous examinerez cette opinion à la lumière des textes qui vous sont proposés, des textes que vous avez étudiés et de ceux que vous avez abordés dans vos lectures personnelles.

En reprenant les quatre éléments évoqués plus haut, on pourra rédiger une introduction de ce genre :

L'image de la Muse inspirant le poète trouve des prolongements jusque chez un critique contemporain, selon qui « le grand écrivain est celui qui, ayant laissé d'abord parler son inspiration, accepte ensuite de la mutiler pour l'accorder à l'idée qu'il se fait d'une œuvre d'art, ou renonce à l'idée qu'il se fait d'une œuvre d'art pour – advienne que pourra – se livrer entièrement à cette inspiration. » L'opinion ainsi exprimée montre néanmoins une attitude ambiguë vis-à-vis de l'inspiration, qui semble pouvoir être soit la meilleure amie, soit au contraire l'ennemie intime de l'écrivain. Ce qu'il importe en fait de se demander, c'est dans quelle mesure l'écrivain peut ou non faire confiance au « premier jet », au jaillissement d'idées que l'on nomme inspiration. On examinera donc tout d'abord en quoi peut au juste consister ce que l'on désigne du terme somme toute vague d'« inspiration », avant de voir dans quels cas il convient de s'en méfier, puis dans quels cas au contraire elle peut conduire à des œuvres achevées.

B. Développement

Trois parties de plusieurs paragraphes chacune :

▶ **Première partie** : thèse, ou premier thème, ou première hypothèse, etc.

– Premier paragraphe : introduction partielle, en deux éléments : on explique d'abord l'objet de cette partie, ce qu'on cherche à démontrer ; on annonce ensuite en une phrase les arguments sur lesquels reposent les paragraphes suivants.

– Deuxième paragraphe : premier argument, en trois éléments : on présente l'argument, puis on analyse les références de l'œuvre sur lesquelles il s'appuie ; enfin on formule l'élément de réponse que cet argument apporte à la problématique (ce dernier point est très important, car il empêche de s'éloigner du sujet).

–Troisième paragraphe : deuxième argument, relié au précédent par une formule de transition montrant le lien logique entre eux.

Le reste du paragraphe sur le même schéma que le précédent.

– Quatrième paragraphe : troisième argument, sur le même modèle.

Et ainsi de suite : autant de paragraphes que d'arguments.

– Dernier paragraphe : conclusion partielle, dans laquelle on synthétise l'argumentation de la première partie ; à ce stade du raisonnement, où en est-on de la problématique ? Si la dissertation s'arrêtait là, quelle serait la réponse au problème posé ?

▶ **Deuxième partie** : antithèse, ou deuxième thème, ou critique de la première hypothèse...

– Premier paragraphe : introduction partielle, en trois éléments : une transition où l'on explique en quels termes se pose le problème au début de cette deuxième partie (on s'appuie sur la conclusion de la première partie pour relancer la problématique) ; puis on explique l'objet de cette nouvelle partie, et on annonce les arguments des paragraphes suivants.

– Deuxième paragraphe : premier argument.

Ensuite, on procède de la même manière que pour la première partie, jusqu'au dernier paragraphe de conclusion partielle.

▶ **Troisième partie** : sur le même schéma que la seconde.

C. Conclusion

Un paragraphe de dix à quinze lignes en quatre phrases (ou du moins quatre éléments) :

▶ **Récapitulation du raisonnement** : votre correcteur, qui a suivi pas à pas, dans le détail, votre développement, a besoin d'en avoir maintenant une vue d'ensemble, pour se remémorer les premières étapes et se faire une idée de la cohérence de votre dissertation.

Vous veillerez simplement à ne pas répéter mot pour mot l'annonce du plan de l'introduction, mais à bien prendre en compte l'essentiel de votre argumentation.

▸ **Formulation de la réponse apportée par votre raisonnement à la problématique** : il suffit pour cela de reprendre le problème posé en introduction et d'en présenter la réponse.

▸ **Réponse que vous pouvez apporter à la question posée par l'énoncé** : cette réponse sera proche de la précédente si votre problématique elle-même n'était pas très éloignée des termes de l'énoncé ; si au contraire votre problématique était beaucoup plus précise que l'énoncé, cette seconde réponse sera sensiblement plus large que la première.

▸ **Élargissement** : quelle incidence la réponse que l'on vient d'apporter peut-elle avoir sur notre compréhension du genre littéraire examiné ou de la littérature dans son ensemble ?

En répondant à l'une ou l'autre de ces interrogations, vous trouverez un élargissement acceptable, en prenant bien soin de le présenter comme une conséquence logique de votre raisonnement, que cet élargissement soit une affirmation ou une simple hypothèse à nuancer.

● **Conseils**

Cet élargissement n'est pas absolument obligatoire : mieux vaut aucun élargissement qu'un élargissement creux, gratuit, ou artificiellement plaqué.
Vérifiez en particulier que, sous prétexte d'élargir, vous ne posez pas justement le problème que vous auriez dû poser en introduction ! Cette erreur n'est malheureusement pas rare...

On remarquera que la disposition de la conclusion est donc exactement symétrique de celle de l'introduction : alors que l'introduction progresse du plus général au particulier, la conclusion avance du particulier vers le plus général.

Ainsi le premier élément de l'introduction correspond au dernier de la conclusion, le deuxième au troisième, le troisième au deuxième, et le dernier au premier :

Présentation générale	Récapitulation du raisonnement
Question de l'énoncé	Réponse à la problématique
Problématique, ligne directrice	Réponse à la question posée par l'énoncé
Annonce du plan	Élargissement

Exemple :

Une conclusion correspondant au sujet de « l'inspiration » pourrait être rédigée ainsi :

On aura donc compris que, quel que soit le sort qu'il lui réserve par la suite, l'écrivain ne saurait pratiquement pas se passer de cette étrange alchimie qu'on nomme l'inspiration : qu'il s'appuie seulement sur elle pour faire œuvre classique et policée, ou qu'il lui laisse le champ libre comme l'ont tenté par exemple les surréalistes, il doit d'une manière ou d'une autre composer avec elle. Toutefois la valeur de l'œuvre ne dépend pas essentiellement de la qualité ni de l'originalité de cette inspiration : Flaubert vaut bien André Breton. Au-delà de cette composante un peu mystérieuse, la valeur d'une œuvre dépend donc avant tout des options que l'écrivain choisit consciemment vis-à-vis de ces « cadeaux » que lui fait l'inspiration. La littérature, où se mêlent le premier élan et la volonté de progresser au-delà de ce point de départ, se présente ainsi en quelque sorte comme un miroir et un modèle des autres activités humaines.

2. Quelques conseils pour la rédaction

Rappelons ici, en les précisant, quelques indications déjà évoquées plus haut, qui paraissent essentielles :

A. Des affirmations nuancées

Il est indispensable d'être généralement prudent lorsqu'on présente une idée ou un argument.

Si beaucoup de constatations fondées sur l'œuvre étudiée ne sont pas douteuses et peuvent donc être affirmées sans précautions excessives lorsqu'on démontre un point précis, on se méfiera en revanche des idées générales, qui admettent mal des formulations péremptoires : pour pouvoir généraliser, il faut être sûr qu'il n'y a pas d'exception au principe qu'on affirme, sinon on s'expose à des objections faciles.

On vous reprochera souvent une déclaration sans nuances, qui, par une généralisation excessive, se révèle fausse ; si au contraire vous présentez cette même idée en termes mesurés, on ne pourra plus rien vous reprocher puisque vous laissez place pour des exceptions.

Exemple :

Votre correcteur bondira si vous affirmez que les œuvres anciennes sont sans intérêt ; il vous lira au contraire avec attention si vous vous demandez dans quelle mesure nous, hommes du XXIe siècle, nous pouvons être concernés par les problèmes qui se posaient à la cour de Louis XIV.

De même, si vous montrez sans nuances dans une partie que la littérature est exclusivement affaire de divertissement, vous aurez de la peine ensuite à soutenir que l'écrivain s'efforce néanmoins de convaincre de la justesse de ses idées sans entrer en contradiction avec vous-même.

Vous n'hésiterez donc pas à utiliser toutes les formules de prudence comme « il semble », « il est vraisemblable », « il est possible », « il arrive », « souvent », « parfois », « généralement », « si l'on peut dire », « à en croire l'auteur », etc.

B. Une rédaction légère

Il y a dans le travail de rédaction une part d'aisance personnelle que vous aurez acquise ou non au fil de vos études.

Mais on améliorera facilement la rédaction en observant un principe simple qui évite les lourdeurs : on doit rédiger avec toute la rigueur qui sied à une dissertation tout en rédigeant comme s'il ne s'agissait pas d'une dissertation.

Attention ! Il ne s'agit pas de faire de la littérature : le style de l'analyse rationnelle doit rester sobre et neutre, et éviter autant les familiarités que les envolées lyriques. Mais on doit s'abstenir du vocabulaire « scolaire » :

– dans une dissertation, on ne dit jamais « dans cette dissertation » ;

– en lançant une partie ou un paragraphe, on ne dit pas « dans cette partie » ou « dans ce paragraphe » ;

– en annonçant le plan, on ne parle pas non plus de parties.

On préférera à chaque fois la présentation du contenu des parties ou des paragraphes, sans désigner la chose.

Conseils

Un autre principe vient cependant tempérer le premier : il vaut mieux être lourd qu'obscur. Autrement dit, la clarté passe avant l'élégance, et vous perdrez plus de points en étant incompréhensible qu'en restant trop scolaire.

C. Des transitions soignées

Elles sont capitales : elles assurent la cohérence du développement.

Leur rôle est d'inscrire chaque argument dans la ligne directrice de la dissertation.

Sans elles, les arguments restent disparates et ne constituent pas un raisonnement : même si vous avez trouvé d'excellents arguments, votre copie peut manquer la moyenne si vous n'en avez pas assuré la continuité logique avec les transitions appropriées.

Il faut donc des transitions entre les parties et entre les paragraphes : vous devez vous interdire de poursuivre la rédaction tant que vous n'avez pas trouvé la transition qui vous permettra d'accéder à l'argument suivant :

– évitez les simples adjonctions : « en outre », « de plus », « et ». Ces liaisons trop faciles ne sont évidemment pas interdites, car elles sont parfois nécessaires. Mais il faut toujours se demander si l'on ne doit pas leur préférer des liaisons logiquement plus marquées (« par conséquent », « au contraire », « cela s'explique par »...) ;

– le seul moyen de rédiger une transition efficace est de la penser dans le fil de la problématique : le rôle de chaque argument une fois bien défini dans le raisonnement, il est plus facile de préciser les rapports qui les unissent.

– très souvent, la transition sera plus claire et plus efficace si elle se développe en une phrase au lieu de se limiter à un mot ou une expression.

Exemple :

Si, en s'appuyant sur le texte fourni de Hugo (p. 107-108), on tente de montrer que l'auteur cherche à produire chez le lecteur, à travers une évocation sensible, la naissance d'un mouvement qui confine à la spiritualité, il est possible d'introduire la seconde idée par un modeste « en revanche » ; mais la clarté et la précision logique y gagneront si on introduit le deuxième élément de l'argumentation par quelque chose de ce genre : « Si Hugo, comme nous l'avons montré, construit son texte autour de notations matérielles et sensibles, il n'en reste pas moins que son projet dépasse de loin l'évocation réaliste de la mort de son héros, et va chercher, par l'usage de divers indices de plus en plus visibles, à accentuer la portée spirituelle de cet instant. »

D. Des arguments reliés au sujet

Le risque est très grand de s'éloigner du sujet sans s'en rendre compte, au cours de la rédaction :

– lorsque vous rédigez un argument, votre attention se concentre sur cet argument, et vous risquez de perdre de vue l'ensemble de l'argumentation ; or, votre argument n'a de sens que dans la ligne de cette argumentation.

Conjurez ce risque de dérive en confrontant systématiquement votre argument au problème traité dans cette partie et au problème général de votre dissertation.

– lorsque vous rédigez votre paragraphe, votre plume suit sa propre logique, puisque, on le sait, l'inspiration vient souvent en écrivant ; il se peut alors qu'à votre insu vous vous attardiez sur un point qui ne corresponde pas tout à fait à l'idée que vous cherchez à montrer.

Dans ce cas comme dans le précédent, vérifiez que votre paragraphe aboutit bien à la conclusion recherchée. Sans quoi il peut arriver que de paragraphe en paragraphe, de dérive en dérive, vous quittiez complètement le sujet.

EXERCICES Voir corrigés pages 167-171

1 ▶ Quels défauts voyez-vous aux introductions suivantes ?

▶ De tout temps, la poésie a permis aux hommes d'exprimer leurs sentiments les plus intimes. C'est pourquoi un poète a pu écrire que « là où la poésie cesse, la dictature est en marche ». Nous verrons, dans la première partie, que la poésie est porteuse de valeurs de liberté, mais dans la deuxième partie nous montrerons qu'elle peut aussi à l'occasion s'accommoder de la tyrannie.

▶ Hugo, Proust et Cohen, écrivains français des XIXe et XXe siècles, ont parlé de la mort dans leurs romans pour susciter notre émotion. Je répondrai à la question posée en me demandant si la mort est un sujet privilégié de la littérature romanesque, si elle est en mesure de susciter de manière particulière l'émotion du lecteur, si nous pouvons apprendre quelque chose de la manière dont les écrivains abordent ce thème. Pour traiter ces problèmes, je me préoccuperai d'abord des éléments matériels dans la description de la mort d'un personnage, puis de ses composantes spirituelles, enfin, dans une synthèse, je montrerai que la vérité est entre les deux.

2 ▶ Rédigez une introduction pour les sujets suivants :

▶ « À mi-chemin entre la vraie vie et les fantasmes de l'auteur, le personnage de théâtre peine à trouver son statut ; c'est pourtant sous nos yeux que, acte après acte, il acquiert peu à peu la vraie humanité qui le rend finalement si proche de nous. » Vous commenterez cette phrase d'un dramaturge du XXe siècle.

▶ Partageriez-vous l'opinion du pamphlétaire qui écrivait, dans un journal du XIXe siècle : « Pour moi, quiconque prétend écrire en refusant de dépeindre l'abominable fange dans laquelle se complaît notre temps est un porc, plus porc encore que ceux qui s'y vautrent sans en être même conscients : lui n'a pas l'excuse de ne pas savoir » ?

▶ « Seule la poésie confère un semblant de sens à ma vie. » Comment pourriez-vous justifier ou critiquer cette formule d'un poète contemporain ?

3 ▶ Rédigez la conclusion correspondant aux trois sujets précédents, après avoir imaginé bien sûr quel type de réponse on peut apporter aux problèmes qu'ils posent.

4 ▶ Reprenez les divers plans proposés autour des sujets concernant la lecture aujourd'hui de textes anciens, le réalisme du roman et les rapports entre création littéraire et force de conviction, proposés dans la séquence 4, et rédigez les transitions entre les différentes parties pour chacun de ces plans.

5 ▶ Rédigez des paragraphes correspondant aux arguments suivants :

▶ Dans une dissertation sur le réalisme en littérature, vous cherchez à montrer les limites du réalisme de l'auteur cité comme le modèle même du romancier réaliste, c'est-à-dire Balzac ; vous vous appuyez sur la description du *Colonel Chabert* dans laquelle ce personnage est présenté comme un fantôme.

▶ Dans une dissertation sur la poésie, appuyée entre autres sur deux fables de La Fontaine fournies dans le sujet, on vous demande ce qui, du thème ou de la technique, fait la poésie. Vous consacrez un paragraphe à la technique poétique de La Fontaine.

1 – L'introduction commence par une généralité creuse et étayée par rien : mieux vaudrait utiliser un exemple bien précis qui « accroche » l'intérêt du lecteur et lui donne envie de poursuivre. De plus la phrase introductive n'a aucun rapport véritable avec le sujet : la citation n'est absolument pas reliée logiquement à l'idée générale qui précède. Par ailleurs aucune problématique n'est posée, rien n'est fait pour essayer de préciser les termes du sujet ni les rapports qu'ils peuvent entretenir entre eux. Enfin, l'annonce du plan fournit d'avance des réponses au lieu d'indiquer des pistes, et elle le fait en outre avec la lourdeur de termes scolaires comme « partie ».

– Les précisions apportées sur les trois auteurs sont inutiles : s'il faut apporter au lecteur tous les éléments d'information utiles, les renseignements sur les auteurs concernés n'en font pas partie, car ce sont des éléments de culture générale, que le correcteur connaît. Par ailleurs, dans cette introduction, « la question posée » ne renvoie à rien : n'oubliez pas que, dans la « règle du jeu » de la dissertation, le correcteur n'est pas supposé avoir lu le sujet, vous devez faire comme si vous écriviez de votre propre initiative et comme si vous vous posiez vous-même la question, pas comme si on vous la posait – et en tout état de cause cette question doit être explicitement posée. Quant à la problématique, elle est remplacée par une série de questions dont il est très douteux qu'on puisse parvenir à en tirer une progression logique dans la suite du devoir. Enfin l'annonce du plan, elle, recourt au « je » qui est en principe à éviter au profit du « on » impersonnel, ou du « nous » qui invite le lecteur à faire la démarche en votre compagnie, elle parle en termes scolaires de « synthèse », et ladite synthèse risque fort d'être une simple redite de choses déjà formulées dans les deux autres parties.

2 – Scapin, Figaro, Ruy Blas : tous nous sont familiers, tous semblent nous parler, par tel ou tel aspect, de nous-mêmes. C'est sans doute en faisant un tel constat qu'un dramaturge contemporain a pu écrire que « à mi-chemin entre la vraie vie et les fantasmes de l'auteur, le personnage de théâtre peine à trouver son statut ; c'est pourtant sous nos yeux que, acte après acte, il acquiert peu à peu la vraie humanité qui le rend finalement si proche de nous ». Le théâtre, se distinguant des autres genres littéraires par la double élaboration de l'écriture et de la mise en scène, et par son déroulement face à un public, entretient avec nous un rapport particulier : nous doutons de la réalité de ce qui nous est donné à voir dans des circonstances si éloignées de la vraie vie, et pourtant nous nous sentons proches bien souvent des personnages qui agissent sous nos yeux. Nous nous demanderons donc d'abord dans quelle mesure le théâtre s'efforce de ressembler à la réalité, mais nous soulignerons également qu'il reste avant tout dépendant de la construction qu'en fait son auteur, et nous tenterons enfin de montrer comment, à l'aboutissement de ce double chemin, il sait rapprocher de nous ses personnages, qui prennent finalement entièrement corps dans notre imaginaire.

– La littérature s'est souvent revendiquée comme un combat. Quel autre terme utiliser lorsqu'on lit, sous la plume d'un pamphlétaire du XIXe siècle, ces lignes : « Pour moi, quiconque prétend écrire en refusant de dépeindre l'abominable fange dans laquelle se complaît notre temps est un porc, plus porc encore que ceux qui s'y vautrent sans en être même conscients : lui n'a pas l'excuse de ne pas savoir » ? Aux yeux de cet auteur, la conscience qu'a l'écrivain de ce qui l'entoure lui interdit donc de détourner le regard et de faire comme si ce qui l'entoure était agréable ou indifférent. On pourra certes constater que de nombreux écrivains ont choisi de porter témoignage de leur époque, mais nous ne nous dissimulerons pas non plus que plus d'un a produit des œuvres admirables en se concentrant exclusivement sur son monde intérieur ; nous serons enfin amenés à nous demander si la littérature de combat, dans ce qu'elle a de meilleur, ne surgit pas lorsque, aussi puissamment que chez l'auteur de cette phrase, la violence de l'imaginaire rejoint la violence qu'il voit dans la société.

– Une chose immatérielle permet-elle de vivre ? C'est ce que semble affirmer un poète contemporain, lorsqu'il écrit : « Seule la poésie confère un semblant de sens à ma vie. » Il semble clair, à la lecture de cette formule, que pour cet auteur, la vie offre peu d'espoirs et peu de bonheur, puisqu'il ne trouve qu'un « semblant de vie » dans ce qui paraît être la seule activité qui puisse retenir son attention. Partant de ce constat, on peut se demander si la poésie est, fondamentalement, le genre littéraire qui se prête le mieux à l'expression de sentiments profonds sur l'existence, sans oublier de considérer l'opinion et la pratique d'auteurs qui font de la poésie de manière ludique, voire automatique, ce qui nous conduira à tenter de déterminer la place spécifique de la poésie dans la littérature, tout particulièrement à l'époque moderne.

3 ▸ – Nous avons montré que le théâtre s'est souvent voulu proche du monde qui l'entoure, en en faisant le plus souvent la critique par l'insertion d'éléments réalistes, et tout particulièrement par la construction de héros qui condensent en eux des valeurs de la société environnante ; mais s'ils cristallisent ces valeurs, c'est parce que leur auteur les a ainsi construits, et ils courent dès lors le risque de ne nous apparaître que comme des marionnettes sans âme ; pourtant, la magie de la mise en scène les transforme en êtres véritables, qui deviennent très vite proches de nous. On trouve donc là la grande spécificité du genre dramatique, qui est en quelque sorte incomplet tant qu'il n'est que sur le papier, et qui n'est achevé que dans le théâtre : n'oublions pas que c'est (presque) en scène, et non devant un manuscrit, que mourut Molière. Voilà pourquoi, jusqu'à la date récente où, comme nous l'avons vu, le personnage de cinéma a pu le détrôner, c'est le héros de théâtre qui a été, aux yeux du plus grand nombre, l'incarnation la plus vivante de ce que la littérature avait à offrir en termes de réflexion sur notre condition.

– Il nous est, au terme de cette étude, difficile voire impossible de trancher entre les mérites d'un Voltaire et ceux d'un Marivaux, entre le talent de Sartre et celui d'Apollinaire ; nous avons toutefois pu constater que la pugnacité de certains écrivains, leur agressivité même, semblait multiplier leur verve et leur talent. À de tels auteurs il peut être intolérable que d'autres s'éloignent sciemment de la réalité au profit d'un imaginaire moins dur que le monde réel : c'est précisément dans le surcroît de rage que leur procure ce constat que s'expriment quelques-unes de leurs meilleures pages. L'on voit par là que, pour citer Montaigne, « par divers moyens l'on arrive à pareille fin », et que si, en termes moraux, on peut penser ce que l'on veut des écrivains les plus violemment engagés, on ne saurait nier que, chez les meilleurs d'entre eux, c'est l'engagement même qui, sinon crée, du moins fait vivre la beauté du style.

– Si nous avons pu trouver chez des romanciers, des dramaturges, voire des essayistes, une vision profonde de la vie, force nous a toutefois été de constater que c'est le plus souvent chez les poètes que trouve à s'exprimer le plus vivement un sentiment d'extase ou de dégoût face à l'existence, qu'il s'agisse d'un Baudelaire, d'un Rimbaud ou d'un Breton ; nous pouvons toutefois tempérer cette opinion en n'oubliant pas que la poésie est aussi affaire de techniques, et que l'on peut faire de fort beaux vers avec des idées somme toute assez plates : tendances qui se sont aiguisées depuis un siècle, avec une poésie de plus en plus radicale dans sa volonté de tout dire, ou au contraire de dire n'importe quoi, mais par tous les moyens. Il semble donc erroné de juger que la poésie est le genre littéraire le plus « existentiel » : mais il paraît plus juste de dire qu'elle est le genre qui se prête le mieux à l'élaboration de stratégies qui conduisent leur logique jusqu'au bout, sans souci du langage courant : c'est donc par elle que la littérature trouve, bien souvent, à se ressourcer.

4 ▶ Transitions entre les parties I et II, puis entre les parties II et III des plans proposés dans la séquence 4 :

– 3 A (p. 148). On ne saurait toutefois limiter l'intérêt de la littérature à l'apport d'un témoignage historique : son objectif premier est esthétique, et c'est sur ce type de critère qu'il convient maintenant d'examiner l'apport que peut constituer pour nous la lecture de tels textes.

Au-delà enfin de l'émotion que peut nous procurer un texte, ou à travers elle, ce sont des enjeux existentiels (moraux ou intellectuels) qui peuvent se faire jour : nous devons donc encore nous demander, sous cet angle, ce que des textes de plusieurs centaines d'années ont encore à nous dire sur de telles questions.

– 3 B (p. 149). Si toutefois l'on dit de quelqu'un qu'il « fait de la littérature », on l'accuse de mentir : quelles que soient donc les précautions prises par l'auteur pour paraître dire la vérité, nous devons nous demander si l'enjeu du roman ne réside pas davantage dans le divertissement de son lecteur que dans le rapport à la réalité.

Si des réponses aussi différentes peuvent être données à la même question, on est fondé à supposer que cette question gagnerait à être élargie : il convient donc maintenant de nous demander si le « réalisme » du roman ne réside pas avant tout dans le rapport qu'entretient l'écrivain avec sa propre écriture.

– 3 C (p. 150). Toutefois, tous les écrivains n'ont pas d'idées à défendre : or qui n'a été frappé par l'aspect captivant que peut prendre un roman apparemment médiocre ? Il faut donc se demander si la conviction que peut induire un texte n'est pas indépendante des idées qu'il présente.

Tout nous incite donc à considérer que, si l'écrivain se sent parfois investi d'une mission vis-à-vis du monde, il en a une plus permanente et plus essentielle vis-à-vis de son œuvre et de ses lecteurs : c'est cet aspect de la relation qu'entretient l'écrivain avec son livre que nous allons ici développer.

– 3 D (p. 151). Si les genres littéraires entretiennent des rapports divers avec le désir de convaincre et la force de conviction, il est néanmoins indubitable que le lecteur saura reconnaître un bon livre d'un mauvais, et que cette opinion se fera moins autour des idées développées par le texte que de sa qualité proprement littéraire : il faut donc examiner selon quelles modalités l'écrivain assume cette responsabilité envers sa propre création.

Il apparaît donc que le problème sera considéré sous un jour différent selon qu'on se préoccupe des genres littéraires et de leur rapport respectif avec les problèmes de leur temps, ou au contraire de la création littéraire et de la réception des œuvres en tant que phénomènes esthétiques et sociologiques. Nous sommes donc amenés à tenter de cerner quelle conception de la littérature rend le mieux compte de la notion de « conviction » et de son utilité ou inutilité en tant que concept critique.

5 ▶ – Le réalisme suppose aussi que les descriptions soient conformes à la réalité. Certes on ne peut pas reprocher à Balzac d'être imprécis dans ses descriptions, souvent longues et minutieuses. Mais cette minutie oriente tellement les portraits vers une interprétation symbolique qu'on se demande ce qu'il reste du réel. Il suffit de prendre la description du colonel Chabert lorsqu'il se présente à Derville pour s'en rendre compte : tous les détails tendent à donner une idée exacte de la physionomie du personnage, mais en même temps tout est fait pour que le lecteur se croie face à un fantôme : une « figure de cire », un « spectacle surnaturel », une « fantaisie », un « homme d'imagination », tout concourt à évoquer un personnage irréel. Sans doute est-ce un effet de style correspondant à un être revenu du royaume des morts ; il n'empêche qu'une telle page ne peut relever du réalisme.

– Non seulement les *Fables* de La Fontaine ont une forme poétique, mais elles mettent en œuvre une réelle technique poétique. Même s'il ne suffit pas d'avoir une technique pour être poétique, les procédés de style ont une efficacité capable d'agir sur la sensibilité du lecteur. On connaît par exemple dans *Le lion devenu vieux*, à propos de ses sujets qui se révoltent : « devenus forts par sa faiblesse ». L'antithèse évoque en cinq mots toute la lâcheté des autres animaux ; la clarté de cette explication est en outre accentuée par la versification, qui oppose cet octosyllabe à l'alexandrin qui précède. On voit donc par cet exemple que certains vers sont capables de toucher, ce qui est bien une des fonctions de la poésie.

Cet exemple n'est pas un modèle :

D'une part il ne s'agit pas d'une dissertation idéale, mais d'un exemple des arguments et de l'organisation qu'il est possible d'envisager, étant bien entendu qu'un élève de première réalisera sans doute en quatre heures un développement plus court.

D'autre part, le sujet pourrait être traité de manière différente, selon le choix du candidat.

Enfin, la rédaction de cet exemple est liée à ce sujet précis, et pourrait ne pas convenir à d'autres sujets.

Lisez-le donc pour vous rendre compte de ce qu'il est possible de faire en la matière, du style employé et des usages à respecter ; mais gardez-vous de reprendre telle ou telle formulation, qui pourrait se trouver très déplacée dans un autre contexte.

Ajoutons que, contrairement à ce qui serait de mise dans une véritable dissertation, ce sont ici les textes fournis dans cet ouvrage, au début de cette partie (corpus, p. 109), qui sont sollicités à outrance, afin que chaque lecteur du manuel puisse se reporter rapidement à ces exemples précis. Il conviendrait, dans un véritable travail réalisé sur ce thème, de conserver un meilleur équilibre entre ces exemples et ceux qui seraient tirés d'œuvres étudiées en classe ou tirés de vos lectures.

Sujet :

Un journaliste littéraire a écrit dans une de ses chroniques sur le roman moderne : « Le roman, comme la vie, touche parfois aux limites : la mort, par exemple, en est une, au-delà de laquelle il n'y a plus rien, ni plus rien à dire. » Vous vous demanderez, en appuyant votre réflexion sur les trois textes qui vous ont été fournis, sur les textes que vous avez étudiés en classe et sur vos connaissances personnelles, dans quelle mesure la littérature romanesque vérifie ce qui est ainsi affirmé.

Chacun de nous est confronté à des expériences cruciales qui, heureuses ou malheureuses, constituent une part majeure du sens que nous donnons à la vie. La littérature, si elle se veut capable de se confronter à des enjeux qui aient pour nous quelque signification, se doit de prendre en compte également ces expériences, au premier rang desquelles figure la mort : mort d'autrui toujours, mais qui ne peut à nos yeux que préfigurer la nôtre. C'est en ce sens qu'un essayiste a pu écrire : « Le roman, comme la vie, touche parfois aux limites : la mort, par exemple, en est une, au-delà de laquelle il n'y a plus rien, ni plus rien à dire. » La mort, dans le roman, c'est nécessairement celle d'un personnage – du principal protagoniste, ou d'un personnage secondaire –, et elle va toujours constituer un tournant dans le récit, en modifier les équilibres ; on peut toutefois se demander si son intervention dans le texte romanesque débouchera forcément sur le silence, comme semble l'indiquer la phrase que nous avons citée. Nous nous intéresserons donc dans un premier temps à la mort dans le roman en tant qu'épisode narratif, puis nous verrons dans quelle mesure elle constitue, lorsqu'elle intervient, l'occasion d'une conclusion ou bien d'un bilan, et enfin nous verrons en quoi elle peut, comme d'autres matériaux, s'intégrer dans une vision plus vaste de la réalité telle que la reflète l'écriture du romancier.

* * *

Le roman, comme tout texte narratif, va se construire en épisodes qui vont s'entrelacer ou s'enchaîner pour nous conduire d'une situation initiale vers une situation finale, selon les principes sous-jacents qui ont été analysés au sujet du conte par Vladimir Propp. Il va de soi que, sauf si l'on se situe dans un contexte fantastique où le surnaturel pourrait autoriser une résurrection, ou dans certains romans policiers où une fausse mort peut être suivie d'une vraie réapparition, la mort d'un personnage va clore définitivement certaines pistes et constituer une « limite ».

On observe d'ailleurs que, bien souvent, la mort d'un personnage se situe au dénouement du livre, ou en tout cas en un point du récit au-delà duquel va se produire une pause. C'est ainsi que, après la mort de Jean Valjean sur qui repose tout l'édifice des *Misérables*, un seul chapitre de quelques lignes interviendra avant la fin du roman. Dans *Le Côté de Guermantes*, la mort de la grand-mère du narrateur, qui est, malgré l'importance qu'elle revêt dans les sentiments de son petit-fils, un personnage relativement secondaire, va se situer non à la fin du roman ni même d'une partie, mais tout de même en fin de chapitre, et va se terminer par une phrase dont la tournure, le rythme de quasi alexandrin (« l'avait couchée / sous l'apparence / d'une jeune fille ») lui donnent un aspect de « clausule » et incitent fortement le lecteur à une pause. Dans *Belle du Seigneur* enfin, Adrien Deume reste un personnage secondaire par rapport à Ariane et Solal, mais le chapitre qui est consacré à sa tentative de suicide (dont sur le moment, du reste, tout laisse penser qu'il s'agit en fait d'un suicide réussi) se situe à la fin d'une des parties du roman.

D'un point de vue formel donc, la mort dans le texte romanesque semble bien marquer une coupure, voire une clôture définitive du texte, justifiant ainsi l'opinion du journaliste que nous avons citée. Mais il faut insister sur le fait qu'elle est souvent aussi l'occasion pour le romancier de rédiger un passage particulièrement marquant, comme si la solennité de l'événement invitait à un redoublement de recherche dans l'écriture. La mort de Jean Valjean constitue ainsi, par son mélange d'évocation de moments triviaux (les « mains rougies » de Cosette) et d'appel à des connotations religieuses très marquées (« quelque ange immense était debout, les ailes déployées, attendant l'âme »), une forte interrogation sur les mécanismes de la mémoire et sur le devenir de l'esprit dans l'au-delà. De même la page de Proust mêle avec virtuosité les notations concrètes (le recours à l'oxygène pour soulager la malade) et les métaphores filées particulièrement frappantes (le souffle de l'agonisante comparé à un air musical, son apparence dans la mort assimilée à un gisant sur un tombeau). Quant à Cohen, il conduit une sorte de remarquable introspection par procuration au style indirect libre, dans les pensées diverses d'Adrien, dispersées apparemment, mais qui finalement vont converger vers la décision (ou quasi-décision) de la mort.

* * *

Au-delà de l'aspect « conclusif » de la mort et de son insertion en tant que point d'orgue dans le récit, on peut se demander dans quelle mesure, dans l'économie du récit, ces épisodes, finaux assurément pour les personnages concernés, constituent ou non une fin imposant seulement le silence, ou bien plutôt l'occasion d'un bilan.

Aucun des trois textes considérés ne constitue au sens strict la conclusion d'un roman. La mort de Jean Valjean est suivie d'un court et ultime chapitre sans intervention de nul personnage, dépeignant la sépulture du héros et les vers qui y ont été inscrits par une main anonyme. Il va de soi toutefois qu'il s'agit, de la part de Hugo, de ne pas achever le roman de manière excessivement grandiloquente, et que la mort de l'ancien bagnard constitue assurément l'essentiel de la conclusion du récit. Remarquons néanmoins que le romancier prend soin, dans ces pages, à la fois de relier tous les principaux fils de son texte (rappel de Fantine, des Thénardier, de l'enfance de Cosette), mais aussi l'avenir qui attend désormais Cosette et Marius, et même une dimension métaphysique qui constitue une sorte d'ouverture du connu vers l'inconnu et une incitation à la méditation.

La mort de la grand-mère, chez Proust, bien que située seulement en fin d'un chapitre, représente un point nodal : d'une certaine manière, la grand-mère représente dans l'ensemble romanesque la part de l'enfance, et sa disparition va ouvrir – avec précaution – à l'évolution du narrateur vers l'adolescence, puis vers ses passions d'adulte, sa liaison avec Albertine... Tout autant que la conclusion d'un temps du récit, cette mort introduit donc une pause, une attente qui va ouvrir vers des dimensions encore ignorées. On peut également noter que la métaphore finale de la mort comme sculpteur qui donne une forme définitive aux traits de la grand-mère n'est pas sans évoquer par anticipation l'ultime conclusion de tout le cycle romanesque, qui conduit à une méditation sur le Temps, et sur l'œuvre littéraire qui, à travers la mémoire, est seule à même de le ressusciter et, dans une certaine mesure, de nous le restituer avec sa saveur première, tout comme la mort-sculpteur redonne à la grand-mère « l'apparence d'une jeune fille ».

Chez Cohen enfin, l'habileté consiste à dépeindre avec un luxe considérable de notations psychologiques les dernières minutes d'Adrien Deume, et à nous laisser croire qu'il se supprime bel et bien, puis à nous ramener vers ses personnages principaux, Solal et Ariane, pour mieux inverser ultérieurement la perspective : Adrien survivra, sera plaint de tous ses collègues et de sa hiérarchie pour ce qui lui est arrivé, en tirera l'avantage d'une promotion dans son travail, tandis que Solal et Ariane, de plus en plus seuls dans leur passion dévorante, finiront, eux, bel et bien par se suicider – ce qui, pour le coup, conclura réellement le roman. Ce que le lecteur est ainsi invité à faire, c'est peut-être à se demander dans quelle mesure il doit, tout en cédant à la compassion à laquelle tout l'invite dans l'écriture de Cohen, croire ou non en la véracité des apparences, puisque finalement le malheureux survivra mais que ceux qui sont à ce moment-là inondés de bonheur disparaîtront.

* * *

L'étude de ces éléments doit donc nous inciter à relire plus attentivement la phrase que nous analysons, et à constater que le roman y est réputé fonctionner « comme la vie » : à partir de là, il n'est pas certain, selon le sens que l'on est disposé ou non à accorder à la mort dans l'« économie » générale de la vie, que cette mort doive sans recours constituer un point narratif sans retour.

Nous avons déjà suggéré que la mort de Jean Valjean se présente comme une mort exemplaire : victime de la société, l'ancien bagnard a su y reconquérir toute sa dignité et bien davantage, et dès lors on assiste au recoupement des opinions sociales et religieuses de Hugo. De même que la société doit pour lui aller vers toujours plus de lumière par l'éducation des masses, l'accès à une responsabilité collective (opinions qui, lorsqu'il écrit *Les Misérables*, l'ont conduit en exil à Jersey et Guernesey), de même l'idée s'impose pour lui d'un parfait recoupement, en fin de compte, entre le bien terrestre et le monde céleste : le Dieu hugolien n'est ni jaloux ni inconnaissable, il est bien plutôt le reflet du monde d'ici-bas, et achève de juger ce qui n'a pu être résolu en ce monde : d'où l'ange qui (« sans doute », écrit Hugo, qui veut laisser à ces choses tout de même leur part de mystère) attend l'âme de Jean Valjean, lequel ne pouvait mieux faire que de mourir pour parachever la démonstration de l'auteur.

Proust, nous l'avons déjà montré, fait converger tout l'édifice de ses romans vers une sorte d'assomption, où le Temps (avec une majuscule : dernier mot de la *Recherche*) va, non pas ressusciter, mais trouver dans l'écriture une sorte de seconde vie qui se joue en écho de la première, comme la « petite phrase » de sonate de Vinteuil qui obsède certains personnages, ou le détail du rendu d'un « petit pan de mur jaune » sur une toile de Vermeer qui paraît au peintre Bergotte l'essence de l'art qu'il n'a pas su atteindre tout à fait. Dans cette optique, tous les détails de l'ensemble romanesque prennent sens dans la double perspective de leur beauté immédiate, que garantissent la plénitude du style et l'ampleur des images, et de leur insertion dans cette réalité reconstituée que parvient à être l'œuvre d'art. Il est donc hors de doute, sans qu'il y ait forcément de conviction religieuse à y associer, que la mort, fût-ce la mort de la grand-mère tant aimée, ne revêt pour le narrateur, et donc pour Proust, pas tant le sens d'une fin que d'une inscription dans le grand tout de la mémoire.

Pour Cohen enfin, qui déclarait que *Belle du Seigneur* entendait moquer les conceptions romantiques et idéalistes de l'amour à la Anna Karénine, l'exploit consiste à nous faire partager nos sentiments (notre sympathie, notre pitié) entre des personnages que tout oppose : par exemple Deume le petit bureaucrate médiocre, le timoré, le mal marié, et Solal le splendide, l'éclatant, le solaire (son nom nous y invite). On pense que Deume meurt, et Cohen en fait un moment suprêmement émouvant : or il vivra ; Solal triomphe : or il mourra. Ce qui compte alors, c'est moins le fait que l'un ou l'autre vive ou meure, c'est plutôt l'entrelacement subtil de faits, de pensées, d'impressions, qui conduisent nos actes et notre devenir (et donc ceux des personnages, si minutieusement analysés), et c'est surtout, peut-être, la compassion que mérite toute créature humaine dès lors qu'on se donne la peine d'entrer dans ses raisons et dans ses sentiments.

* * *

Il apparaît donc en définitive que l'opinion exprimée par le journaliste, après analyse, n'est vraie que dans la mesure où l'on accepte le présupposé sous-jacent à sa phrase, selon lequel la mort (la mort réelle, ou bien celle du personnage de roman) constituerait toujours et nécessairement une fin. Cela peut être factuellement vrai, mais nous avons montré d'une part que, même lorsque c'est vrai, c'est-à-dire lorsque la mort termine le livre, l'auteur l'utilise pour en tirer un bilan qui va même au-delà de la vie du personnage pour s'étendre à une conception de la réalité ; et d'autre part que, bien souvent, la mort, surtout lorsqu'elle concerne un personnage qui n'est pas strictement nécessaire à la poursuite de la narration, va bien plutôt donner une nouvelle impulsion au récit, l'envoyer vers des directions nouvelles et imprévues, à l'opposé même parfois de ce que cette mort laisserait supposer (jusqu'à découvrir parfois que le mort n'est pas mort !). En ce sens, comme tous les grands ressorts narratifs (l'amour, la vengeance...), la mort n'et jamais, malgré les apparences, « à sens unique » : elle dissimule au contraire une variété de significations qui permettront au roman de toujours nous surprendre, et par là d'accomplir le pacte de lecture par lequel nous en attendons autant du plaisir esthétique qu'une matière à réfléchir sur notre propre vie.

CORPUS

Nous proposons ci-dessous un corpus qui servira de base à une série d'exemples et d'exercices. Les extraits choisis sont des préfaces dans lesquelles l'auteur explicite ses intentions et définit un pacte de lecture.

Objet d'étude : les genres de l'argumentation.

Texte A. Jean Racine (1639-1699), *Phèdre*, extrait de la préface, 1677.

Texte B. Jean-Jacques Rousseau (1712-1778), *La Nouvelle Héloïse*, extrait de la préface, 1761.

Texte C. Stendhal (1783-1842), *La Chartreuse de Parme*, extrait de l'Avertissement, 1839.

Texte A. Jean Racine, *Phèdre*, extrait de la préface, 1677.

Voici encore une tragédie dont le sujet est pris d'Euripide. Quoique j'aie suivi une route un peu différente de celle de cet auteur pour la conduite de l'action, je n'ai pas laissé d'enrichir ma pièce de tout ce qui m'a paru plus éclatant dans la sienne. Quand je ne lui devrais que la seule idée du caractère de Phèdre, je pourrais dire que je lui dois ce que j'ai peut-être mis de plus raisonnable sur le théâtre. Je ne suis point étonné que ce caractère ait eu un succès si heureux du temps d'Euripide, et qu'il ait encore si bien réussi dans notre siècle, puisqu'il a toutes les qualités qu'Aristote demande dans le héros de la tragédie, et qui sont propres à exciter la compassion et la terreur. En effet, Phèdre n'est ni tout à fait coupable, ni tout à fait innocente. Elle est engagée, par sa destinée et par la colère des dieux, dans une passion illégitime, dont elle a horreur toute la première. […] Et lorsqu'elle est forcée de la découvrir, elle en parle avec une confusion qui fait bien voir que son crime est plutôt une punition des dieux qu'un mouvement de sa volonté.

[…] [J]e n'ose encore assurer que cette pièce soit en effet la meilleure de mes tragédies. Je laisse aux lecteurs et au temps à décider de son véritable prix. Ce que je puis assurer, c'est que je n'en ai point fait où la vertu soit plus mise en jour que dans celle-ci. Les moindres fautes y sont sévèrement punies. La seule pensée du crime y est regardée avec autant d'horreur que le crime même. Les faiblesses de l'amour y passent pour de vraies faiblesses ; les passions n'y sont présentées aux yeux que pour montrer tout le désordre dont elles sont cause ; et le vice y est peint partout avec des couleurs qui en font connaître et haïr la difformité. C'est là proprement le but que tout homme qui travaille pour le public doit se proposer […]. Ce serait peut-être un moyen de réconcilier la tragédie avec quantité de personnes célèbres par leur piété et par leur doctrine, qui l'ont condamnée dans ces derniers temps, et qui en jugeraient sans doute plus favorablement si les auteurs songeaient autant à instruire leurs spectateurs qu'à les divertir, et s'ils suivaient en cela la véritable intention de la tragédie.

Texte B. Jean-Jacques Rousseau, *La Nouvelle Héloïse*, extrait de la préface, 1761.

Il faut des spectacles dans les grandes villes, et des Romans aux peuples corrompus. J'ai vu les mœurs de mon temps, et j'ai publié ces lettres. Que n'ai-je vécu dans un siècle où je dusse les jeter au feu !

Quoique je ne porte ici que le titre d'Éditeur, j'ai travaillé moi-même à ce livre, et je ne m'en cache pas. Ai-je fait le tout, et la correspondance entière est-elle une fiction ? Gens du monde, que vous importe ? C'est sûrement une fiction pour vous.

Tout honnête homme doit avouer les livres qu'il publie. Je me nomme donc à la tête de ce recueil, non pour me l'approprier, mais pour en répondre. S'il y a du mal, qu'on me l'impute ; s'il y a du bien, je n'entends point m'en faire honneur. Si le livre est mauvais, j'en suis plus obligé de le reconnaître : je ne veux pas passer pour meilleur que je ne suis.

[…] Ce livre n'est point fait pour circuler dans le monde, et convient à très peu de lecteurs. Le style rebutera les gens de goût, la matière alarmera les gens sévères, tous les sentiments seront hors de la nature pour ceux qui ne croient pas à la vertu. Il doit déplaire aux dévots, aux libertins, aux philosophes : il doit choquer les femmes galantes, et scandaliser les honnêtes femmes. À qui plaira-t-il donc ? Peut-être à moi seul : mais à coup sûr il ne plaira médiocrement à personne.

[…] Pourquoi craindrais-je de dire ce que je pense ? Ce recueil […] convient mieux aux femmes que les livres de philosophie. Il peut même être utile à celles qui dans une vie déréglée ont conservé quelque amour pour l'honnêteté. Quant aux filles, c'est autre chose.

Jamais fille chaste n'a lu de Romans ; et j'ai mis à celui-ci un titre assez décidé pour qu'en l'ouvrant on sût à quoi s'en tenir. Celle qui, malgré ce titre, en osera lire une seule page, est une fille perdue : mais qu'elle n'impute point sa perte à ce livre ; le mal était fait d'avance. Puisqu'elle a commencé, qu'elle achève de lire : elle n'a plus rien à risquer.

Qu'un homme austère en parcourant ce recueil se rebute aux premières parties, jette le livre avec colère, et s'indigne contre l'Éditeur ; je ne me plaindrai point de son injustice ; à sa place, j'en aurais pu faire autant. Que si, après l'avoir lu tout entier, quelqu'un m'osait blâmer de l'avoir publié ; qu'il le dise, s'il veut, à toute la terre, mais qu'il ne vienne pas me le dire : je sens que je ne pourrais de ma vie estimer cet homme-là.

Texte C. Stendhal, *La Chartreuse de Parme*, extrait de l'Avertissement, 1839.

[…] Bien des années avant 1830, dans le temps où nos armées parcouraient l'Europe, le hasard me donna un billet de logement pour la maison d'un chanoine : c'était à Padoue, charmante ville d'Italie ; le séjour s'étant prolongé, nous devînmes amis.

Repassant à Padoue vers la fin de 1830, je courus à la maison du bon chanoine : il n'était plus ; je le savais, mais je voulais revoir le salon où nous avions passé tant de soirées aimables, et, depuis, si souvent regrettées. Je trouvai le neveu du chanoine et la femme de ce neveu qui me reçurent comme un vieil ami. Quelques personnes survinrent, et l'on ne se sépara que fort tard […]. Ce qui nous fit veiller surtout, ce fut l'histoire de la duchesse Sanseverina à laquelle quelqu'un fit allusion, et que le neveu voulut bien raconter tout entière, en mon honneur.

– Dans le pays où je vais, dis-je à mes amis, je ne trouverai guère de soirées comme celle-ci, et pour passer les longues heures du soir je ferai une nouvelle de votre histoire.

[…] Je publie cette nouvelle sans rien changer au manuscrit de 1830, ce qui peut avoir deux inconvénients :

Le premier pour le lecteur : les personnages étant Italiens l'intéresseront peut-être moins, les cœurs de ce pays-là diffèrent assez des cœurs français : les Italiens sont sincères, bonnes gens, et, non effarouchés, disent ce qu'ils pensent ; ce n'est que par accès qu'ils ont de la vanité ; alors elle devient passion, et prend le nom de puntiglio. Enfin la pauvreté n'est pas un ridicule parmi eux.

Le second inconvénient est relatif à l'auteur.

J'avouerai que j'ai eu la hardiesse de laisser aux personnages les aspérités de leurs caractères ; mais, en revanche, je le déclare hautement, je déverse le blâme le plus moral sur beaucoup de leurs actions. À quoi bon leur donner la haute moralité et les grâces des caractères français, lesquels aiment l'argent par-dessus tout et ne font guère de péchés par haine ou par amour ? Les Italiens de cette nouvelle sont à peu près le contraire. D'ailleurs il me semble que toutes les fois qu'on s'avance de deux cents lieues du midi au nord, il y a lieu à un nouveau paysage comme à un nouveau roman. L'aimable nièce du chanoine avait connu et même beaucoup aimé la duchesse Sanseverina, et me prie de ne rien changer à ses aventures, lesquelles sont blâmables.

1. Les instructions officielles

L'épreuve d'écriture d'invention se définit de la manière suivante :

L'écriture d'invention contribue [...] à tester l'aptitude du candidat à lire et comprendre un texte, à en saisir les enjeux, à percevoir les caractères singuliers de son écriture. Elle permet au candidat de mettre en œuvre d'autres formes d'écriture que celle de la dissertation ou du commentaire. Il doit écrire un texte, en liaison avec celui ou ceux du corpus, et en fonction d'un certain nombre de consignes rendues explicites par le libellé du sujet.

L'exercice se fonde, comme les deux autres, sur une lecture intelligente et sensible du corpus, et exige du candidat qu'il se soit approprié la spécificité des textes dont il dispose (langue, style, pensée), afin d'être capable de les reproduire, de les prolonger, de s'en démarquer ou de les critiquer.

En aucun cas on ne demande, le jour de l'examen, l'écriture de textes de pure imagination, libre et sans contrainte. Le document iconographique, s'il est joint au corpus, ne peut servir que de support. En aucun cas il ne sera demandé d'en faire une étude pour lui-même.

L'écriture d'invention peut prendre des formes variées. Toutefois, comme elle se fonde sur les contraintes littéraires des genres inscrits au programme de la classe de première et sur le programme défini par les objets d'étude, et qu'elle doit se prêter à une évaluation objective des correcteurs, elle s'inscrit dans les orientations suivantes :

- article (éditorial, article polémique, article critique, droit de réponse...) ;
- lettre (correspondance avec un destinataire défini dans le libellé du sujet, lettre destinée au courrier des lecteurs, lettre ouverte, lettre fictive d'un des personnages présents dans un des textes du corpus...) ;
- monologue délibératif, dialogue (y compris le dialogue théâtral) ;
- discours devant une assemblée ;
- récit à visée argumentative sous forme de fable, d'apologue...

Lorsqu'elle concerne le genre narratif, elle peut s'appuyer sur des consignes impliquant les transformations suivantes :

- des transpositions (changements de genre, de registre ou de point de vue) ;
- des amplifications (insertion d'une description ou d'un dialogue, poursuite d'un texte, développement d'une ellipse narrative...).

2. Explications

Que retenir des instructions officielles concernant l'épreuve ? Tout d'abord que le texte que doit rédiger le candidat est en étroite relation avec les textes du corpus. L'épreuve comporte deux étapes :

- l'étude des textes, c'est-à-dire un travail sur le sens, l'organisation, le registre, le style et la langue ;

– la production d'un texte à partir de ceux du corpus en se conformant aux consignes données dans l'énoncé du sujet.

Exemple :

Sujet : *En vous inspirant des arguments développés par Racine, Rousseau et Stendhal, vous rédigerez l'article d'un journaliste indigné par l'immoralité d'un roman dont il fait le compte rendu.*

La proposition « en vous inspirant des arguments développés par Racine, Rousseau et Stendhal » suppose une étude préalable des textes. Elle montre aussi que le sujet d'invention est en liaison avec le corpus. Les consignes sont les suivantes : rédiger un article de journal, qui sera un compte rendu d'ouvrage littéraire. L'argumentation sera proche de celle développée par les trois auteurs du corpus. Enfin, le point de vue devra être critique.

Quelles sont les formes que peut prendre l'écriture d'invention ? Elles sont détaillées ci-dessus, sans toutefois que cette liste soit exhaustive.

On peut demander au candidat de produire un certain type de texte : article, lettre, dialogue ou monologue, discours, essai, fable... La dimension argumentative est généralement très importante.

On peut demander un travail plus poussé sur le style et le registre, notamment pour les candidats qui se présentent dans les séries littéraires : écriture par amplification (voir partie I), parodie et pastiche.

Dans le cas du pastiche, il faut avoir assimilé les caractéristiques stylistiques du texte pour pouvoir les reproduire avec l'exagération qui est la marque du pastiche. Attention, l'effet comique ne vient pas du ton adopté mais de la mise en lumière des caractéristiques de style par grossissement des effets.

Exemple :

Marcel Proust (1871-1922) a écrit des pastiches d'écrivains célèbres, dont un pastiche des frères Goncourt (1919).

- ***Extrait du Journal des Goncourt :***

Hugo, après m'avoir donné la main, est revenu se placer devant la cheminée. Dans la pénombre de l'antiquaille meublante, sous ce jour d'automne, assombri par la vétusté des couleurs des murs et bleuissant de la fumée des cigares, au milieu de ce décor d'un autre temps, où tout est un peu vague, incertain, les choses comme les figures, la tête d'Hugo en pleine lumière se trouve dans son cadre et a grand air. *(7 novembre 1870)*

- ***Pastiche de Proust :***

Dîné avec Lucien Daudet, qui parle avec un rien de verve blagueuse des diamants fabuleux vus sur les épaules de Mme X..., diamants dits par Lucien dans une fort jolie langue, ma foi, à la notation toujours artiste, à l'épellement savoureux de ses épithètes décelant l'écrivain tout à fait supérieur, être malgré tout une pierre bourgeoise, un peu bébête, qui ne serait pas comparable, par exemple, à l'émeraude ou au rubis.

Marcel Proust reprend certaines caractéristiques du style des Goncourt : syntaxe complexe, vocabulaire recherché, voire précieux, ou bien familier (avec un effet appuyé), ton un peu affecté.

Dans le cas de la parodie, on procède par changement de registre, passant du sérieux au comique. La trame du texte doit être respectée.

Exemple :

Paul Scarron (1610-1660) a parodié un épisode célèbre de L'Énéide, *la fuite d'Énée portant son père Anchise sur ses épaules.*

- ***Virgile*, L'Énéide**

« Toi, mon père, prends dans ta main les objets sacrés et les pénates de nos ancêtres ; quant à moi, au sortir d'une lutte si vive et d'un tel carnage, je ne saurais les toucher sans impiété, jusqu'à ce que je me sois purifié dans une eau vive. » À ces mots, j'étends sur mes larges épaules et sur ma nuque inclinée la peau d'un lion fauve et je me place sous mon fardeau. *(II, vers 717 et suivants)*

- ***Paul Scarron*, Le Virgile travesti, *1648-1653.***

L'un prit un poêlon, l'autre un seau,
L'un un plat et l'autre un boisseau.
Je me nantis comme les autres :
Je mis les unes sur les autres
Six chemises, dont mon pourpoint[1]
Fut trop juste de plus d'un point.
On n'oublia pas les cassettes,
Mon fils se chargea des mouchettes[2],
Mon père prit nos dieux en main ;
Car, quant à moi, de sang humain
Ma dextre[3] avait été souillée ;
Devant qu'avoir été mouillée
Dans plusieurs eaux quatre ou cinq fois
Et s'être fait l'ongle des doigts,
Je n'eusse pas osé les prendre.
Quiconque eût osé l'entreprendre
Eût bientôt été loup-garou :
Je n'étais donc pas assez fou.
Enfin, sur mon dos fort et large,
Mon bon père Anchise je charge,
D'une peau de lion couvert,
Et, de peur d'être pris sans vert,
Au côté ma dague tranchante.

1. Vêtement d'homme qui couvre le torse.

2. Ciseaux qui servent à moucher (éteindre) les chandelles.

3. Main droite.

Scarron parodie le texte de Virgile en présentant la scène sous un jour grotesque : vocabulaire familier, détails triviaux et incongrus (pour se débarrasser du sang versé, Énée doit se laver les mains et se couper les ongles).

Enfin, l'amplification consiste à développer le texte, soit en étoffant les idées déjà exprimées, soit en imaginant une suite ou des variations. Le travail peut consister à imaginer la suite d'une histoire à partir des éléments proposés. Le plus souvent, le candidat se voit demander de rédiger une variation sur le texte : développer une argumentation personnelle à partir des idées exposées ou bien écrire un texte sur le modèle de ceux du corpus (fable, scène de théâtre...) et reprenant une thématique semblable.

Exemple :

Sujet : *En vous inspirant des arguments développés par Racine, Rousseau et Stendhal, vous rédigerez l'article d'un journaliste indigné par l'immoralité d'un roman dont il fait le compte rendu.*

Ce sujet offre un exemple d'amplification par variation.

Comme on le voit, l'épreuve d'écriture d'invention est guidée. Elle a pour but d'aider l'élève à se familiariser avec les pratiques d'écriture de manière à pouvoir les analyser et produire lui-même des textes.

▶ FICHE SYNTHÈSE

Caractéristiques du sujet d'écriture d'invention

- Il est en étroite relation avec le corpus : il ne s'agit pas d'un exercice libre d'écriture.
- La nature du texte à produire est clairement déterminée : lettre, article, scène de théâtre, discours, poème…
- L'énoncé indique les contraintes formelles à respecter : visée, registre, effets de style. Les séries littéraires peuvent se voir proposer un travail stylistique (amplification, pastiche, parodie).

EXERCICES

Voir corrigés page 186

1 ▶ Article de journal, lettre, dialogue, discours, essai, fable : ces différents types de textes ont des traits distinctifs qui peuvent vous guider dans la rédaction. Définissez-les brièvement.

2 ▶ Les *Exercices de style* (1947) de Raymond Queneau reposent sur le principe de la réécriture d'une même anecdote selon des contraintes indiquées dans le titre de chaque passage. Analysez les extraits suivants en déterminant les procédés auxquels a recours Queneau.

Notations

Dans l'S, à une heure d'affluence. Un type dans les vingt-six ans, chapeau mou avec cordon remplaçant le ruban, cou trop long comme si on lui avait tiré dessus. Les gens descendent. Le type en question s'irrite contre un voisin. Il lui reproche de le bousculer chaque fois qu'il passe quelqu'un. Ton pleurnichard qui se veut méchant. Comme il voit une place libre, se précipite dessus.

Deux heures plus tard, je le rencontre Cour de Rome, devant la gare Saint-Lazare. Il est avec un camarade qui lui dit : « Tu devrais faire mettre un bouton supplémentaire à ton pardessus. » Il lui montre où (à l'échancrure) et pourquoi.

Métaphoriquement

Au centre du jour, jeté dans le tas des sardines voyageuses d'un coléoptère à l'abdomen blanchâtre, un poulet au grand cou déplumé harangua soudain l'une, paisible, d'entre elles et son langage se déploya dans les airs, humide d'une protestation. Puis, attiré par un vide, l'oisillon s'y précipita.

Dans un morne désert urbain, je le revis le jour même se faisant moucher l'arrogance pour un quelconque bouton.

Rétrograde

Tu devrais ajouter un bouton à ton pardessus lui dit son ami. Je le rencontrai au milieu de la Cour de Rome, après l'avoir quitté se précipitant avec avidité vers une place assise. Il venait de protester contre la poussée d'un autre voyageur, qui, disait-il, le bousculait chaque fois qu'il descendait quelqu'un. Ce jeune homme décharné était porteur d'un chapeau ridicule. Cela se passa sur la plate-forme d'un S complet ce midi-là.

Récit

Un jour vers midi du côté du parc Monceau, sur la plate-forme arrière d'un autobus à peu près complet de la ligne S (aujourd'hui 84), j'aperçus un personnage au cou fort long qui portait un feutre mou entouré d'un galon tressé au lieu de ruban. Cet individu interpella tout à coup son voisin en prétendant que celui-ci faisait exprès de lui marcher sur les pieds chaque fois qu'il montait ou descendait des voyageurs. Il abandonna d'ailleurs rapidement la discussion pour se jeter sur une place devenue libre.

Deux heures plus tard, je le revis devant la gare Saint-Lazare en grande conversation avec un ami qui lui conseillait de diminuer l'échancrure de son pardessus en en faisant remonter le bouton supérieur par quelque tailleur compétent.

Raymond QUENEAU, *Exercices de style*, Gallimard, 1947.

Présentation de l'épreuve - Corrigés

1 ▶ La dimension argumentative est essentielle dans ces différents types de texte : il faut toujours organiser les idées de manière logique, selon une progression cohérente, avec un début (introduction), un milieu (développement) et une fin (conclusion). L'organisation doit s'adapter au genre du texte, elle ne sera pas la même pour un discours ou un dialogue. Il faut penser à agencer un éventuel échange d'opinions contraires dans l'article, le dialogue, le discours ou l'essai. L'identité du destinataire peut être implicite ou explicite.

Dans le cas du dialogue, il faut veiller à la bonne répartition des répliques entre les différents personnages et indiquer les jeux de scène appropriés. Dans le cas de la fable, il convient de soigner tout particulièrement la « morale » de la fable, qui résume en fait son contenu. Cela suppose de commencer par définir la morale pour ensuite construire la fable.

2 ▶ ***Notations :*** il s'agit du premier texte du recueil, celui qui donne les indications nécessaires pour bâtir l'anecdote. Le style se veut neutre, objectif. On remarque beaucoup de phrases sans verbe, qui accumulent les précisions.

Métaphoriquement : le style repose sur l'utilisation d'images. On relève ainsi une métaphore filée : l'homme est comparé à un « poulet », puis à un « oisillon ». Autre exemple de métaphore : le bus est désigné comme un « coléoptère à l'abdomen blanchâtre ».

Rétrograde : prenant l'adjectif « rétrograde » au sens littéral (qui va en arrière), Queneau raconte l'histoire en commençant par la fin et en déroule les péripéties à l'envers.

Récit : le texte offre un aperçu de style narratif (phrases bien construites, nombreuses précisions, style soutenu).

1. Approfondir les liens entre les textes

Vous avez déjà pris connaissance du corpus au cours d'une première lecture. Il s'agit maintenant de relire les textes à la lumière du sujet d'écriture d'invention, que vous venez de choisir. Il convient d'approfondir les caractéristiques d'écriture des textes et les liens qu'ils entretiennent les uns avec les autres. Ces liens peuvent être multiples et variés : thématique semblable traitée sous diverses formes, textes d'un même auteur, adaptation théâtrale d'un texte romanesque, illustration d'un genre littéraire (fable, lettre, etc.)...

Chaque cas de figure demande un travail particulier : face à un même thème traité de manières différentes, vous vous interrogerez sur la diversité d'approches.

Exemple :

Le thème de la mort peut être proposé à travers une fable de La Fontaine (La Mort et le Bûcheron), *un passage des* Essais *de Montaigne et des* Rêveries du promeneur solitaire *de Rousseau, un extrait de la pièce de Ionesco,* Le roi se meurt. *C'est la thématique qui constitue le lien évident entre ces textes. Il s'agit alors d'étudier ce que la forme littéraire (poétique, théâtrale, romanesque) apporte à la thématique.*

Face aux textes d'un même auteur, vous aurez plutôt tendance à confronter les différences de perspective : évolution de la pensée de l'auteur, traitement d'un même matériau sous diverses formes littéraires avec des visées différentes, etc. S'agissant de la transposition d'un roman en pièce de théâtre, vous vous attacherez aux modifications d'écriture (*cf. infra*). Enfin, si vous avez plusieurs exemples d'un même genre littéraire, vous vous intéresserez avant tout aux caractéristiques de ce genre.

Exemple :

Un corpus composé de plusieurs poèmes vous amènera à questionner les spécificités de l'écriture poétique.

2. S'interroger sur les caractéristiques d'écriture

L'étude du lien unissant les textes du corpus fait naturellement intervenir un questionnement sur l'écriture : écriture propre à un genre littéraire, passage d'un genre à un autre avec modification des caractéristiques d'écriture (du roman au théâtre notamment), thématique traitée sous diverses formes. Il faut à la fois s'interroger sur les traits d'écriture propres au genre et au registre et sur les spécificités de l'auteur.

Exemples :

*– Le corpus proposé dans cette partie comprend trois textes qui sont tous des préfaces : une préface de tragédie (*Phèdre*), deux préfaces de roman (*La Nouvelle Héloïse *et* La Chartreuse de Parme*). Les textes vont du* XVIIe *au* XIXe *siècle.*

Qu'est-ce qu'une préface ? Elle introduit le texte, explique certains points, les justifie, prévoit les objections du lecteur, sollicite sa bienveillance. Rédigée par l'auteur, parfois par l'éditeur, elle instaure un rapport explicite entre l'auteur et le lecteur. Morceau obligé, la préface est parfois un manifeste des idées esthétiques de l'auteur. Elle peut aussi être considérée comme une convention dont l'auteur fait un usage ironique (voir l'Avertissement écrit par Stendhal au début de La Chartreuse de Parme*).*

Texte A (p. 177) : il s'agit de la préface à la tragédie de Racine, Phèdre, *publiée en 1677. Elle situe la pièce par rapport à sa source d'inspiration antique (Euripide) ; elle dépeint le caractère du personnage principal et affirme le caractère moral de la pièce. L'auteur cherche à désarmer les critiques. Visée : convaincre et justifier.*

Texte B (p. 178) : préface au roman de Rousseau, La Nouvelle Héloïse *(1761). L'auteur justifie le caractère moral de son œuvre en disqualifiant d'emblée tous ses détracteurs. Il souligne la nature exceptionnelle de l'ouvrage, peu fait pour plaire. Registre sérieux, voire dramatique.*

Texte C (p. 179) : préface au roman de Stendhal, La Chartreuse de Parme *(1839). Elle explique la genèse du roman et reprend l'argument moral avec ironie en le retournant contre l'esprit français.*

On retrouve les caractéristiques de l'écriture de préface : adresse au lecteur, justification de l'ouvrage, reprise d'un thème commun (la signification morale de l'œuvre). Racine et Rousseau utilisent la préface pour expliciter et justifier leur texte, Stendhal la détourne par l'ironie en traitant avec désinvolture le thème moral.

– L'écriture de Rousseau, que ce soit dans Les Confessions *ou* Les Rêveries du promeneur solitaire, *est très souvent marquée par le rythme binaire ou ternaire des phrases. C'est là une caractéristique de son style.*

▶ FICHE SYNTHÈSE

Approfondir les liens entre les textes du corpus :

– une seule thématique traitée sous diverses formes (poésie, théâtre, lettre, roman, essai…) ;
– textes d'un même auteur ;
– adaptation théâtrale d'un roman ;
– ensemble de textes appartenant à un même genre littéraire.

Étudier le corpus en fonction du lien qui unit les textes :

– variété des perspectives et des effets produits par la reprise d'une même thématique sous des formes littéraires différentes ;
– évolution de la pensée et de l'écriture d'un auteur ;
– modification de l'écriture par transposition d'un genre à un autre ;
– traits d'écriture spécifiques à un genre donné.

EXERCICE Voir corrigé page 191

1 ▶ Quelles sont les principales modifications liées au passage du roman au théâtre ?

Alexandre DUMAS fils, *La Dame aux camélias* (chapitre X), 1848.

La courtisane Marguerite Gautier souffre de la tuberculose. Réfugiée dans sa chambre au cours d'une fête, elle est rejointe par le jeune Armand Duval, amoureux d'elle.

La chambre où elle s'était réfugiée n'était éclairée que par une seule bougie posée sur une table. Renversée sur un grand canapé, sa robe défaite, elle tenait une main sur son cœur et laissait pendre l'autre. Sur la table il y avait une cuvette d'argent à moitié pleine d'eau ; cette eau était marbrée de filets de sang.

Marguerite, très pâle et la bouche entrouverte, essayait de reprendre haleine. Par moments, sa poitrine se gonflait d'un long soupir qui, exhalé, paraissait la soulager un peu, et la laissait pendant quelques secondes dans un sentiment de bien-être.

Je m'approchai d'elle, sans qu'elle fît un mouvement, je m'assis, et pris celle de ses mains qui reposait sur le canapé.

— Ah ! c'est vous ? me dit-elle avec un sourire.

Il paraît que j'avais la figure bouleversée, car elle ajouta :

— Est-ce que vous êtes malade aussi ?

— Non ; mais vous, souffrez-vous encore ?

— Très peu ; et elle essuya avec son mouchoir les larmes que la toux avait fait venir à ses yeux ; je suis habituée à cela maintenant.

— Vous vous tuez, Madame, lui dis-je alors d'une voix émue ; je voudrais être votre ami, votre parent, pour vous empêcher de vous faire mal ainsi.

— Ah ! cela ne vaut vraiment pas la peine que vous vous alarmiez, répliqua-t-elle d'un ton un peu amer ; voyez si les autres s'occupent de moi ; c'est qu'ils savent bien qu'il n'y a rien à faire à ce mal-là.

Après quoi elle se leva et, prenant la bougie, elle la mit sur la cheminée et se regarda dans la glace.

— Comme je suis pâle ! dit-elle en rattachant sa robe et en passant ses doigts sur ses cheveux délissés. Ah ! bah ! allons-nous mettre à table. Venez-vous ?

Mais j'étais assis et je ne bougeais pas.

Elle comprit l'émotion que cette scène m'avait causée, car elle s'approcha de moi et, me tendant la main, elle me dit :

— Voyons, venez.

Je pris sa main, je la portai à mes lèvres en la mouillant malgré moi de deux larmes longtemps contenues.

Alexandre Dumas fils, *La Dame aux camélias*, drame adapté du roman par l'auteur (scènes 9 et 10), 1852.

Scène 9

Marguerite, *seule, essayant de reprendre sa respiration.* — Ah !... *(Elle se regarde dans la glace.)* Comme je suis pâle !... Ah !... *(Elle met sa tête dans ses mains et appuie ses coudes sur la cheminée.)*

Scène 10

Marguerite, Armand.

Armand, *rentrant.* — Eh bien, comment allez-vous, madame ?

Marguerite. — Vous, Monsieur Armand ! Merci, je vais mieux... D'ailleurs, je suis accoutumée...

Armand. — Vous vous tuez ! Je voudrais être votre ami, votre parent, pour vous empêcher de vous faire mal ainsi.

Marguerite. — Vous n'y arriverez pas. Voyons, venez ! Mais qu'avez-vous ?

Armand. — Ce que je vois...

Marguerite. — Ah ! vous êtes bien bon ! Regardez les autres, s'ils s'occupent de moi.

Armand. — Les autres ne vous aiment pas comme je vous aime.

Marguerite. — C'est juste ; j'avais oublié ce grand amour.

Armand. — Vous en riez ?

Marguerite. — Dieu m'en garde ! J'entends tous les jours la même chose ; je n'en ris plus.

Armand. — Soit ; mais cet amour vaut bien une promesse de votre part.

Marguerite. — Laquelle ?

Armand. — Celle de vous soigner.

1 ▶ On passe de la narration à l'organisation en dialogues (échange de répliques). Certaines indications fournies par la narration disparaissent de la version théâtrale ou sont reprises de manière succincte dans les didascalies. Par exemple, le second paragraphe est repris dans le jeu de scène : « Marguerite, seule, essayant de reprendre sa respiration. » D'autres détails apparaissent à un endroit différent du texte. Ainsi la mention de la pâleur de Marguerite apparaît à la fin de la scène romanesque et au début de la scène théâtrale : les éléments sont réorganisés. Le dialogue du roman et celui de la pièce offrent des similitudes évidentes mais dans la pièce, l'accent est mis sur la parole plutôt que sur les silences ou les gestes d'Armand. L'enjeu est la réitération de l'aveu d'amour par Armand.

Analyser l'énoncé du travail d'écriture

L'exercice d'écriture d'invention est lié au corpus proposé. Ce n'est pas un exercice libre d'improvisation. Le libellé du sujet comporte ainsi les contraintes auxquelles devra se plier le candidat. Il est donc particulièrement important de bien analyser le sujet pour ne pas s'engager sur une voie erronée. Par ailleurs, les questions sont censées fournir des éléments qui aident à traiter ensuite le sujet de rédaction.

1. Lire l'énoncé

L'approche est, bien entendu, la même que pour les questions (voir partie I, séquence 2). On commence par examiner les termes de l'énoncé pour en repérer les mots clefs, on les souligne ou on les entoure, puis on essaie de reformuler l'ensemble avec des mots simples.

Exemple :

Sujet : *En vous inspirant des arguments développés par Racine, Rousseau et Stendhal, vous rédigerez l'article d'un journaliste indigné par l'immoralité d'un roman dont il fait le compte rendu.*

Mots clefs : *« inspirant », « arguments », « article », « journaliste », « indigné », « compte rendu de roman ». Nouvelle formulation : écrivez un article de journal qui dénonce l'immoralité d'un roman, en vous appuyant sur les idées de Racine, de Rousseau et de Stendhal.*

2. Déterminer ce qui est demandé

▸ L'énoncé indique en général :

• le type de texte à produire : dialogue, monologue, essai, article, lettre, discours, etc. ;

• la visée du texte : dénoncer, faire l'éloge ou la critique, convaincre... ;

• les conditions d'énonciation : l'identité de celui qui écrit, les destinataires ;

• le contenu ;

• les contraintes de langue et de style.

Il souligne les rapports entre les enjeux du texte et sa dimension formelle, entre la visée et les procédés de style. Selon le but du texte (convaincre, plaire, émouvoir, critiquer), le style et les procédés rhétoriques varient en fonction de l'effet recherché.

▸ Il précise aussi le lien qui rattache le texte à produire au corpus :

• produire un texte sur le même modèle (scène de théâtre, fable, essai...) ;

• faire un pastiche ;

• transposer un texte sérieux sous forme parodique ;

• développer une argumentation à partir des textes initiaux (article critique, essai...).

Exemples :

Pour traiter le sujet proposé dans l'exemple précédent, vous devez développer votre propre argumentation à partir des idées exposées par Racine, Rousseau et Stendhal. Ces idées serviront de base de réflexion pour vous permettre de bâtir votre texte.

***Sujet :** Réécrivez la scène de Labiche en la transposant sur le mode tragique : désespérés, les amis Armand et Daniel se découvrent rivaux en amour.*

La scène initiale sert de point de départ à une transposition dans un autre registre.

FICHE SYNTHÈSE

Aborder l'énoncé :

- repérez les mots clefs ;
- reformulez le sujet avec vos propres mots si nécessaire.

Déterminer ce qui est demandé :

- soyez attentifs aux indications fournies (nature du texte à produire, visée, destinataires, consignes de style et de registre) ;
- repérez le lien entre le texte à écrire et ceux du corpus (écrire un développement, une variation, un pastiche...).

EXERCICES

Voir corrigés page 195

Analysez les sujets suivants :

1 **Transformez le dialogue des époux Smith sur Bobby Watson en monologue. Vous amplifierez les propos tenus en y introduisant précisions et explications.**

2 **Réécrivez la scène de Labiche en la transposant sur le mode tragique : désespérés, les amis Armand et Daniel se découvrent rivaux en amour.**

Analyser l'énoncé - Corrigés

1 ▶ Mots clefs : transformer, dialogue, monologue, amplifier. Indications fournies : écrire un monologue, développer les idées du texte. Le récit doit reprendre les propos échangés par les Smith en les transformant de manière adéquate.

2 ▶ Mots clefs : « réécrivez », « transposant », « mode tragique ». Nouvelle formulation : réécrivez la scène de Labiche en la transformant en scène tragique. Indications fournies : produire un autre texte théâtral en reprenant le déroulement du texte original mais en changeant de registre (passage du comique au tragique).

Quel que soit le type de texte que l'on demande au candidat d'écrire, il y a quelques principes généraux à suivre pour préparer efficacement le travail de rédaction. Cette préparation est d'autant plus importante que le candidat n'a pas le temps de rédiger au brouillon mais qu'il doit écrire directement au propre. Il faut donc qu'il ait tous les éléments à sa disposition.

1. Déterminer les contraintes

• Quel type de texte devez-vous produire ? La nature du texte vous inscrit d'emblée dans un cadre d'ensemble et dans une logique.

– Dialogue : répartition de la parole entre plusieurs personnages, éventuels jeux de scène.

– Essai, discours, lettre : dimension argumentative.

– Début de roman : informations sur la nature du récit (texte à la première ou à la troisième personne), temps du récit, personnages, situation historique et géographique, intrigue, registre choisi, style, rapport entre l'auteur, le narrateur et le lecteur...

• Quel sera le système d'énonciation ? Il faut déterminer l'auteur du texte, ses éventuels destinataires (correspondant, lecteur, public...). Les caractéristiques de celui qui écrit déterminent son écriture : qui est-il ? quel est son but ?

• Quel est l'objectif du texte ? S'agit-il de convaincre, de critiquer, de louer, d'exposer ses idées, ses sentiments ? Quel est le rapport entre celui qui écrit et son destinataire ?

• Quelles sont les contraintes de style ? Elles peuvent être liées à la visée du texte, à l'identité de l'auteur, ou bien résulter d'une indication explicite : écrire un pastiche, une parodie, procéder par amplification.

2. Définir les liens avec le corpus

Le texte que vous devez écrire est toujours lié aux textes du corpus. Il peut s'agir d'inventer un texte émanant d'un des personnages présents dans le corpus, ou de donner votre point de vue sur une question traitée dans les textes en vous inspirant des arguments déjà développés. Il s'agit très souvent d'exploiter l'argumentation, d'en développer une autre à partir de ce qui est dit. Dans le cas de la parodie, du pastiche ou de l'amplification, le lien stylistique est particulièrement étroit.

3. Définir des lignes directrices

• Il faut tout d'abord déterminer votre problématique, l'orientation de votre texte et de votre argumentation : quel point de vue adoptez-vous, à qui vous adressez-vous, quelles idées souhaitez-vous développer ? Écrivez vos idées sur un brouillon de manière à ce qu'elles soient claires pour vous. Si vous devez rédiger un dialogue, mettez en place vos personnages.

• Définissez la manière dont vous allez vous exprimer : quel style voulez-vous adopter ? Quels procédés rhétoriques allez-vous utiliser ? Vous pouvez noter au brouillon quelques expressions et formules qui vous semblent importantes.

• Construisez votre texte en organisant vos idées de manière logique, en fonction du type de texte que vous rédigez. Il faut viser à un déroulement cohérent de l'ensemble. Marquez les articulations, les transitions, la structure d'ensemble. Vous devez disposer au brouillon d'un plan détaillé qui indique clairement les parties, le déroulement des idées, les idées elles-mêmes, des éléments de style si vous le jugez nécessaire.

Exemple :

• ***Préparer la rédaction (sujet proposé p. 184).***

– Rédiger un article de journal qui fasse un compte rendu de roman. L'auteur : un journaliste qui dénonce avec indignation l'immoralité de l'ouvrage. Ses destinataires : les lecteurs du journal. Importance de la dimension argumentative. Pour les idées, s'inspirer des arguments de Racine, de Rousseau et de Stendhal.

– Définir le cadre : le journaliste écrit au XIXe siècle. C'est un homme. Il fait le compte rendu d'un roman de l'écrivain Rougemont (nom inventé), bien connu du public pour ses écrits sulfureux.

• ***Idées et plan :***

– annonce de la parution d'un roman de Rougemont ;
– bref rappel sur l'auteur (qui indique déjà le point de vue du journaliste) ;
– résumé de l'action du roman ;
– jugement : les personnages, le style ;
– hypocrisie de la préface (le roman est moral, ses censeurs ne le sont pas) ;
– conclusion.

FICHE SYNTHÈSE

Déterminer les contraintes :

- nature du texte ;
- système d'énonciation ;
- objectif du texte ;
- contraintes de registre et de style.

Définir les liens avec le corpus.

Définir les lignes directrices :

- déterminez votre problématique et vos effets de style ;
- organisez vos idées au brouillon.

EXERCICE Voir corrigé page 200

1 Préparez la rédaction du sujet d'écriture lié au corpus de la partie I (p. 31-34) :

« Transformez le dialogue des époux Smith sur Bobby Watson en monologue. Vous amplifierez les propos tenus en y introduisant précisions et explications. »

Préparer la rédaction - Corrigés

1 • On passe du dialogue au monologue. Les personnages disparaissent au profit d'un seul. Il faut suivre le déroulement du texte initial, respecter l'ordre des répliques, reprendre les propos en les développant à l'aide de précisions.

• Définir le cadre : le personnage est un lecteur assidu de la rubrique de l'état civil dans le journal. Ses commentaires sont absurdes.

Idées et plan :

– intérêt pour la rubrique de l'état civil ;

– fait étonnant : on n'indique jamais l'âge des nouveau-nés (injustice) ;

– personne ne se pose de questions à ce sujet ;

– émotion : annonce de la mort de Bobby Watson (en fait le personnage est déjà au courant) ;

– chronologie de la mort et de l'enterrement ;

– en fait, l'annonce ne figure pas sur le journal. C'est une association d'idées ;

– B. Watson bien conservé ;

– B. Watson, homme ou femme ?

Remarque

Il n'est pas nécessaire de tout indiquer dans les moindres détails. Il faut seulement avoir une idée claire de l'ensemble.

Contrairement aux autres sujets, l'écriture d'invention est un exercice d'imagination et non un exercice critique. La rédaction ne se présente pas sous la forme d'une introduction avec explication du sujet, d'un développement et d'une conclusion. Pour autant, le souci de clarté et de cohérence ne doit pas être absent, loin de là.

1. Un texte cohérent

• Tout texte doit avoir un début, un milieu et une fin, c'est-à-dire une progression maîtrisée et porteuse de sens. Il est important que les enjeux de votre texte soient clairs pour le lecteur. Il faut donc soigner la composition, la formulation des idées, leur déroulement, les transitions. Introduction et conclusion ont tout à fait leur place dans un texte d'invention : introduction d'un discours ou d'un essai pour poser la problématique, introduction d'une lettre, propos engageant le dialogue, etc. De la même façon, il faut clore votre texte de manière adéquate. L'introduction et la conclusion contribuent largement à la clarté de l'ensemble.

• Veillez soigneusement à la présentation visuelle du texte. Les paragraphes sont préférables à un pavé de texte, ils doivent refléter le déroulement de l'action ou des idées. Sautez des lignes si nécessaire, mais sans abus. Dans le cas d'un dialogue, indiquez clairement le nom des personnages avant chaque réplique. Si vous mentionnez un jeu de scène, indiquez-le entre parenthèses, de manière à le distinguer des paroles échangées. Tous ces efforts de présentation permettent au lecteur de bien comprendre votre texte.

2. Les effets de style

Quel que soit le travail stylistique, les idées doivent demeurer claires. Les effets de style ne doivent pas obscurcir le propos mais, au contraire, le servir. Les figures de style, les procédés rhétoriques seront en étroite relation avec la visée du texte et le registre choisi. Si par exemple vous recherchez une écriture emphatique, privilégiez les hyperboles, les accumulations, les énumérations, les termes exprimant l'exagération, les apostrophes... N'employez pas de litotes.

Exemple :

Raymond Queneau, Exercices de style, *Gallimard, 1947*

Notations

Dans l'S, à une heure d'affluence. Un type dans les vingt-six ans, chapeau mou avec cordon remplaçant le ruban, cou trop long comme si on lui avait tiré dessus. Les gens descendent. Le type en question s'irrite contre un voisin. Il lui reproche de le bousculer chaque fois qu'il passe quelqu'un.

Ton pleurnichard qui se veut méchant. Comme il voit une place libre, se précipite dessus.

Deux heures plus tard, je le rencontre Cour de Rome, devant la gare Saint-Lazare. Il est avec un camarade qui lui dit : « Tu devrais faire mettre un bouton supplémentaire à ton pardessus. » Il lui montre où (à l'échancrure) et pourquoi.

• ***Réécrire le texte* Notations *sur un ton indigné :***

J'étais dans l'autobus de la ligne S à l'heure d'affluence, ce moment insupportable où l'on s'entasse comme des sardines dans les transports en commun. Et ne voilà-t-il pas qu'un casse-pieds long comme un jour sans pain, coiffé d'un chapeau ridicule avec un cordon en guise de ruban (un cordon !), commence à faire des problèmes. Il se met à apostropher son voisin de la façon la plus impolie en lui reprochant (non mais, imaginez un peu !) de le bousculer chaque fois que des voyageurs montent ou descendent. Il avait un de ces tons pleurnichards qui me donnait envie de lui coller une gifle. Et non content d'avoir irrité tout le monde avec ses jérémiades, voilà monsieur qui se précipite sur une place libre sans se soucier d'une vieille dame qui en avait plus besoin que lui.

Pour couronner le tout, je tombe sur le même individu deux heures plus tard devant la gare Saint-Lazare. Il était avec un type du même acabit qui lui donnait des conseils vestimentaires.

• ***La subjectivité du narrateur indigné se traduit par :***

– le choix des adjectifs : « insupportable », « impolie », « ridicule » ;

– la connotation péjorative des termes : « s'entasser », « individu », « type », « jérémiades » ;

– les appels au destinataire sous la forme de parenthèses : « (un cordon !) », « (non mais, imaginez un peu !) » ;

– la familiarité qui traduit l'exaspération : « faire des problèmes », « coller une gifle », « pour couronner le tout ».

Veillez à ce que vos procédés s'insèrent avec vraisemblance dans votre texte sans le transformer en démonstration de style : il s'agit d'exprimer l'emphase, l'indignation, le grotesque, le tragique, non pas de les parodier par des effets stylistiques excessifs.

3. Quelques conseils

Le parti pris de la clarté est toujours le meilleur. Maîtrisez le style et l'expression. Écrivez lisiblement, en laissant une marge pour le correcteur. Évitez les ratures et relisez-vous pour vous corriger avant de rendre votre copie.

Exemple :

Rédaction du sujet proposé p. 184.

M. Rougemont a fait dernièrement paraître un roman intitulé Thérèse. *M. Rougemont est bien connu de nos lecteurs. Il fait partie de ce groupe de romanciers qui se disent « naturalistes » et qui, au nom d'une soi-disant vérité, abreuvent les lecteurs d'ouvrages obscènes et bâclés.*

Son roman Thérèse *ne fait pas exception à la règle. C'est l'histoire d'une femme du peuple, comme on dit. M. Rougemont a l'habitude de choisir ses personnages parmi le peuple. Soit. Mais il ne décrit pas une femme pauvre, honnête et travailleuse, comme il y en a. Non, il fait de sa Thérèse une courtisane en herbe, une jeune femme cynique qui se sert des avantages que lui a consentis la nature pour faire son chemin dans la société. Nous la voyons ainsi gagner en assurance après avoir séduit un fils de bonne famille, puis s'élever progressivement dans les couches de la société, passer scandaleusement d'un amant à l'autre sans l'ombre d'un sentiment. Il est vrai que Thérèse s'intéresse surtout aux avantages matériels que lui procurent ses conquêtes. Peut-être penserez-vous qu'après une ascension aussi rapide, elle connaît une chute tout aussi foudroyante. Point du tout ! M. Rougemont termine son roman par une peinture du vice triomphant, et ce avec la plus parfaite effronterie.*

J'ose le dire, et je le répéterais à la face de M. Rougemont lui-même : ce livre est une insulte à tout honnête homme. Qu'y voyons-nous ? Des personnages dépravés, guidés par la cupidité ou les bas instincts, une image dévoyée de la femme, compagne douce et fidèle, épouse vertueuse, mère attentionnée de nos enfants. Et que dire du style ! M. Rougemont semble avoir oublié la plus élémentaire décence : le style est trivial, les effets faciles, rien n'est épargné au lecteur.

Mais le plus scandaleux est encore l'hypocrisie de M. Rougemont. La préface du roman est un chef-d'œuvre de mauvaise foi. M. Rougemont ne va-t-il pas jusqu'à prétendre dénoncer l'immoralité de notre société au travers de son personnage ? Il fait, dit-il, la peinture fidèle de la corruption de nos mœurs. Il s'arrange pour disqualifier par avance toute critique en l'imputant à l'hypocrisie du lecteur. Eh bien, non, M. Rougemont ! Je le proclame hautement : notre société a peut-être ses travers, mais elle ne ressemble pas à la peinture que vous en faites. Vos lecteurs ont encore le sens des valeurs morales et savent reconnaître la corruption là où elle se trouve.

C'est vous, M. Rougemont, qui corrompez le lecteur de bonne foi en lui infligeant un ouvrage scandaleux, pernicieux et mal écrit. Vous corrompez le goût et l'esprit, vous vous délectez à peindre des scènes immorales tout en prétendant les dénoncer. Honte à vous, M. Rougemont, qui avez quitté le chemin des sentiments nobles et élevés suivi par vos illustres devanciers. N'attendez pas de nous une coupable indulgence. Je le déclare avec la plus grande conviction : Thérèse *est un roman dangereux, dans les pages duquel il vaut mieux ne pas s'aventurer.*

Remarque

Il ne peut pas y avoir de corrigé type pour l'épreuve d'écriture d'invention. Le texte proposé n'est qu'un exemple de rédaction parmi d'autres.

FICHE SYNTHÈSE

Conseils pour la rédaction :

– veillez à la cohérence du texte (introduction, développement, conclusion) ;
– soignez la présentation visuelle ;
– accordez les effets de style à la problématique ;
– écrivez lisiblement ;
– relisez-vous avant de rendre votre copie.

EXERCICE Voir corrigé page 205

1 ▶ Répondez au sujet lié au corpus de la partie I (p. 31-34):

« Transformez le dialogue des époux Smith sur Bobby Watson en monologue. Vous amplifierez les propos tenus en y introduisant précisions et explications. »

1 ▶ J'aime lire la rubrique de l'état civil dans le journal. C'est l'une de mes occupations favorites. C'est d'ailleurs la seule chose qui m'intéresse dans le journal, mis à part les résultats des courses hippiques. Aujourd'hui, pour la première fois, j'ai remarqué un fait étonnant : dans la rubrique de l'état civil, on donne toujours l'âge des personnes décédées, jamais celui des nouveau-nés. C'est un non-sens. Pourquoi les nouveau-nés seraient-ils traités avec moins de considération que les morts ? Personne ne semble s'être posé la question. Cela n'a rien d'étonnant, d'ailleurs. Les gens ne réfléchissent pas. Posez la question à votre voisin de palier, par exemple : vous constaterez qu'il ne s'est jamais interrogé sur le droit des nouveau-nés à voir publier leur âge dans le journal.

Mais passons. Il y a plus grave. Voilà que dans la rubrique d'aujourd'hui, on annonce la mort de Bobby Watson. Cela m'a fichu un coup. En fait, je le savais déjà. Pensez donc, il est mort il y a deux ans. Quelle triste histoire ! Un véritable imbroglio familial ! Je suis allé à son enterrement il y a un an et demi. Je m'en souviens comme si c'était hier. Nous avons tant pleuré !

En réalité, l'annonce de sa mort ne figure pas dans le journal, j'y ai repensé par association d'idées, probablement à cause de l'âge des nouveau-nés. Je suis comme cela, moi. Toujours en train d'établir des liens entre les choses.

Bref, Bobby Watson était mort. Mais n'allez pas croire qu'il ne se portait pas bien. Non, au contraire, il était très bien conservé, c'était le plus joli cadavre de Grande-Bretagne. Ah, pour ça, il ne paraissait pas son âge. Je connais des vivants qui semblaient moins en forme que lui. Pauvre Bobby, quatre ans qu'il était mort et il était toujours chaud. Et quelle gaieté !

Avec tout cela, les choses auraient été fort simples s'il n'y avait pas eu sa femme. Elle s'appelait comme lui, Bobby Watson. Et comme ils avaient le même nom, on ne pouvait pas les distinguer l'un de l'autre quand on les voyait ensemble. Il faut dire qu'ils ne se ressemblaient pas du tout. Ce n'est qu'après sa mort à lui qu'on a pu savoir qui était l'un et qui était l'autre. Cela dit, certains se trompent aujourd'hui encore et la confondent avec le mort.

D'ailleurs il est fréquent qu'on ne sache pas distinguer le mari et la femme, même quand ils portent un nom différent. Ainsi, nos voisins n'arrêtent pas de nous confondre, ma femme et moi. Je les comprends : moi-même parfois je ne sais plus très bien qui je suis... Mais c'est une longue histoire et je la raconterai une autre fois.

Exemple de sujet corrigé

Corpus :

Textes de Racine, Rousseau et Stendhal (p. 177-178-179).

I. Questions :

1. Quelle est la visée des trois textes proposés ?

2. Quel est le ton adopté par Rousseau et par Stendhal ?

3. Reformulez les arguments de Racine et de Rousseau.

II. Sujet d'écriture :

Vous êtes l'auteur d'une pièce de théâtre. Dans la préface, vous expliquez vos intentions, vos choix et vos perspectives. Vous adoptez le registre qui vous convient (sérieux, ironique, polémique...).

▸ Aborder les questions

1. Quelle est la visée des trois textes proposés ? Mot clef : « visée ». Nouvelle formulation : quel est le but de ces textes ?

2. Quel est le ton adopté par Rousseau et par Stendhal ? Mot clef : « ton ».

3. Reformulez les arguments de Racine et de Rousseau. Mots clefs : « reformuler », « arguments ». Nouvelle formulation : reprenez les idées exprimées par Racine et par Rousseau en utilisant vos propres mots.

Les questions 1 et 3 portent sur le sens du texte, la question 2 sur le registre.

• Préparer la rédaction

1. Préface de *Phèdre* : convaincre le lecteur du caractère moral de la pièce. Phèdre n'est pas criminelle volontairement, rôle de la fatalité. But de la tragédie : instruire tout en divertissant.

Rousseau : rejette les critiques qui concluraient à l'immoralité du roman en disqualifiant par avance leur jugement. L'ouvrage, moral, n'est pas fait pour plaire.

Stendhal : visée ironique. Reprend l'argument moral en feignant de s'y plier et en le détournant. L'immoralité est du côté des censeurs.

2. Rousseau : ton solennel et emphatique. Censurer les mœurs et justifier l'ouvrage. Composition de la préface : propos général sur les mœurs, justification du roman, sa réception. Style fondé sur des effets de rythme binaire et ternaire (*cf.* § 1), exclamations et questions rhétoriques, apostrophes.

Stendhal : ton ironique. Utilisation de l'anecdote et de l'argument moral comme un cliché (*cf.* dernier §). Signe de l'ironie : exagération des termes. Autre effet ironique : l'antiphrase.

3. Racine : source de la pièce, Euripide. Phèdre, personnage qui inspire terreur et pitié, héroïne tragique par excellence. Personnage ambivalent, qui lutte contre la fatalité. Pièce morale : le crime est dépeint comme crime. Conforme à l'objectif du théâtre : divertir et instruire.

Rousseau : roman, littérature appropriée aux sociétés corrompues. Ouvrage peu fait pour plaire, ni par le style, ni par le sujet. Il représente la vertu et sera donc critiqué.

• **Rédiger**

1. Dans leur préface, les trois auteurs devancent les critiques qui pourraient leur être adressées et défendent le caractère moral de leur ouvrage. Racine se sert de son personnage principal, Phèdre, pour justifier sa pièce. Décrivant les souffrances de son héroïne, en proie à une fatalité qu'elle déteste, il affirme n'avoir écrit aucune pièce « où la vertu soit plus mise en jour ». La peinture des crimes sert à les dénoncer. En cela Racine estime répondre à l'objectif de la tragédie : divertir mais aussi instruire. Tandis que Racine cherche à désarmer les critiques, Rousseau, pour sa part, voit dans les détracteurs de *La Nouvelle Héloïse* le témoignage de la corruption des temps où il vit. En défendant son ouvrage, il renvoie l'immoralité du côté des accusateurs.

Stendhal, lui aussi, renvoie l'accusation d'immoralité à ceux qui la formulent, tout en affirmant condamner sans réplique le comportement de ses personnages. Utilisé de manière ironique, l'argument moral apparaît surtout comme un cliché dont l'auteur se moque ouvertement. Pour Stendhal, l'objectif est de plaire et d'émouvoir, non d'instruire.

2. Stendhal et Rousseau défendent dans la préface de leur roman le caractère moral de l'ouvrage. Il s'agit d'un thème fréquent, voire convenu, que les auteurs traitent chacun à leur manière. Pour Rousseau, l'affirmation du caractère moral de *La Nouvelle Héloïse* constitue un enjeu fondamental. Le ton est solennel et emphatique, c'est celui d'un censeur des mœurs qui accuse ses contemporains et se justifie par avance des critiques qui pourraient lui être adressées. Le style traduit l'insistance et la solennité par l'emploi d'apostrophes (« gens du monde »), d'exclamations et de questions rhétoriques, ou encore par le rythme binaire ou ternaire des phrases (« J'ai vu les mœurs de mon temps, et j'ai publié ces lettres. »).

Tout en reprenant lui aussi ce thème, Stendhal le détourne par le biais de l'ironie. L'argument de la moralité du roman est présenté comme un cliché auquel l'auteur feint de se plier. Cependant l'exagération des termes trahit l'ironie : « [...] je le déclare hautement, je déverse le blâme le plus moral sur beaucoup de leurs actions. » Stendhal utilise aussi l'antiphrase, en soulignant l'hypocrisie des comportements dits moraux : « À quoi bon leur donner la haute moralité et les grâces des caractères français, lesquels aiment l'argent par-dessus tout et ne font guère de péchés par haine ou par amour ? » Il faut bien entendu comprendre le contraire de ce qui est dit.

3. Racine s'est inspiré d'Euripide pour sa tragédie et lui a emprunté le personnage de Phèdre. Il explique le succès de ce personnage par sa nature qui suscite la terreur et la pitié, traits spécifiques du héros tragique selon Aristote. En quoi cela consiste-t-il ? À montrer un personnage ambivalent, innocent et coupable à la fois, qui lutte contre la fatalité. Racine qualifie sa pièce de morale car le crime y est dépeint comme crime et non sous des couleurs séduisantes. En cela, Racine dit se conformer à l'objectif de l'homme de théâtre : il faut instruire tout autant que divertir, c'est-à-dire exalter la vertu et condamner le vice.

Rousseau se situe lui aussi dans la perspective morale. Il se revendique romancier car le roman est le genre littéraire approprié à la société corrompue de son temps. L'ouvrage, qui exalte la vertu, n'est pas fait pour plaire, ni par le style, ni par le sujet. Il ne trouvera peut-être pas d'autre lecteur que l'auteur lui-même et, en tout cas, ne saurait laisser indifférent. Toute critique à son égard ne fait que témoigner de l'incompétence du lecteur à reconnaître la vertu lorsqu'elle est dépeinte sous son véritable jour.

▸ Aborder le sujet

Mots clefs : pièce de théâtre, auteur, préface, intentions, registre. Nouvelle formulation : vous avez écrit une pièce de théâtre et vous rédigez une préface dans laquelle vous expliquez ce que vous avez voulu dire dans votre pièce. Indications fournies : genre (préface d'une pièce de théâtre), votre fonction (auteur), visée (expliquer vos intentions), registre libre.

• Préparer le sujet

Choisir la ligne directrice de votre travail. Par exemple, vous êtes un auteur contemporain et vous vous êtes illustré dans le genre du roman. C'est votre première pièce de théâtre. Vous rédigez un texte d'introduction pour expliquer pourquoi vous avez écrit cette pièce et ce que vous vouliez exprimer. Votre thématique : dénoncer l'absurde du quotidien et l'incommunicabilité entre les êtres.

Prévoyez les critiques que l'on pourra vous adresser (thème rebattu, rôle de l'artiste) et essayez d'y répondre par avance.

Choisissez un registre : par exemple, sérieux et polémique.

Organisez votre plan :

- introduction (du romancier au dramaturge) ;
- la tradition théâtrale de l'absurde ;
- un thème rebattu ;
- le rôle de l'artiste ;
- conclusion.

• Rédiger

Il n'est jamais facile pour un auteur de parler de son œuvre, de la commenter, de l'expliciter. Pour ma part, j'ai toujours pensé que l'œuvre parlait d'elle-même, que son auteur y avait mis tout ce qu'il voulait dire. Mais certains textes ont besoin d'une préface et c'est pourquoi je prends aujourd'hui la plume pour infliger au lecteur – qu'il me pardonne – cet exercice convenu que constitue un propos liminaire.

Je me suis jusqu'à présent essayé au roman. *La Perruque de la cantatrice* est ma première pièce. Ceci mérite une explication. Pourquoi, demanderez-vous, un auteur de roman éprouverait-il la tentation de se tourner vers le théâtre ? C'est que le théâtre m'a paru l'expression la plus adéquate de ce que j'appelle « l'absurde au quotidien ». La scène donne à voir, littéralement, l'individu aux prises avec l'absurde dans toutes ses dimensions.

Il y a eu de grands maîtres de l'absurde au théâtre : Alfred Jarry et son personnage d'Ubu, pantin grotesque et délirant ; ou encore Samuel Beckett, qui a porté sur scène l'absurdité tragique de la condition humaine, atteignant des sommets jusqu'alors inégalés. Ma pièce est un hommage à cet autre grand dramaturge de l'absurde qu'est Eugène Ionesco, qui a marqué si profondément le théâtre de son époque.

Les uns ont voulu faire rire, les autres frissonner. Pour ma part, j'ai voulu faire peur, instiller au spectateur l'angoisse que j'éprouve moi-même devant la prolifération de discours de toutes sortes, moral, économique, politique, qui s'entrechoquent sans jamais parvenir à s'entendre. Mes personnages sont des pantins, qui ne réfléchissent ni ne pensent, qui débitent de manière mécanique des clichés qu'ils ne comprennent pas mais auxquels ils croient fermement. Cela pourrait être drôle mais le heurt de ces individus retranchés chacun dans son monde a les conséquences les plus graves, comme on le voit au cours de la pièce.

J'entends déjà les détracteurs de ma pièce me reprocher de ne pas avoir innové, de traiter d'un thème rebattu, l'incommunicabilité entre les êtres, que l'on a mille fois traité dans la littérature et au cinéma. Mais je leur répondrai ceci : la situation n'a pas changé, les clichés sont toujours à l'œuvre, l'incommunicabilité se manifeste tous les jours, pour chacun d'entre nous. Dans nos sociétés, l'artiste se doit d'être un homme engagé, qui lutte, dénonce, montre le danger là où il se cache. Je crois de ma responsabilité d'homme de lettres d'éveiller le spectateur ou le lecteur.

D'autres soupireront : artiste « engagé », le grand mot est lâché. L'œuvre ne doit pas délivrer de message, elle doit exister en tant qu'œuvre et c'est bien suffisant. Justement non, messieurs les critiques. L'artiste ne doit pas s'isoler dans sa tour d'ivoire, insoucieux du monde dans lequel il vit. Il écrit toujours dans un contexte donné et a pour fonction de traduire ce contexte dans son œuvre, pour servir ses contemporains.

Mais en fin de compte, ce ne sont pas les critiques ni même l'auteur qui seront juges. Le public appréciera, c'est lui qui décidera du sort de la pièce. Celle-ci m'échappe désormais pour vivre sa propre existence au travers de ceux qui la jouent, la mettent en scène, l'écoutent. Puisse-t-elle atteindre son objectif et réveiller quelques consciences endormies par la facilité du prêt-à-penser. J'aurai alors rempli ma tâche d'artiste – et de citoyen.

Les objets d'étude

Ils sont au nombre de quatre pour les filières S et ES, six pour les L :

1. Le personnage de roman du XVIIe siècle à nos jours : il doit permettre d'acquérir une « vision du monde », et à travers des modèles humains, découvrir des valeurs et une attitude critique.

2. Le texte théâtral et sa représentation du XVIIe siècle à nos jours : il faut mettre en lumière les rapports du texte et de sa représentation, les données propres à la dramaturgie, les impératifs de la réalisation scénique ; l'élève prendra conscience des évolutions du genre, se confrontera à l'histoire des formes théâtrales.

3. Écriture poétique et quête du sens : à partir de l'histoire du genre, de l'intertextualité et des mouvements esthétiques, il s'agit d'approcher la poésie en tant qu'art du langage suscitant l'imaginaire et l'émotion et de s'interroger sur le rôle et la fonction du poète.

4. La question de l'homme dans les genres de l'argumentation du XVIe siècle à nos jours : cela doit permettre d'ouvrir la réflexion à la condition humaine ; on s'appuiera sur les idées, leur formes, leur contexte – politique, social, religieux, scientifique – ; sur la diversité des genres de l'argumentation.

Pour les élèves de L, deux objets d'étude supplémentaires :

5. Renaissance et humanisme permet de sensibiliser à l'espace culturel européen.

6. Les réécritures du XVIIe siècle à nos jours donnent un aperçu des reprises et des variations des références et modèles offerts par notre héritage civilisationnel ; la prise en compte de l'intertextualité permet d'identifier les notions de genres et de registres

Chacun de ces objets d'étude s'appuie sur une œuvre et un ou deux groupements de texte qui permettent une approche graduée et problématisée. Il est mis en relation avec des domaines plus larges :

– avec l'histoire des arts : les objets d'étude 1 / 3 / 5 / 6 ;

– avec l'Antiquité dans une perspective humaniste : les objets d'étude 2 / 4 / 5 / 6.

Textes proposés en support

Les trois textes ci-dessous serviront de support pour la méthodologie de l'épreuve orale. Chacun peut entrer dans au moins un objet d'étude du nouveau programme :

Texte A. MARIVAUX (1688-1763), *Le Jeu de l'amour et du hasard* (acte III, scène 6), 1730. Le texte théâtral et sa représentation.

Texte B. MARIVAUX, *La Vie de Marianne* (partie I, 1), 1731-1741. Le personnage de roman du XVIIe siècle à nos jours.

Texte C. Pierre de Ronsard (1524-1585), « Mignonne, allons voir si la rose... », *Odes* (livre I, 17), 1550-1555. Écriture poétique et quête de sens.

Les textes B et C peuvent aussi illustrer le quatrième objet d 'étude : la question de l'homme (et donc de la femme) dans les genres de l'argumentation, du XVIe à nos jours.

Ils sont introduits par une question posée par l'examinateur constituant l'axe d'étude à partir duquel conduire l'explication. Pour vous permettre de les imaginer, chaque texte est précédé de trois questions possibles.

Texte et objet d'étude : le texte théâtral et sa représentation.

Questions possibles

- Comment se présente le dialogue dans le théâtre de Marivaux ?
- Quel rôle jouent ici les valets ?
- Pourquoi ce texte appartient-il au comique ?

Texte A. Marivaux, *Le Jeu de l'amour et du hasard*, 1730.

Lisette. — Ah, tirez-moi d'inquiétude ! en un mot qui êtes-vous ?

Arlequin. — Je suis... n'avez-vous jamais vu de fausse monnaie ? Savez-vous ce que c'est qu'un louis d'or faux ? Eh bien, je ressemble assez à cela.

Lisette. — Achevez donc, quel est votre nom ?

Arlequin. — Mon nom ! À part. Lui dirai-je que je m'appelle Arlequin ? non ; cela rime trop avec coquin.

Lisette. — Eh bien ?

Arlequin. — Ah dame, il y a peu à tirer ici ! Haïssez-vous la qualité de soldat ?

Lisette. — Qu'appelez-vous un soldat ?

Arlequin. — Oui, par exemple, un soldat d'antichambre.

Lisette. — Un soldat d'antichambre ! ce n'est donc point Dorante à qui je parle enfin?

Arlequin. — C'est lui qui est mon capitaine.

Lisette. — Faquin !

Arlequin, *à part.* — Je n'ai pu éviter la rime.

Lisette. — Mais voyez ce magot ; tenez !

Arlequin, *à part.* — La jolie culbute que je fais là !

Lisette. — Il y a une heure que je lui demande grâce et que je m'épuise en humilités pour cet animal-là !

Arlequin. — Hélas, Madame, si vous préfériez l'amour à la gloire, je vous ferais bien autant de profit qu'un monsieur.

Lisette, *riant.* — Ah, ah, ah, je ne saurais pourtant m'empêcher d'en rire ; avec sa gloire ! et il n'y a plus que ce parti-là à prendre... Va, va, ma gloire te pardonne, elle est de bonne composition.

ARLEQUIN. — Tout de bon, charitable Dame ? ah, que mon amour vous promet de reconnaissance !

LISETTE. — Touche là, Arlequin ; je ne suis pas dupe : le soldat d'antichambre de Monsieur vaut bien la coiffeuse de Madame.

ARLEQUIN. — La coiffeuse de Madame !

LISETTE. — C'est mon capitaine ou l'équivalent.

ARLEQUIN. — Masque !

LISETTE. — Prends ta revanche.

Arlequin. — Mais voyez cette magotte, avec qui, depuis une heure, j'entre en confusion de ma misère !

LISETTE. — Venons au fait ; m'aimes-tu ?

ARLEQUIN. — Pardi oui, en changeant de nom, tu n'as pas changé de visage, et tu sais bien que nous nous sommes promis fidélité en dépit de toutes les fautes d'orthographe.

LISETTE. — Va, le mal n'est pas grand, consolons-nous ; ne faisons semblant de rien, et n'apprêtons point à rire ; il y a apparence que ton maître est encore dans l'erreur à l'égard de ma maîtresse, ne l'avertis de rien, laissons les choses comme elles sont : je crois que le voici qui entre. Monsieur, je suis votre servante.

ARLEQUIN. — Et moi votre valet, Madame. *Riant.* Ha, ha, ha !

Remarque

On peut intégrer ce texte à un groupement sur *La parole théâtrale comme moteur de la dramaturgie* avec la scène du ruban dans *L'École des femmes* de Molière (acte II, scène 5), celle de la révélation finale de *Ruy Blas* de V. Hugo (acte V, scène 3), le début de l'acte I de *En attendant Godot* de S. Beckett, le dialogue de *Roberto Zucco* et de son otage de B.-M. Koltès (scène 12). L'objet d'étude sera aussi appuyé par un travail sur *Ubu roi* d'A. Jarry.

Texte et objet d'étude : le personnage de roman du XVIIe siècle à nos jours.

Questions possibles

– Quelle image de la femme le roman du XVIIIe siècle propose-t-il ?
– Comment l'argumentation de Madame Dutour s'organise-t-elle ?
– Pourquoi le discours du personnage romanesque est-il plus efficace qu'un récit fait par le narrateur ?

Remarque

La Vie de Marianne *est en effet une autobiographie imaginaire, dans laquelle Marianne, un personnage fictionnel, présente ses mémoires.*

Texte B. MARIVAUX, *La Vie de Marianne* (partie I, 1), 1731-1741.

Tenez, Marianne, me disait-elle, à votre place, je sais bien comment je ferais ; car puisque vous ne possédez rien, et que vous êtes une pauvre fille qui n'avez pas seulement la consolation d'avoir des parents, je prendrais d'abord tout ce que M. de Climal me donnerait, j'en tirerais tout ce que je pourrais : je ne l'aimerais pas, moi, je m'en garderais bien ; l'honneur doit marcher le premier, et je ne suis pas femme à dire autrement, vous l'avez bien vu ; en un mot comme en mille, tournez tant qu'il vous plaira, il n'y a rien de tel que d'être sage, et je mourrai dans cet avis. Mais ce n'est pas à dire qu'il faille jeter ce qui nous vient trouver ; il y a moyen d'accommoder tout dans la vie. Par exemple, voilà vous et M. de Climal ; eh bien faut-il lui dire : allez-vous en ? Non, assurément : il vous aime, ce n'est pas votre faute, tous ces bigots n'en font point d'autres. Laissez-le aimer, et que chacun réponde pour soi. Il vous achète des nippes prenez toujours, puisqu'elles sont payées ; s'il vous donne de l'argent, ne faites pas la sotte, et tendez la main bien honnêtement, ce n'est pas à vous à faire la glorieuse. S'il vous demande de l'amour, allons doucement ici, jouez d'adresse et dites-lui que cela viendra ; promettre et tenir mène les gens bien loin. Premièrement, il faut du temps pour que vous l'aimiez ; et puis, quand vous ferez semblant de commencer à l'aimer, il faudra du temps pour que cela augmente ; et puis quand il croira que votre cœur est à point, n'avez-vous pas l'excuse de votre sagesse. Est-ce qu'une fille ne doit pas se défendre ? N'a-t-elle pas mille bonnes raisons à dire aux gens ? Ne les prêche-t-elle pas sur le mal qu'il y aurait ?

Pendant quoi le temps se passe, et les présents viennent sans qu'on les aille chercher, et si un homme à la fin fait le mutin, qu'il s'accommode, on sait se fâcher, aussi bien que lui, et puis on le laisse là ; et ce qu'il a donné est donné pardi ! Il n'y a rien de si beau que le don ; et si les gens ne donnaient rien, ils garderaient donc tout ! oh ! s'il me venait un dévot qui m'en contât, il me ferait des présents jusqu'à la fin du monde avant que je lui dise : Arrêtez-vous !

Texte et objet d'étude : écriture poétique et quête de sens.

Questions possibles

– Quels procédés poétiques servent l'hymne à la femme ?
– Pourquoi ce poème est-il aussi un discours argumentatif ?
– Quelle éthique (conception de la vie) Ronsard défend-il ici et par quels moyens ?

Texte C. Pierre de Ronsard, « Mignonne, allons voir si la rose… », 1550-1555.

1 Mignonne, allons voir si la rose
Qui ce matin avait déclose
Sa robe de pourpre au soleil,
A point perdu cette vesprée
Les plis de sa robe pourprée,
Et son teint au vôtre pareil.

Las ! voyez comme en peu d'espace,
Mignonne, elle a dessus la place,
Las, las ses beautés laissé choir !
Ô vraiment marâtre Nature,
Puisqu'une telle fleur ne dure
Que du matin jusques au soir !

Donc, si vous me croyez, mignonne,
Tandis que votre âge fleuronne
En sa plus verte nouveauté,
Cueillez, cueillez votre jeunesse :
Comme à cette fleur, la vieillesse
Fera ternir votre beauté.

Imaginons que ces trois textes fassent partie de ceux que vous avez étudiés pendant l'année scolaire. Voici comment ils pourraient s'insérer dans le programme :

– Le texte A peut, par exemple, être considéré comme l'une des lectures analytiques (explications de textes) tirées de l'étude de l'œuvre complète Le Jeu de l'amour et du hasard, de Marivaux. Cette œuvre complète s'inscrit dans l'étude de l'objet « théâtre ».

– Ce même texte A pourrait aussi faire partie d'un groupement de textes illustrant l'objet « convaincre, persuader, délibérer » à travers l'étude des stratégies amoureuses. Ce groupement comporterait les textes A, B et C.

L'épreuve orale de français au baccalauréat, qui porte sur les objets d'étude du programme de première, comporte une lecture analytique orientée par une question préliminaire et un entretien d'une durée de 20 minutes, soit 10 minutes pour la lecture analytique d'un extrait et 10 minutes pour l'entretien, auxquelles s'ajoutent 30 minutes de préparation. Elle s'appuie sur le « descriptif des lectures et activités » établi par le professeur. C'est cette liste (ou descriptif) que vous présenterez à l'examinateur.

Remarque

Il se peut que l'examinateur vous laisse choisir le texte à analyser, mais n'y comptez pas trop ! De toute manière, si vous êtes autorisé à choisir, l'évaluation de votre prestation sera plus sévère…

1. Qu'est-ce que le « descriptif des lectures et activités » ?

C'est la liste de ce que vous avez lu et étudié pendant l'année de première. Le descriptif présente les textes, les œuvres, les problématiques étudiés, en les inscrivant dans la perspective d'ensemble du programme, c'est-à-dire en précisant comment ils se rattachent aux objets d'étude et selon quelle perspective ils ont été abordés.

Le descriptif indique pour chaque séquence :

« – l'objet ou les objets d'étude retenu(s) ainsi que les principales orientations de l'étude ;

– l'œuvre intégrale (avec une différence clairement établie entre les extraits ayant fait l'objet d'une explication spécifique) et les études d'ensemble et/ou le groupement de textes (avec son titre, les textes ou les extraits qui le constituent) ;

– les lectures cursives et les documents complémentaires éventuellement utilisés ;

– les activités proposées à la classe par le professeur (projections, sorties pédagogiques, travaux de groupe).

Il indique également, dans une dernière partie individualisée, les lectures et activités personnelles (exposés, recherches…). »

Le descriptif comporte :

– 6 œuvres complètes (au minimum), ce total se décomposant en œuvres étudiées en classe et en lectures cursives ;

– des groupements de textes ;

– des documents complémentaires : articles de presse, documents iconographiques (photographies, tableaux, films, etc.).

Remarque

Une œuvre complète est une œuvre étudiée dans son intégralité, un groupement de textes est un ensemble de 5 à 7 textes centrés autour du même thème. La lecture cursive est une lecture personnelle, éventuellement guidée par des questions ou donnant lieu à la rédaction d'un compte rendu.

Le descriptif reflète de manière chronologique le travail de l'année et il est organisé en fonction des objets d'étude du programme dont il doit être représentatif. Le tableau suivant indique leur répartition par série.

OBJETS D'ÉTUDE	L	ES/S
1. Le personnage de roman du XVIIe siècle à nos jours	●	●
2. Le texte théâtral et sa représentation du XVIIe siècle à nos jours	●	●
3. Écriture poétique et quête du sens	●	●
4. La question de l'homme dans les genres de l'argumentation du XVIIe siècle à nos jours	●	●
5. Renaissance et humanisme	●	–
6. Les réécritures du XVIIe siècle à nos jours	●	–

Exemple de corpus à l'oral :

- ***Objet d'étude :*** *la question de l'homme dans les genres de l'argumentation du XVIIe siècle à nos jours*
- ***Problématique :*** *le récit de fiction au service d'une morale.*
- ***Lectures analytiques***

Œuvre intégrale : *Voltaire,* Candide.

- ***Textes plus particulièrement étudiés :***

1. Le château, chapitre 1, de « Il y avait (…) » à « (…) possibles ».

2. La guerre, chapitre 3, de « rien n'était si beau (…) » à « (…) traité de même »

3. L'autodafé, chapitre 6, de « Après le tremblement (…) » à « (…) fracas épouvantable ».

4. L'Eldorado, chapitre 18 : étude d'ensemble du chapitre.

5. Le jardin, chapitre 30, de « Je sais aussi (…) » à la fin du livre.

- ***Thèmes plus particulièrement étudiés :***

1. Le conte philosophique.

2. La rhétorique voltairienne.

Groupement de textes : *« fables et apologues ».*

Remarque

Les limites des textes figurent sur les photocopies jointes au descriptif des lectures et activités.

1. Platon, « Le mythe de la caverne ».

2. La Fontaine, Fables, *« Les animaux malades de la peste ».*

3. Montesquieu, Lettres persanes, *« Les Troglodytes » (étude d'ensemble).*

4. Anouilh, Fables, *« Le chien pelé ».*

Lecture cursive : *Saint-Exupéry,* Le Petit Prince.

2. Bien se préparer à l'examen

A. Qu'attend-on de vous ?

L'objectif de l'épreuve est « d'évaluer la capacité du candidat à mobiliser ses connaissances ».

▸ **De quelles connaissances s'agit-il ?**

– De celles acquises en classe de première, mais aussi en seconde et au collège : ne limitez pas vos révisions au seul programme de première !

– On entend par connaissances la maîtrise des notions littéraires liées au programme, mais aussi des repères formant une culture personnelle.

– Enfin, vous devez avoir acquis des compétences et des méthodes, en particulier la maîtrise de l'expression orale, des compétences de lecture, l'aptitude au dialogue et la capacité d'organiser une réponse.

▸ **Que signifie « mobiliser » des connaissances ?**

Même si l'épreuve s'appuie sur le travail mené en classe, elle ne se réduit pas à la récitation d'une question de cours. Il s'agit en fait d'organiser et de réinvestir ce que vous avez appris.

● **Remarque**

L'acquisition des méthodes et celle des connaissances littéraires sont les deux volets indissociables de votre travail de préparation.

B. Pourquoi une question préliminaire ?

La question qui vous est proposée par écrit en même temps que le texte à expliquer a pour but de vous donner un axe d'étude autour duquel construire votre analyse. Elle cherche à éviter la simple répétition du travail fait en cours et elle doit vous permettre de démontrer votre mobilité intellectuelle dans l'utilisation de connaissances réaménagées par votre analyse en renonçant au par cœur.

On peut la considérer comme une indication déterminante donnée par l'examinateur sur l'intérêt du texte que vous avez à confirmer par votre explication, ou comme une problématique qui ouvre sur une réflexion dialectique : démonstration de la véracité de cette piste de lecture mais le cas échéant, possibilité de la nuancer ou de la compléter par d'autres remarques. Elle vous donne une indication précieuse sur les attentes de l'examinateur.

Elle est donc essentielle à la conduite de votre interprétation du texte mais ne constitue en aucun cas un piège : cette question s'appuie en général sur le travail que vous avez fait en classe et que l'examinateur peut induire du descriptif qu'il a sous les yeux. En organisant les éléments de votre commentaire du texte autour de la problématique qu'elle vous offre, vous êtes exempté d'une explication exhaustive et libre de construire un sens au texte qui commente, illustre et parfois même discute cette mise en perspective imposée par la question donnée.

C. Sur quels textes porte la lecture analytique ?

Elle porte sur un texte de longueur variable choisi par l'examinateur dans le descriptif des lectures. Mais la question préliminaire donnée par écrit par l'examinateur vous impose de faire des choix parmi vos connaissances et de les réorganiser en fonction de celle-ci. De plus vous n'avez que 30 minutes pour préparer les deux prestations de l'oral : exploitation du texte et entretien. Vous avez donc intérêt à ne conserver de vos connaissances que celles qu'appelle la question, en sachant cependant que l'examinateur peut élargir la réflexion dans l'entretien au-delà de la question préliminaire et qu'alors votre connaissance élargie du texte vous permettra de briller dans le dialogue avec lui.

N'essayez pas de faire entrer à toute force vos connaissances complètes dans le parcours d'analyse que vous fournissez : vous risquez de vous engager dans un hors-sujet et d'indisposer l'examinateur qui vous coupera et vous posera des questions précises visant à élucider la question qu'il a posée.

Plusieurs cas peuvent donc se présenter :

▶ **Le texte proposé a été étudié en classe.** Vous disposez de tous les éléments pour une explication complète.

▶ **Le texte proposé est tiré d'une œuvre complète** étudiée en classe, mais il s'agit d'un passage que vous n'avez pas analysé en cours :

– gardez à l'esprit que votre premier objectif est de répondre à la question posée ;

– la question posée vous fournit l'axe d'étude ou la problématique qui doit conduire votre analyse ;

– observez l'énonciation du texte, son organisation et les lexiques employés à la lumière de la question posée : quelles informations vous donnent-ils pour composer votre interprétation ?

– utilisez les connaissances sur l'œuvre complète et l'objet d'étude auquel elle répond pour nourrir votre lecture analytique ;

– organisez votre démonstration selon l'une des deux méthodes d'explication de texte présentées dans le tableau suivant.

● **Remarque**

1. Le texte n'est jamais tiré d'une lecture cursive. 2. On ne vous demande jamais une explication exhaustive, mais un exposé proposant de manière claire et organisée une réponse au sujet.

	EXPOSÉ	ENTRETIEN
Expression et communication	– Lecture correcte et expressive. – Qualité de l'expression et niveau de langue orale. – Qualités de communication et de conviction.	– Aptitude au dialogue. – Qualité de l'expression et niveau de langue orale. – Qualités de communication et de conviction.
Réflexion et analyse	– Prise en compte de la question préliminaire pour définir l'intérêt du texte ou la problématique demandée. – Construction d'une interprétation du texte orientée par celle-ci. – Démonstration du sens, des visées du texte : étude des étapes du texte dans l'optique de la question ou des pistes d'étude qu'elle implique. – Justification par des appuis précis sur le texte.	– Capacité à réagir avec pertinence aux questions posées pendant l'entretien. – Qualité de l'argumentation. – Capacité à mettre en relation des idées et à élargir une réflexion.
Connaissances	– Savoirs linguistiques et littéraires. – Connaissances culturelles en lien avec le texte.	– Savoirs littéraires sur les textes, l'œuvre, l'objet ou les objets d'étude. – Connaissances sur le contexte culturel.

3. Comment organiser la lecture analytique ?

Il existe **deux méthodes** pour commenter un texte à l'oral : l'explication peut être faite selon une **démarche linéaire,** ou **structurée thématiquement** suivant des axes de lecture. Nous nous appuierons sur les trois textes présentés en début de partie (corpus, p. 211-214).

A. Repères méthodologiques

Le tableau ci-dessous présente les deux méthodes et les étapes qu'elles comportent.

INTRODUCTION	
EXAMEN DU TEXTE SELON DES AXES DE LECTURE	EXPLICATION LINÉAIRE
Présentation et situation du passage.	
Présentation de la question : souligner l'intérêt du texte ou la problématique qu'elle met en lumière.	
Lecture à haute voix.	
Pistes de lecture ouvertes par la question.	Plan du texte mis en perspective de la question.
ÉTUDE DE DÉTAIL	
Examen du texte suivant les pistes de lecture : démonstration du sens du texte appuyée sur des éléments d'énonciation, d'organisation, de lexique présents dans le texte.	Explication du texte mettant en évidence ses mouvements et s'appuyant sur les éléments d'énonciation, d'organisation, de lexique apparaissant suivant l'ordre du texte
Remarque *L'explication part toujours de la forme pour aller vers l'élucidation du sens.*	
CONCLUSION	
Bilan des principales remarques (voir la méthode de la conclusion dans la partie commentaire de texte).	
Ouverture (au thème du groupement ou à la suite de l'œuvre dans le cas d'une œuvre complète). Se servir des objets d'étude du programme.	

Examiner méthodiquement un texte consiste donc à l'expliquer à partir d'une problématique fournie par la question. Cela suppose la maîtrise :
- des outils d'analyse textuelle ;
- d'un certain nombre de compétences spécifiques indiquées dans le tableau ci-dessus et que nous allons aborder maintenant de façon plus détaillée.

B. Comment procéder ?

Situer le passage

GROUPEMENT DE TEXTE	ŒUVRE COMPLÈTE
Présentation : auteur, titre de l'œuvre, genre, repères chronologiques. Repérage du texte par rapport aux objets du programme.	
– Indications sommaires et concises sur le contenu de l'œuvre. – Présentation du texte en fonction de son thème : on situera le texte par rapport aux autres textes du groupement.	– Indications de la « place » du texte dans l'œuvre complète. – Proposition d'un résumé concis des faits importants qui précèdent et qui sont nécessaires à la compréhension de l'extrait.
Problématique ou centre d'intérêt déterminés par la question posée.	
Lecture.	

Exemple :

Marivaux, Le Jeu de l'amour et du hasard *(texte A, p. 211-212).*

On ne présentera pas cet extrait du Jeu de l'amour et du hasard *de la même manière selon qu'il est étudié dans le cadre de l'œuvre complète ou dans le cadre d'un groupement de textes : « masques et déguisements dans la relation amoureuse ».*

- ***Œuvre complète :***

La scène 6 de l'acte III est construite en parallèle avec la scène 12 de l'acte II, dans laquelle Dorante avoue sa véritable identité à Silvia. Dans le passage que nous étudions, ce sont les valets, Arlequin et Lisette, qui lèvent successivement le masque.

- ***Groupement :***

Dans Le Jeu de l'amour et du hasard, *Lisette, la femme de chambre de Silvia, a emprunté le costume de sa maîtresse et se fait passer pour elle. De même, Arlequin a pris l'identité de son maître. Le déguisement, favorable au « jeu de l'amour » et de la séduction dans les premiers actes de la pièce, se révèle peu à peu un obstacle à l'expression des sentiments. Arlequin, puis Lisette, vont décider de lever le masque.*

▸ **Deux cas se présentent après la lecture du passage :**

1. Pour l'explication structurée suivant des axes de lectures : annoncer les axes.

Un axe est une piste de lecture, un centre d'intérêt du texte, par exemple un thème clef ou encore une particularité stylistique. Les axes (entre 1 et 3) s'attachent à des aspects du texte particulièrement marquants ou caractéristiques du passage : demandez-vous ce qui fait sa spécificité.

Il n'est pas nécessaire que ces axes donnent lieu à un commentaire exhaustif du texte, mais vos choix de lecture doivent être cohérents et permettre une réponse à la question posée par l'examinateur.

Exemple :

Marivaux, La Vie de Marianne *(texte B, p. 212-213).*

Nous ferons de ce texte une lecture selon deux axes :

– axe 1 : *nous nous interrogerons sur la dimension théâtrale du texte, en analysant la manière dont Marivaux mêle langue soignée et langue populaire ;*

– axe 2 : *nous verrons en quoi consistent les leçons et la morale amoureuses de Mme Dutour.*

2. Pour l'explication linéaire : analyser le plan du texte

Analyser le plan du texte consiste à faire un découpage cohérent du passage en plusieurs grandes parties pour chacune desquelles on proposera un titre. On montrera aussi comment les différentes parties du texte s'articulent entre elles.

Pour procéder au découpage du texte, on s'appuiera essentiellement sur :
- les paragraphes (ou les strophes) ;
- les mots de liaison ;
- le sens : thèmes abordés successivement ;
- le raisonnement (pour un texte argumentatif).

Exemple :

MARIVAUX, Le Jeu de l'amour et du hasard *(texte A, p. 211-212).*

Une scène à la structure dynamique dont l'organisation est favorable au développement des effets comiques.

1. Aveu d'Arlequin et réaction de Lisette (lignes 1-19).

2. Aveu de Lisette et réaction d'Arlequin (lignes 20-36).

3. Jeu de masques : Arlequin et Lisette décident de laisser Dorante dans l'ignorance et de se moquer par là du maître (fin du texte).

▸ Mener l'explication de détail

Le principal écueil est ici la paraphrase. Elle consiste à répéter, moins bien que l'auteur, ce que dit le texte (bannissez les formules du type « l'auteur dit que... »).

Comment éviter la paraphrase ? En partant toujours de l'analyse formelle (lexique, syntaxe, répétitions, antithèses, figures de style, versification, rythme, etc.) pour en déduire :

– l'effet recherché ;

– le sens.

Cette démarche est identique à celle du commentaire. Vous pouvez donc vous référer aussi à ce chapitre. Les exercices écrits que vous ferez pendant l'année enrichiront vos compétences pour l'épreuve orale et inversement.

▸ Élargir la perspective en fin de conclusion

Si le texte est extrait d'un groupement, l'élargissement peut consister en une comparaison rapide avec les autres extraits. Vous inscrivez ainsi le texte dans la problématique du programme. Si le texte est extrait d'une œuvre complète, élargissez à la suite de l'œuvre.

▸ À retenir :

L'examen méthodique d'un texte littéraire s'organise à partir de la question proposée :

– Repérages préliminaires :
  - lire le texte ;
  - analyser le paratexte ;
  - identifier le genre et le type.

  Articuler les premières hypothèses de sens sur la question donnée.

– Analyse du texte :
  - utiliser les outils d'analyse textuelle ;
  - en déduire les hypothèses de lecture ;
  - classer et hiérarchiser ces hypothèses.

– L'organisation de l'explication :

  Le plan de l'explication méthodique se déduit de la question posée (intérêt du texte ou problématique) et suppose de s'appuyer :
  - soit sur la structure du texte (explication linéaire) ;
  - soit sur les pistes d'étude permettant une explication thématique.

4. Conseils pratiques

A. Tirer parti de la question posée par l'examinateur

La question accompagnant le texte à expliquer a pour but de vous guider. Elle propose :

– une piste d'entrée dans le texte,

– une ligne directrice pour l'explication.

Prenez le temps d'analyser et de reformuler la question. Celle-ci détermine la conduite de votre analyse du texte et l'organisation de votre exposé devant l'examinateur.

Exemples :

– Si la question vous suggère l'analyse d'un procédé d'écriture, n'oubliez pas d'indiquer quels effets sont obtenus.

– Si l'examinateur vous demande d'établir le plan de la scène 6 de l'acte III du Jeu de l'amour et du hasard, *n'oubliez pas, une fois la structure repérée, de montrer en quoi l'organisation de la scène sert le sens et participe aux effets dramaturgiques.*

– Si l'on vous demande d'étudier l'argumentation dans le poème de Ronsard « Mignonne, allons voir si la rose… », n'oubliez pas qu'il s'agit de rhétorique amoureuse (le poète a pour objectif de séduire, et les procédés poétiques se combinent aux procédés argumentatifs).

B. Explication linéaire ou commentaire thématique

Les deux démarches sont toujours possibles, mais certains textes se prêtent mieux à une explication suivant des axes (par exemple les textes n'ayant pas un plan très rigoureux), d'autres à une explication linéaire (par exemple les textes argumentatifs ou les textes narratifs s'organisant autour d'une chronologie de l'action).

Dans la pratique, il est plus facile d'éviter l'écueil de la paraphrase en choisissant l'explication suivant des axes. En effet, la tentation est grande, lorsqu'on étudie le texte ligne par ligne de répéter ce que dit l'auteur et non d'analyser.

Mais dans les deux cas (explication linéaire ou explication thématique), le principe de la lecture méthodique organisée autour de la question posée vous oblige à une démarche personnelle : en explication linéaire, vos appuis sur la structure du texte et son développement doivent se rattacher clairement à la question et ne peuvent être « gratuits ». Dans l'explication thématique, il faut articuler vos pistes de lecture à la problématique fournie par la question.

Exemple :

Ronsard, « Mignonne, allons voir si la rose… », (texte C, p. 213-214)

Pour Ronsard, on peut proposer à votre réflexion les trois questions suivantes :

– Quels procédés poétiques servent l'hymne à la femme ? (à rattacher à l'aspect « art du langage » inclus dans l'objet d'étude « Écriture poétique et quête de sens »).

– Pourquoi ce poème est-il aussi un discours argumentatif ? (à rattacher à l'autre aspect de cet objet d'étude « rôle et fonction du poète »).

– Quelle éthique (conception de la vie) Ronsard défend-il ici et par quels moyens ? (cette question croise l'objet d'étude cité dans un de ses aspects « rôle et fonction du poète », et un autre objet d'étude « La question de l'homme dans les genres de l'argumentation du XVIe siècle à nos jours » : comment « dire l'amour » et « dire la mort » participent d'un certain humanisme).

Ces questions n'appellent pas le même type d'exercice. La question 2 permet une explication linéaire ; les deux autres questions proposent plutôt une lecture thématique, donc non linéaire, s'articulant autour de pistes de lecture.

***Pour la question 2,** on retiendra le principe que ce poème développe une rhétorique amoureuse. L'explication méthodique selon une perspective linéaire s'appuiera sur le plan argumentatif du poème. Mais cette structure permet aussi, en étudiant les différentes étapes du texte, de montrer quels arguments et quels procédés Ronsard emploie pour convaincre et persuader.*

L'explication linéaire pourra se développer ainsi :

***Partie I,** injonction de l'invitation et flatterie à la jeune fille ; **partie II**, dramatisation par l'argument de l'éphémérité de la fleur et discours accusateur à la Nature qui met en scène le pathétique de la condition humaine ; **partie III**, conclusion pressante (« si vous m'en croyez » qui met la jeune fille dans la position de la fleur et appel au* carpe diem, *seul recours contre « la vieillesse »).*

***Pour la question 1**, l'étude de la métaphore filée de la femme-fleur est essentielle et l'explication thématique travaillera les pistes ci-dessous.*

*– **Piste 1 :** correspondances très subtiles établies par le lexique croisé qui caractérise successivement les attributs de la femme et de la fleur (« robe… teint… beauté… jeunesse »), et le glissement de la fleur à la femme par les hypallages de la 3e strophe : « fleuronne, verte nouveauté ».*

*– **Piste 2 :** effets dramatiques tirés de l'éphémérité de la fleur (la menace déjà présente dans le « perdu » de la 1re strophe développée par les verbes à la rime « laissé choir », « ne dure » renforcé par la restriction, la répétition ternaire et anaphorique de l'injonction déplorative « Las ! »).*

*– **Piste 3 :** la leçon de vie que Ronsard en tire (martellement de la répétition ternaire de « Mignonne », en tête du 1er vers de la 1re strophe puis du 2e vers de la 2e strophe renvoyé à la rime du 1er vers de la 3e strophe presque ironique alors ; reprise de « matin », anodin au 1er vers, par « Que du matin jusques au soir » limitatif de toute vie, l'oppostion violente « jeunesse/vieillesse » en fin de poème soutenue par l'antithèse entre l'impératif insistant « Cueillez, Cueillez » et le futur inéluctable « fera ».*

***Pour la question 3,** tout ce qui vient d'être dit peut être réutilisé dans un autre ordre.*

*– **Piste 1 :** le principe du* carpe diem *et de l'épicurisme ronsardien exprimé de façon virulente dans les trois derniers vers.*

– ***Piste 2 :*** *sa justification par l'éphémérité de la condition humaine (accusation à « marâtre Nature », et apitoiement devant la destinée tragique de la fleur).*

– ***Piste 3 :*** *le poète initiateur au vrai sens de la vie (ses interventions dans le texte, les injonctions, la répétition charmeuse de « Mignonne » suggérant l'appel au plaisir), au vrai sens de la beauté (la femme-fleur, un « âge » dont il révèle le prix). On débouche alors sur une éthique épicurienne qui fait du plaisir le contre-poids de la finitude de l'être.*

La plupart des textes se prêtent aux deux méthodes, comme le montre l'exemple ci-dessus. Pour choisir entre les deux méthodes, prenez le temps d'analyser et de reformuler la question. Rappelez-vous que votre premier souci doit être de construire votre interprétation à travers sa perspective, même si vous pouvez aborder d'autres aspects du texte ; ceux-ci cependant ne seront pas gratuits et devront s'y rattacher.

C. Prendre des notes

Vous aurez à prendre en note une explication de texte en deux occasions différentes :

▶ **En classe, lors de l'étude des textes :**

– identifiez et notez la problématique de lecture méthodique proposée par le professeur ;

– prenez des notes aussi précises que possible, qui fassent référence au texte étudié (relevez les mots clefs, indiquez les lignes ou les paragraphes concernés par la remarque...) ;

– relisez vos notes chez vous et complétez-les de mémoire ;

– soulignez ou encadrez les passages importants ;

– vérifiez que vos notes sont lisibles et compréhensibles.

▶ **À l'examen, lors de la préparation :**

Les notes prises lors de l'examen vous serviront à présenter oralement votre explication. Elles ne doivent pas être rédigées (vous risqueriez de lire l'explication, au lieu d'exposer votre analyse) mais mettre en évidence les éléments clefs du commentaire. Elles doivent être claires, aérées, lisibles. Elles peuvent se présenter de la manière suivante :

Exemples de notes d'explication de texte :

Marivaux, La Vie de Marianne, *(texte B, p. 212-213).*

▶ ***Introduction***

– *Situation du passage :* La Vie de Marianne *= roman du XVIIIe siècle, s'inscrivant dans la tradition du libertinage ;*

– Marivaux : surtout auteur de théâtre, il a donné son nom au « marivaudage » ;

– Marianne : jeune orpheline, recommandée à M. de Climal (vieux dévot) qui la confie à Mme Dutour, une lingère ;

– Marianne comprend peu à peu que M. de Climal cherche à la séduire pour faire d'elle sa maîtresse -> Mme Dutour conseille à Marianne de profiter de la situation.

Lecture du passage :

Question posée par le professeur pour ce texte :

– Comment l'argumentation de Madame Dutour s'organise-t-elle ?

– Lecture méthodique 2 pistes : 1. Dimension théâtrale du texte : association langue soignée / langue populaire 2. Leçons de Mme Dutour.

▸ *Étude de détail*

Axe 1 : La Vie de Marianne *= roman, mais Marivaux utilise tout son savoir-faire de dramaturge pour faire « parler » la lingère.*

1. Langue soutenue <= argumentation rigoureuse (rhétorique de l'argumentation) :

– liens logiques (ligne 2),

– discours indirect libre (ligne 19 et suiv.).

*2. Mais aussi langue orale et populaire reconstituée comme dans un dialogue de théâtre (*cf. *les valets et servantes de théâtre) :*

– mots familiers (« nippes », ligne 13, « pardi », ligne 26),

– tournures syntaxiques familières (lignes 7-8 , lignes 14-15),

– emploi de maximes (très nombreuses ; les plus frappantes sont ligne 6, ligne 9, lignes 16-17, ligne 26),

– style « oral » : cf. théâtre = oral reconstitué.

=> discours populaire reconstitué qui fait penser aux dialogues des servantes et valets de théâtre ; très vivant en dépit de sa longueur.

Axe 2 : *les leçons de Mme Dutour*

– discours initiatique : femme mûre / jeune fille ;

– conseils :

1. profiter - cf. *champ lexical (« prendrais, tirerais, prenez toujours, tendez la main, prendre/donner ») = tirer profit matériel des attentions de M. de Climal ;*

2. ne pas donner : « ne pas aimer », afin de ne pas s'engager affectivement :

« laissez-le aimer », passivité,

« promettre »/« tenir », donner l'illusion de l'amour, tromper,

= Il s'agit de recettes pour gagner du temps ;

– discours cynique sur la vertu des femmes : Mme Dutour insiste sur cette vertu (ligne 20 et suiv.) mais prône une conduite immorale.

▸ Conclusion

– bilan : dimension théâtrale du texte ; un monologue ?

l'amour comme jeu <= une forme du marivaudage ; mais la leçon de Mme Dutour va plus loin : jeu => profit ;

– la fonction du personnage de roman apparaît ici : sujet d'une initiation au fonctionnement du monde, il est confronté à l'hypocrisie de la société et aux compromissions qu'elle cautionne, en dépit de la morale.

▶ **La prise de notes pendant l'année :**

– aussi précise et riche que possible ;

– aérée (pensez à sauter des lignes, à laisser une marge pour ajouter des remarques personnelles) ;

– notez les mots clefs, mettez-les en relief (à l'aide d'un surligneur fluorescent) ;

– indiquez clairement les étapes de l'explication (introduction – axes et explication de détail – conclusion).

▶ **La prise de notes à l'examen :**

– organisée à partir de la question donnée ;

– plus sommaire : allez à l'essentiel ;

– aérée, sur un seul côté de la feuille de brouillon ;

– indiquez surtout les mots clefs : ce sont les termes qu'il ne faut pas oublier de dire ;

– très structurée : numérotez vos étapes, soulignez les titres pour vous y retrouver plus facilement.

● **Remarque**

La prise de notes est un acte personnel. Personnalisez celle-ci en créant vos abréviations et vos signes.

D. Lire le texte à haute voix

La lecture à haute voix du texte que vous allez expliquer est une phase très importante de votre prestation orale : il ne faut donc ni l'oublier, ni la négliger.

▶ **Quand lire le texte ?**

Dans l'introduction, immédiatement après la présentation de l'extrait et avant d'annoncer vos axes de lecture.

● **Remarque**

Ne commencez pas d'emblée par la lecture, le texte doit d'abord être présenté !

▶ **Pourquoi lire le texte ?**

Par la lecture du texte, vous devez montrer à l'examinateur que vous avez bien compris le contenu du passage, sa structure et ses enjeux. Une bonne lecture est déjà une forme d'interprétation et donc d'explication.

● **Remarque**

Pensez à la particularité du texte théâtral, destiné avant tout à être dit et joué sur scène ; lire un texte de théâtre à haute voix, c'est déjà, en quelque sorte, le mettre en scène, l'interpréter. N'oubliez pas que le programme de première demande d'aborder le théâtre dans sa dimension textuelle, mais aussi dans sa dimension scénique (représentation).

▶ **Comment bien lire ?**

– N'allez pas trop vite, prenez le temps de respirer entre les phrases et les différents groupes de souffle. Respectez les pauses que suggère la ponctuation.

Remarque

La lecture du texte est le moment de vaincre votre anxiété et de vous concentrer pour le travail d'explication qui va suivre. Elle constitue un moment de répit où vous avez l'occasion de vous calmer et d'assurer votre voix. Le travail de respiration peut vous y aider.

– Pensez aux liaisons.

– Insistez sur les mots clefs : ils montrent que vous avez compris le sens du texte (pensez à accentuer les connecteurs logiques, les mots que la ponctuation ou la syntaxe mettent en valeur et tout autre mot que vous jugez important).

– Pendant l'année :

• vérifiez tous les mots que vous ne connaissez pas dans le dictionnaire, cela vous évitera de buter à l'oral ;

• entraînez-vous, aussi souvent que possible, à lire oralement, devant vos camarades.

– À l'examen : pensez au sens du texte pendant que vous lisez et au message que l'auteur veut faire passer. Cela vous aidera à trouver le ton juste !

Attention : n'en faites pas trop, votre lecture doit rester sobre. Pas d'élans de voix et d'excès de lyrisme !

Remarque

L'examinateur interrompra peut-être votre lecture : ne vous en inquiétez pas. Les textes sont parfois longs et il peut vouloir gagner du temps pour l'explication et l'entretien.

E. Construire l'explication orale à partir de vos notes

Vous aurez, pendant une vingtaine de minutes, examiné le texte au regard de la question posée. Ces notes doivent vous permettre de présenter et de commenter oralement le texte pendant 10 minutes environ.

Attention : il ne faut pas lire vos notes, mais construire un discours organisé et cohérent à partir de ces quelques repères !

Exemple :

Si nous reprenons l'exemple du passage extrait de La Vie de Marianne *(texte B, p. 212-213) étudié à partir de la question « Comment l'argumentation de Madame Dutour s'organise-t-elle ? », et le canevas de prise de notes ci-dessus, vous pourriez tenir le discours suivant (Axe 1, point 1).*

« La Vie de Marianne *est un roman, mais Marivaux utilise tout son savoir-faire de dramaturge (ou d'auteur de théâtre) pour faire parler la lingère, donc pour introduire un effet de réel. Certes, la langue employée est soutenue, comme en témoigne la présence d'une argumentation rigoureuse qui développe une véritable rhétorique de la persuasion… »*

N'oubliez pas que l'examinateur vous interrompra peut-être pour poser une question, demander une précision, ou recentrer votre analyse. Cette interruption ne doit pas vous faire perdre le fil de votre discours. Prévoyez des repères suffisamment clairs sur votre brouillon pour pouvoir vous y retrouver à quelque moment de l'explication que ce soit. Mettez en valeur (soulignement, surligneur) les grandes étapes de votre prise de notes !

5. Lecture méthodique dans le cadre de l'œuvre complète

Lisez avec attention l'explication de texte ci-dessous et repérez, au fil de cette lecture, les compétences que nous venons d'examiner.

En prenant appui sur l'explication de texte qui suit, repérez, en vous aidant de surligneurs de couleurs différentes, les éléments qui serviront à répondre à chacune des questions posées en préliminaires.

Questions possibles

- Comment se présente le dialogue dans le théâtre de Marivaux ?
- Quel rôle jouent ici les valets ?
- Pourquoi ce texte appartient-il au comique ?

Réorganisez ces éléments de façon personnelle pour composer trois plans d'explication distincts. N'oubliez pas que certains éléments utilisés pour mettre le texte en perspective d'une question donnée peuvent être exploités un peu différemment pour soutenir une autre problématique. Tout est question de souplesse et d'exactitude dans la démonstration.

Réitérez cet exercice sur les textes que vous aurez étudié en cours en utilisant comme problématiques différentes les questions que le professeur aura mises en valeur. Cherchez vous-même à créer des axes de lecture vous permettant de varier les approches d'un texte que vous aurez travaillé.

Exemple :

MARIVAUX, Le Jeu de l'amour et du hasard *(texte A, p. 211-212).*

Introduction

• **Situation** : M. Orgon a décidé de marier sa fille Silvia à Dorante. Inquiète de devoir épouser un homme qu'elle ne connaît pas, la jeune fille met en place un stratagème : elle échange ses vêtements et son identité avec sa femme de chambre, Lisette, afin d'observer son prétendant sous le déguisement d'une domestique. Elle ignore que Dorante a eu la même idée qu'elle et qu'il a échangé son identité avec celle de son valet, Arlequin.

Les déguisements semblent d'abord propices à la stratégie amoureuse des deux couples, avant d'apparaître comme un obstacle à l'expression des sentiments. Dorante, le premier, avoue sa véritable identité à Silvia (II, 12). Dans la scène 6 de l'acte III, il est imité successivement par Arlequin et Lisette.

• **Lecture du passage**

• La scène 6 de l'acte III est construite en parallèle avec la scène 12 de l'acte II. L'aveu des valets répond à celui des maîtres. On notera cependant une différence d'importance : alors qu'Arlequin et Lisette jouent tous deux la carte de la sincérité, Silvia, elle, a choisi de demeurer masquée.

Nous aborderons ce texte suivant 3 axes :

Axe 1 : la structure dynamique de la scène.

Axe 2 : la langue, masque et révélateur de l'identité.

Axe 3 : sincérité, jeu et masques.

Étude de détail

Axe 1 : la structure dynamique de la scène est un des ressorts du comique.

1. L'aveu d'Arlequin entraîne une première réaction de Lisette (de « Ah ! tirez-moi d'inquiétude » à « vous promet de reconnaissance ») qui va évoluer de la colère d'avoir été bernée au pardon.

2. L'aveu de Lisette, provoqué par celui d'Arlequin et le désir d'avoir sa revanche (de « Touche-là » à « fautes d'orthographe ») entraîne à son tour une réaction d'Arlequin, d'abord vexé, puis amusé par la situation.

La construction est donc symétrique, organisée autour d'un effet de répétition qui génère le comique de situation.

3. Le jeu de masques : dans la fin de la scène, Arlequin et Lisette décident de laisser Dorante dans l'ignorance, afin qu'Arlequin puisse se gausser de son maître. Ce sont les maîtres, Silvia et Dorante, qui ont décidé de l'échange des costumes ; la scène se termine par un retournement comique de situation, Dorante étant pris à son propre stratagème.

La construction en parallèle choisie par Marivaux dans sa pièce, et dont le parallélisme II, 12 / III, 6 n'est qu'un exemple, met aussi en évidence les différences dans la relation amoureuse : relation aisée, vécue sur le mode du jeu pour les valets, relation plus difficile pour Dorante et Silvia pris au piège de leurs préjugés sociaux.

Axe 2 : le langage est dans cette scène, comme dans plusieurs autres, à la fois masque et révélateur de l'identité véritable des personnages. Le comique de situation, engendré par les parallélismes, ainsi que nous l'avons vu dans l'axe 1, se double d'un comique de langue.

1. La scène pose le problème de l'identité. Cette identité s'exprime tout naturellement dans l'emploi du verbe « être » (« qui êtes-vous », « je suis »). On notera dans la première réplique d'Arlequin les points de suspension : la rupture suggère la difficulté d'un aveu qu'il choisit de repousser.

2. Dès lors que l'identité ne peut être d'emblée clairement avouée, les personnages ont recours à un langage imagé et métaphorique, s'autodéfinissant par périphrases. Arlequin et Lisette utilisent un procédé analogue : « soldat d'antichambre » (Arlequin) / « la coiffeuse de Madame » (Lisette).

3. L'image stéréotypée du valet est rendue par le jeu de mots : Arlequin – coquin – faquin qu'Arlequin résume : « je n'ai pu éviter la rime ».

L'aveu se révèle beaucoup plus facile pour Lisette que pour Arlequin et en conséquence plus rapide. Cette facilité s'explique par le fait qu'Arlequin a levé le masque avant Lisette. La comparaison avec la scène 12 de l'acte II, où Silvia choisit de demeurer masquée en dépit de l'aveu de Dorante, révèle les différences de caractère entre la maîtresse et la femme de chambre. Pour Lisette, la relation amoureuse est facile, volontiers sincère, tandis que Silvia demeure prisonnière de ses peurs.

Axe 3 : Cette scène réunit des thèmes clefs de la pièce comme la sincérité, les masques et le jeu.

1. Ainsi, nous sommes en présence d'une scène où les deux personnages choisissent la voie d'une sincérité réciproque et renoncent à leur déguisement. Le retour au statut de valet est présenté de manière à la fois métaphorique et humoristique, comme une chute : « la jolie culbute que je fais là ». On voit par conséquent que le jeu avait pour Arlequin un enjeu plus social que vraiment ludique. Séduire Lisette, qu'il prenait à tort pour Silvia, sa maîtresse, était vécu comme une promotion sociale. C'est pourquoi l'aveu d'Arlequin passe par un masque intermédiaire : celui du soldat, statut qui a plus de prestige (auprès des femmes, en particulier) que celui de valet.

2. Le champ lexical du masque est redoublé dans le passage par celui du singe, en particulier le jeu de mots « magot »/« magotte » où Marivaux se sert du néologisme pour enrichir le comique de langue.

Le thème du masque a, dans le passage, une double signification :

– il s'oppose à la sincérité de l'amour ; la relation Arlequin/Lisette se révèle assez forte pour surmonter l'épreuve de l'aveu ;

– le thème du masque renvoie à une réflexion sur le théâtre, et plus particulièrement à la mise en abyme du théâtre dans le théâtre qui caractérise la conception dramaturgique du *Jeu de l'amour et du hasard*.

3. On notera que la dimension ludique du masque réapparaît à la fin de la scène : Arlequin et Lisette ont décidé de ne rien dire à Dorante. À l'arrivée de ce dernier, ils reprennent leurs rôles respectifs :

« Monsieur, je suis votre servante.

— Et moi votre valet, Madame. »

Lisette prend l'initiative du stratagème. Marivaux développe ici un subtil comique de langue qui s'appuie sur la polysémie des termes « valet » et « servante » : formule de politesse en usage dans la bonne société ou identification d'un statut social.

▶ Conclusion

• La scène 6 de l'acte III constitue un contrepoint comique à la scène 12 de l'acte II ;

• on observe que les valets sont plus spontanés que les maîtres et que les épreuves sentimentales qui les conduisent à la félicité sont par conséquent moins longues ;

• de même, la dimension ludique est plus affirmée chez les valets qui tirent parti de la situation pour se moquer de Dorante ;

• les scènes restantes sont consacrées à l'aveu impossible de Silvia et les tourments sentimentaux qui en résultent dans le couple.

Le Jeu de l'amour et du hasard est cependant une comédie et, selon la règle du genre, tout doit finir au mieux : Dorante finit par proposer le mariage à Silvia sous le déguisement de Lisette, et la jeune fille, rassurée sur ses sentiments, peut enfin, elle aussi, renoncer à son masque.

▶ FICHE SYNTHÈSE

Comment vous préparer à l'oral au bac de français

Pendant l'année :

– il faut beaucoup lire : les œuvres au programme bien sûr, mais aussi celles dont sont extraits les textes de vos groupements ;

– pour mémoriser ce que vous aurez lu, faites des fiches de lecture où vous noterez l'essentiel (thèmes, personnages, particularités stylistiques de tel auteur ou de telle œuvre…) ;

– travaillez vos prises de notes : après le cours, relisez-les, soulignez ce qui est important, complétez par des recherches personnelles, vérifiez qu'elles sont compréhensibles ;

– classez vos textes et les notes prises en cours ;

– vérifiez toujours le vocabulaire des textes étudiés ;

– entraînez-vous à la lecture orale ;

– entraînez-vous à la prise de parole (en participant oralement au cours).

Au moment de réviser :

– prévoyez 2 à 3 mois de révision ;

– relisez intégralement les œuvres complètes ;

– entraînez-vous à la prise de notes en vue de l'explication orale et à l'organisation de votre discours à partir de ces notes ;

– préparez et classez tous vos textes (prévoyez deux exemplaires, un pour vous, un pour l'examinateur) ;

– présentez votre explication de texte à un camarade (ou enregistrez-vous et écoutez votre prestation), repérez les points à améliorer.

Le jour de l'oral :

1. Quelques conseils :

– soyez ponctuels ;

– n'oubliez pas les marques habituelles de politesse ;

– ayez tous vos textes classés, à portée de main, en double exemplaire ;

– présentez le descriptif des lectures et activités (ainsi que votre convocation et votre carte d'identité).

2. La préparation :

– Relisez le texte dans la perspective de la question posée :

• Définissez le champ d'application de la question : si l'extrait proposé ne correspond pas exactement à ce que vous avez vu en cours, adaptez-vous (il peut s'agir d'un passage plus court que celui étudié ou encore d'un extrait, pris au hasard, dans l'œuvre complète).

• Préparez une fiche de notes claire et aérée. Utilisez des couleurs. N'écrivez que d'un côté de la feuille de brouillon ;

– Préparez les phases de l'explication :

- situation,
- présentation de la question et ce qu'elle implique : les hypothèses de lecture que vous en tirez.

– n'utilisez pas les 30 minutes pour l'analyse du texte (20 à 25 minutes suffisent) afin de ne pas négliger la préparation de l'entretien.

3. L'explication orale :
– reprenez la question et définissez ce qu'elle recouvre ;
– lisez soigneusement le texte ;
– respectez scrupuleusement les étapes de l'explication de texte ;
– ne lisez pas vos notes, regardez votre interlocuteur à espaces réguliers ;
– évitez le langage familier ou incorrect ;
– essayez d'approcher au plus les 10 minutes d'explication.

Remarque

Si vous vous « débrouillez » bien, l'examinateur ne vous interrompra pas, mais si vous « calez », les questions posées vous aideront à poursuivre votre analyse de texte. Elles n'ont pas vocation à vous piéger !

Ce que vous devez savoir faire

– analyser la question posée et en tirer une problématique ;
– mener une lecture suivant des axes ;
– mener une explication linéaire ;
– introduire, analyser, conclure ;
– utiliser les outils de l'analyse textuelle ;
– bien lire oralement ;
– prendre des notes ;
– exposer clairement vos notes, sans les lire ;
– réinvestir les notions du programme.

Ce qui est aussi très utile

– connaître l'œuvre dont le texte est extrait ;
– connaître les genres littéraires, les grandes périodes de la littérature et les grands mouvements littéraires ;
– disposer de quelques informations clefs sur l'auteur du texte.

L'examen méthodique du texte, achevé en dix minutes, se poursuit par dix autres minutes d'entretien avec l'examinateur. La difficulté de cet exercice tient naturellement à ce qu'il s'agit d'un dialogue : les remarques et les demandes de votre interlocuteur vont donc faire que, loin de pouvoir développer de manière ininterrompue des réponses que vous avez prévu de donner, vous allez devoir réagir rapidement aux interventions de l'examinateur.

Le but de cette partie de l'examen, selon les instructions officielles auxquelles se réfère le correcteur, est avant tout d'évaluer la capacité du candidat à dialoguer, expliciter les questions posées, réinvestir ses connaissances en établissant des rapports et des comparaisons entre le texte étudié et l'un des autres éléments proposés, sans qu'il lui soit pour autant demandé d'établir des analyses exhaustives.

Il est encore précisé que (dans la première partie de l'épreuve orale aussi bien que dans l'entretien) « l'examinateur peut évaluer la capacité du candidat à trouver des éléments de réponse aux questions posées et à les présenter de manière claire et ordonnée. Le candidat doit analyser les questions qui lui sont posées, chercher des éléments de réponse appropriés, faire des choix, opérer des mises en relation claires, pertinentes, argumentées ».

L'objectif est donc de compenser le caractère un peu artificiel de l'étude méthodique : si cette dernière permet de vérifier que le candidat a bien compris les textes qui figurent sur sa liste, si on peut grâce à elle évaluer le sérieux du candidat et son attitude à restituer de manière vivante une étude préparée en classe, elle demeure quand même pour une part un exercice de mémoire. Il faut donc un dialogue plus libre qui permette à l'examinateur de mesurer les capacités de réflexion et d'expression personnelles du candidat.

L'entretien n'est pas pour autant livré au hasard : on peut s'y préparer en s'entraînant à l'expression orale, en acquérant une bonne connaissance des œuvres et des thèmes étudiés, et en prévoyant, autant que faire se peut, les questions qu'on a le plus de chances de s'entendre poser.

1. La préparation de l'entretien

A. La préparation à long terme

Il est indispensable d'avoir réfléchi, à l'aide des cours qui vous ont été dispensés, sur la cohérence et la signification des « objets d'étude » que vous avez abordés : c'est à travers eux que, en partant d'œuvres singulières, vous pouvez commencer à vous former une vision générale de ce qu'est la littérature.

C'est pourquoi, au cours de l'entretien, votre interlocuteur cherchera à voir si vous êtes en mesure, au-delà de l'analyse minutieuse d'un passage limité, de replacer ce passage par rapport à l'œuvre dont il est extrait (si vous avez étudié cette œuvre) et par rapport à des passages ou œuvres qui s'en rapprochent, par le thème ou la technique.

Normalement, la réflexion sur ces objets d'étude aura déjà été conduite de manière approfondie dans la préparation à la dissertation, en particulier : il importe donc d'éviter le « bachotage » consistant à ingurgiter le plus possible de connaissances immédiatement avant l'épreuve écrite et à les oublier dès le lendemain : au contraire, des connaissances acquises régulièrement dans l'année vous serviront aussi bien pour l'écrit que pour l'oral (sans parler de l'acquisition d'une culture générale qui vous sera sans doute précieuse plus tard).

Pour ce qui est des groupements de textes, il faudra bien sûr connaître parfaitement tous les textes du groupement individuellement; mais il faudra également les étudier les uns par rapport aux autres. À cet égard, des synthèses, générales ou selon certains axes, peuvent aider à acquérir une vision globale du groupement. Il s'agit d'opérer un jeu simple de comparaisons entre les textes du groupement : en quoi ils diffèrent et en quoi ils se rapprochent. On réfléchit donc non seulement aux textes, mais aussi au thème.

Une connaissance suffisante du contexte est également demandée : c'est évidemment indispensable pour les œuvres complètes, et hautement souhaitable pour les groupements de textes. On doit s'informer sur :

– les auteurs : sans forcément tout savoir sur eux, il faut être capable de les situer dans le temps et avoir une idée de leurs caractéristiques essentielles ;

– les courants littéraires : une œuvre complète ou un texte appartient à un contexte qu'il est très utile de connaître pour mieux la ou le comprendre. Cette connaissance est exigible pour les courants littéraires majeurs, comme le classicisme ou le romantisme, mais également pour le contexte plus particulier d'un texte ;

– les genres littéraires auxquels appartiennent les œuvres ou les textes ;

– d'autres références que celles qui figurent sur la liste d'oral. Dans le cas d'une œuvre complète, il faudra absolument connaître d'autres extraits que ceux que vous aurez étudiés en lecture méthodique ; pour un groupement de textes, on se renseignera sur d'autres manifestations du thème étudié dans l'histoire littéraire ;

– les définitions claires des notions qu'on peut avoir à manipuler à propos d'une œuvre ou d'un thème.

Exemple : *Si l'on a un texte de Voltaire dans un groupement sur l'ironie, il faudra savoir qui est Voltaire, ce qu'est un philosophe au* XVIII*e siècle, à quel genre d'œuvre appartient le texte, avoir une idée de l'Encyclopédie, être capable de définir l'ironie, et en avoir une compréhension d'ensemble à partir des textes du groupement et de connaissances plus générales.*

Si, comme cela se pratique souvent, votre lycée organise un oral blanc, prenez-le au sérieux : cet entraînement peut être précieux si vous jouez vraiment le jeu. Il vous habituera à vous exprimer devant un examinateur, et il vous donnera l'occasion de repérer et donc de corriger vos faiblesses.

Il suppose bien sûr que vous ayez révisé les textes que vous avez étudiés avec le plus grand sérieux : vous verrez en situation quel genre de dialogue peut s'instaurer entre un professeur et vous à partir de votre prestation.

Remarque

Ne considérez pas cet entraînement comme un verdict ou le modèle de l'oral que vous passerez au mois de juin ; il doit au contraire vous aider à faire face à des questions imprévues.

Imaginez pour chaque texte, œuvre complète ou groupement, quelles questions l'examinateur a des chances de vous poser. Les unes sont obligatoires, d'autres sont plus aléatoires :

– **les questions obligatoires** touchent aux notions qu'on ne peut pas ignorer autour d'un texte, et que l'examinateur vous posera certainement, à moins qu'une autre question ait absorbé tout le temps de l'entretien.

Exemple : *si vous présentez un groupement de textes sur l'*Encyclopédie *de Diderot, vous pouvez vous attendre à ce qu'on vous demande de définir ce qu'est un philosophe au* XVIII*e siècle. Si votre groupement porte sur l'esprit philosophique au* XVIII*e siècle, on vous demandera à coup sûr ce qui distingue un philosophe du* XVIII*e et un philosophe au sens général.*

Ces questions sont relativement faciles à cerner : il serait d'autant plus impardonnable de ne pas savoir y répondre dans l'entretien. Préparez donc des fiches comportant toutes ces définitions précises indispensables.

– **les questions aléatoires** dépendent, elles, des réactions de l'examinateur à ce que vous lui dites, des idées personnelles qui peuvent lui venir, sur le texte que vous venez de présenter, sur le thème, sur l'œuvre complète, sur l'auteur, etc. Ces questions sont évidemment impossibles à prévoir toutes. La seule chose à faire est donc d'avoir le plus possible de connaissances, et de se préparer à répondre par la réflexion plus que par la mémoire.

B. La préparation immédiate

Vous avez 30 minutes entre le moment où l'examinateur vous donne le sujet à traiter (texte à étudier et question) et l'heure de votre passage. Il semble raisonnable de consacrer entre 20 et 25 minutes à la préparation de la part de votre présentation que vous maîtriserez le plus aisément, celle de l'étude méthodique. Consacrez les 5 à 10 minutes restantes à la préparation de l'entretien.

Plus votre préparation aura été rigoureuse, plus il vous sera évidemment facile de rappeler à votre mémoire les principaux éléments à connaître sur telle œuvre, tel passage ou tel objet d'étude littéraire. Mais ne cédez surtout pas à la tentation de préparer un exposé détaillé et minutieux de tout ce qu'il y aurait à dire sur la question : vous n'aurez pas le temps de développer tous vos arguments, car vous serez interrompu par l'examinateur, qui vous aura entendu sans discontinuer pendant dix minutes, et qui saisira l'opportunité de cet échange pour vous faire aussi préciser certains points que vous aurez abordés dans la première partie de l'oral.

Si vous êtes interrogé sur un des textes d'un groupement, refaites rapidement la liste des textes du groupement, avec quelques références d'auteur et d'idées pour chacun, afin de vérifier que vous n'allez passer à côté d'aucun élément essentiel.

Notez l'essentiel sur votre brouillon, mais ne rédigez rien : quelques indications en deux ou trois mots sont bien préférables, puisqu'elles vous contraindront à une présentation réellement orale, plutôt que de vous pousser à la lecture (souvent maladroite) de notes médiocrement rédigées.

L'essentiel est que vous disposiez des bases pour donner des éléments de réponse aux questions abordées, et pour susciter un dialogue fructueux.

2. L'entretien

A. Votre attitude

Souvenez-vous toujours que l'entretien a pour but de mesurer votre capacité de dialogue autant que d'apprécier vos connaissances. Vous serez donc attentif :

– à soigner votre langage et votre élocution. Si on n'attend pas de vous un style noble, vous éviterez cependant le registre trop familier, et vous vous efforcerez de parler avec clarté et précision. Proscrivez en particulier les « ben... » qui défigurent trop d'entretiens ;

– à écouter attentivement les questions que vous pose l'examinateur : la première qualité d'un dialogue est d'abord de savoir écouter et comprendre l'interlocuteur.

Attention ! Vous serez toujours tenté de répondre en vous rapportant à votre cours, même si cela ne correspond pas à la question : résistez donc à cette tentation, et répondez à la question qu'on vous pose, même si elle vous surprend ; vous êtes là pour réfléchir et non pour restituer de simples acquis.

– à demander des précisions si vous ne comprenez pas bien la question : l'examinateur est là pour vous aider à montrer le meilleur de vous-même, et non pour vous enfoncer ;

– à ne pas vous rabattre systématiquement sur la sécurité de votre cours, comme on l'a vu plus haut : prenez le temps de réfléchir pour donner la meilleure réponse possible. S'il ne convient pas de laisser de trop longs silences, il est au contraire tout à fait légitime de prendre quelques secondes pour élaborer la réponse. Ne soyez donc surtout pas paralysé sous prétexte que vous ne répondez pas du tac au tac ;

– à appuyer vos réponses sur des références précises : on appréciera que vous ayez senti la réponse, mais on préférera que vous ne restiez pas dans le vague et justifiez votre jugement par les textes, citations, allusions, ou analyses.

Vous aurez soin de ne pas limiter ces références aux extraits figurant sur votre liste, mais de les étendre à d'autres textes ou d'autres auteurs, chaque fois que ce sera possible. Vous devez montrer que vous connaissez toute la question.

B. Le dialogue

Soyez certains que l'examinateur ne vous posera pas de questions pièges : son rôle est de vous aider à montrer jusqu'à quel niveau de compréhension des textes étudiés vous êtes parvenu au cours de l'année, pas de chercher à vous déstabiliser par des questions faisant appel à des connaissances que vous n'êtes pas supposé avoir.

Il s'appuiera fortement sur le descriptif des travaux réalisés au cours de l'année, qui aura été mis à sa disposition avant même le début des épreuves orales, et qu'il aura donc eu le temps d'examiner attentivement. Ne soyez donc pas surpris si une bonne part des questions qu'il vous pose vous invitent à mettre en relation tel aspect de votre programme de l'année avec tel autre.

Dans certains cas, il cherchera à vous faire préciser des points qui auront été traités de manière obscure ou insuffisante dans votre lecture méthodique, et qui ne lui auront pas permis de se faire une idée de votre connaissance réelle des textes présentés. Efforcez-vous alors à beaucoup de clarté, tâchez de présenter d'une manière un peu différente des remarques que vous aurez faites précédemment et qui n'auront pas convaincu, ne cherchez pas à vous évader du texte de départ, mais mettez-le en rapport avec d'autres pour souligner ses spécificités en relation avec une thématique générale. Ne pensez pas que des questions de ce type marquent un échec de votre part : l'erreur est humaine, et une erreur rectifiée est une bonne réponse. La capacité de comprendre une faute et de la corriger fait partie de l'aptitude au dialogue.

Dans d'autres cas, si votre lecture méthodique a été convaincante, le professeur va au contraire vous pousser à aller le plus loin possible dans l'examen de questions plus synthétiques qu'il vous posera pour cette deuxième partie de l'épreuve. Sentez-vous libre alors de vous aventurer plus loin du texte initial, et n'hésitez pas à élargir votre réflexion le plus loin possible (tout en y introduisant de nécessaires nuances entre les textes).

L'examinateur prendra souvent comme point de départ la conclusion de votre étude méthodique pour vous demander de préciser l'importance de ce texte par rapport à l'ensemble, ou d'expliquer le développement d'un thème dont vous avez parlé dans l'œuvre ou dans le groupement. N'hésitez pas alors, si vous le pouvez, à présenter largement la question en un exposé si possible construit : vous êtes là pour vous exprimer, et on ne vous reprochera jamais de trop en dire.

L'examinateur peut aussi sauter à une tout autre question, sans rapport apparent avec ce que vous venez de lui dire, mais toujours liée à l'œuvre complète ou au groupement de textes dont vous parlez. Il peut vous interroger sur un thème, sur l'auteur, sur un genre littéraire, un mouvement artistique ou le contexte historique ; il peut vous demander des références dans le livre touchant tel point particulier.

C'est pour lui un moyen de vérifier l'étendue et la qualité de vos connaissances, dans l'œuvre et autour de l'œuvre.

Ne vous affolez pas si vous n'arrivez pas à répondre à certaines questions : s'il est ennuyeux de rester sec devant une « question obligatoire » (ce qu'on ne peut ignorer d'un livre ou d'un thème), on vous pardonnera très bien de ne pas répondre à certaines questions plus « pointues » qui n'ont d'autre but que de reconnaître si votre savoir est simplement satisfaisant ou si votre culture est au-dessus de la moyenne.

L'examinateur peut enfin vous interroger sur vos goûts et vos préférences ; cela arrive notamment lorsqu'il ne connaît pas très bien un groupement de textes et qu'il ne sait pas trop quelle autre question vous poser. Quel texte préférez-vous ? Avez-vous apprécié ce livre ? Tel personnage vous est-il sympathique ? etc.

La règle d'or est alors de vous appuyer avec le plus de précision possible sur les textes, afin que votre jugement ne soit pas gratuit, mais étayé et argumenté : citez des phrases, même en substance, donnez des exemples, opérez des rapprochements.

Si l'on vous demande d'exprimer une préférence pour un texte, ne vous contentez pas de dire l'intérêt que vous trouvez à ce texte : comparez-le avec les autres textes du groupement, à différents points de vue ; cela enrichira votre exposé, et montrera la connaissance que vous avez de tous les textes.

Remarque

Le plus sûr est donc de préparer à l'avance la réponse à une telle question. Définissez et justifiez vos préférences dans chaque groupement de textes de votre liste : ce n'est pas un très gros travail, et cela peut faire très bonne impression, car cette question finalement simple embarrasse beaucoup de candidats qui ne s'y sont pas préparés.

Le plus souvent, l'entretien, à partir des questions initiales, combinera ces différents types de questions ; l'examinateur variera les approches, multipliant ainsi les moyens de mesurer votre aptitude au dialogue. Ne soyez pas déstabilisé par la variété des questions et des approches : répondez calmement, de votre mieux, selon les conseils énoncés plus haut.

▶ FICHE SYNTHÈSE

– Préparez l'entretien pendant l'année : ayez une bonne connaissance des textes, mais aussi de leur contexte.
– Préparez l'entretien juste avant la discussion avec l'examinateur : notez l'essentiel de ce qu'il y a à dire sur quelques points importants, sans chercher à être complet, mais en essayant d'identifier les éléments les plus importants que vous pourrez introduire dans votre réponse.
– Écoutez attentivement les questions de l'examinateur, et évitez de répondre à côté.
– Prenez le temps de réfléchir, non seulement pour vous souvenir, mais surtout pour trouver vous-même les réponses appropriées.
– Soignez votre langage, avec clarté et précision.
– N'ayez pas peur : l'examinateur cherche à obtenir de vous le meilleur de ce que vous pouvez fournir, pas à vous déstabiliser.

EXERCICES

L'entretien étant avant tout une épreuve pratique, et étant difficilement dissociable du texte proposé à votre attention dans la première partie de l'épreuve, il serait un peu artificiel de proposer des exercices de réflexion : mieux vaut s'entraîner aux **situations** d'oral qu'au **contenu** de cette partie de l'épreuve orale (même si les connaissances ne sont évidemment pas à négliger).

Quelques suggestions :

▶ Pour tous les textes de vos groupements ou les extraits d'œuvres complètes, demandez-vous quelle relation ils entretiennent avec la problématique que pose l'« objet d'étude » auquel ils seront rattachés dans votre descriptif d'activités.

▶ Entraînez-vous à restituer en moins de 5 minutes toutes les informations pertinentes autour d'un texte ou d'une œuvre complète.

▶ Définissez et justifiez vos goûts et préférences dans chaque groupement de textes, ou pour telle œuvre complète par rapport à telle autre.

▶ Posez-vous des questions entre camarades, pour tester vos connaissances, pour imaginer les questions possibles, et pour vous entraîner à réagir à des questions inattendues.

Les astérisques signalent les renvois à l'intérieur du lexique.

A

Absurde : qui n'a pas de sens. Un raisonnement est absurde lorsqu'il contredit la logique. Un objet est absurde lorsqu'il n'a pas de but repérable. La notion a été développée par Camus, qui voit dans le sentiment de **l'absurdité** la caractéristique d'une vie humaine privée de but s'il n'y a rien après la mort.

Actant : élément agissant dans une action, selon le schéma « actantiel », sujet, objet, adjuvant, ou opposant. Si le **schéma actantiel** peut être utile pour une première approche d'une œuvre, on ne doit en revanche pas l'utiliser dans une dissertation, qui porte sur une œuvre déjà étudiée de manière approfondie.

Acte : partie d'une pièce de théâtre. La tragédie classique comporte généralement cinq actes correspondant aux différentes étapes de l'action* : une situation difficile ; une complication supplémentaire ; la crise ; une décision irréparable ; la catastrophe. Le nombre des actes, selon les pièces et les époques, varie de deux à cinq.

Action : déroulement des faits dans une œuvre littéraire, en particulier au théâtre. L'unité d'action dans le théâtre classique supposait que tous les événements soient reliés à un seul et même problème.

Alexandrin : vers de 12 syllabes.

Exemple :

« Te regardant assise auprès de ta [cousine,
Belle comme une aurore, et toy [comme un soleil.»

*(*Ronsard*,* Sonnets pour Hélène*)*

Alinéa : retrait de la première ligne pour indiquer le début d'un texte ou d'un paragraphe .

Anaphore : figure de style qui consiste à répéter le(s) même(s) mots(s), la (les) même(s) expression(s) en tête de phrases ou de vers successifs. On parle de rythme **anaphorique.**

Exemple :

« Rome, l'unique objet de mon [ressentiment !
Rome, à qui vient ton bras [d'immoler mon amant !
Rome qui t'a vu naître, et que [ton cœur adore !
Rome enfin que je hais parce [qu'elle t'honore ! »

*(*Corneille*,* Horace*, acte IV, scène 5)*

Antiphrase : figure de style qui consiste à dire le contraire de ce qu'on pense pour mieux se faire entendre. L'antiphrase est une figure de l'ironie.

Exemple :

« Les sages du pays » désignent les inquisiteurs fanatiques dans le chapitre VI de Candide *(Voltaire).*

Antithèse : figure de style qui consiste à faire coexister deux termes ou expressions de sens contraire à l'intérieur d'un même énoncé. L'antithèse est une figure de l'opposition.

Exemple :

« Et dans ce grand bonheur, je crains [un grand revers. »

*(*Corneille*,* Le Cid*, acte I, scène 1)*

Aparté : au théâtre, réplique* de certains personnages censée ne pas être entendue par les autres personnages.

Apologie : discours destiné à prendre la défense et à faire l'éloge* d'une personne, d'une institution ou d'une thèse*.

Argumentation : ensemble d'arguments* ordonnés de manière cohérente et progressive pour défendre et réfuter* une thèse*.

Argument : proposition, preuve à l'appui, d'une idée, d'un point de vue, d'une thèse*. Élément d'une démonstration. Il peut être strictement rationnel* ou faire appel à la sensibilité ou au bon sens. À distinguer des exemples, qui ne servent qu'à illustrer.

Argumenter : choisir et organiser des arguments* qui permettent de convaincre un destinataire*. Synonymes : persuader, convaincre, démontrer.

Autobiographie : récit de sa propre vie par un auteur.

B

Baroque : mouvement artistique concurrent du classicisme*, caractérisé par le goût du mouvement, du déséquilibre, de l'excès, du paradoxe. Né au XVIe siècle, il dure en littérature une grande partie du XVIIe, avant d'être étouffé par l'esprit classique, en tout son contraire. En musique et en architecture, il se poursuivra au XVIIIe siècle, notamment en Allemagne et en Italie. À certains égards, on peut penser que le romantisme* fera renaître les tendances baroques.

Bienséance : obligation de ne pas choquer le lecteur ou le spectateur. Notion classique dont les critères varient considérablement avec les époques.

Bourgeois : caractéristique des gens ordinaires, mais non populaires. Par opposition à noble, désigne la société contemporaine, notamment au XVIIIe siècle, où le drame bourgeois met en scène des contemporains, et non des héros mythiques. Par opposition à artiste, désigne l'indifférence à la beauté et à l'idéal romantique*.

Bovarysme : tendance à s'échapper du monde réel par l'imagination, à l'exemple de Mme Bovary, le personnage de Flaubert.

Bucolique : la poésie bucolique fait dialoguer des bergers. Par extension, on appelle bucolique une vision poétique de la campagne.

Burlesque : qui parle d'un sujet noble en termes ordinaires. Ce décalage est un des procédés du comique.

C

Calligramme : poème* dans lequel les mots sont organisés pour former un dessin.

Caricature : exagération et déformation des traits d'un personnage ou d'une institution, afin de les ridiculiser.

Catastrophe : dénouement d'une tragédie*, généralement par la mort du héros.

Catharsis : purification. Effet supposé d'une pièce de théâtre ou d'une œuvre d'art sur un spectateur : voir sur scène* les passions des personnages le libérerait de ses propres passions*.

Champ lexical : ensemble de termes appartenant à un même domaine de signification et formant un réseau qui donne au texte une cohérence. Relever les champs lexicaux d'un texte permet d'interpréter en partie le texte. Analyser les champs lexicaux est nécessaire dans toute explication de texte.

Chronique : récit ou commentaire au jour le jour.

Classicisme : idéal artistique fondé sur la recherche de l'équilibre, de la mesure, de l'exigence rationnelle*. Marque du siècle de Louis XIV, on l'oppose au baroque et au romantisme ; il reparaît au XIXe siècle sous la forme du néo-classicisme. L'esprit classique s'attache à des normes qu'il considère comme la garantie du beau et du bien.

Comédie : à l'origine, désigne le théâtre. Mais le plus souvent opposée à la tragédie*, la comédie désigne une pièce destinée à faire rire le spectateur.

Commedia dell'arte : comédie* italienne caractérisée par l'improvisation des acteurs à partir d'un canevas qui leur donne les grands traits de l'action*. Origine des personnages populaires comme Pierrot ou Arlequin.

Comparaison : rapprochement de deux réalités autour d'une caractéristique commune. C'est une figure de l'analogie*. La comparaison est une image*. Pour qu'il y ait comparaison, trois éléments sont nécessaires :

– un comparé,

– un outil de comparaison : « comme », « semblable à », « tel que »,

– un comparant.

Exemple :

« Les pieds dans les glaïeuls, il dort.
Souriant comme sourirait un enfant malade »
(Arthur Rimbaud, Le Dormeur du Val*)*

Concision : qualité de ce qui est concis, c'est-à-dire exprimé en peu de mots, bref et dense tout à la fois. Le résumé exige des qualités de concision.

Confident : au théâtre, personnage secondaire destiné à donner la réplique* à un héros. Il sert de faire-valoir mais peut aussi avoir un rôle dans l'action en influençant le héros.

Connotation : la connotation correspond aux sens implicites* qu'un mot reçoit en fonction de la subjectivité ou de l'intention de celui qui l'emploie ou en fonction des références culturelles qui peuvent se greffer à la valeur d'un mot. Le sens connoté d'un mot est celui qui s'ajoute au sens dénoté*.

Exemples :

La couleur rouge connote, selon les situations, la violence, la passion, la révolution.
La couleur noire, dans certaines traditions, est liée à la mort ; le blanc à la pureté.

Conte : récit caractérisé par la fantaisie et le merveilleux, ou des personnages schématiques vivent des aventures nombreuses et généralement invraisemblables.

Contexte : ensemble du texte où se situe un mot, une phrase, ou un épisode, et qui permet de le comprendre ; par extension, circonstances de la rédaction d'une œuvre, qui peuvent en expliquer le sens.

LE VOCABULAIRE

Couleur : caractéristique d'un style très évocateur ; on parle en particulier de « couleur locale », ensemble des traits qui, dans une œuvre romantique*, traduisent l'atmosphère caractéristique d'un lieu.

Courtois : au Moyen Âge, lié à la cour, cour féodale et cour amoureuse. Le roman courtois évoque des héros chevaleresques dévoués à leur seigneur et à leur « dame » ; de là le mot de « courtoisie ».

Crise : sommet d'une tragédie* classique, généralement au centre de l'œuvre ; l'action* est alors nouée au point de ne pouvoir être dénouée sans drame*.

Critique : examen d'une œuvre artistique destinée à en déterminer la valeur ou simplement en définir les caractéristiques. Plus particulièrement, jugement défavorable porté sur une personne, une œuvre, ou une institution.

Culture : par assimilation au travail de la terre, travail que l'on fait subir à l'esprit pour le rendre plus fécond ; résultat de ce travail, développement des connaissances et des capacités intellectuelles et sensibles d'une personne. Par extension, ensemble des connaissances et des capacités intellectuelles caractéristiques d'un groupe humain, plus ou moins développées selon les cas.

D

Dandysme : mouvement de la période romantique* caractérisé par la recherche de l'élégance dans tous les domaines et un mépris des conventions sociales ; Baudelaire s'est voulu dandy dans sa jeunesse.

Décadent : mouvement artistique de la fin du XIXe siècle dont les adeptes, comme Verlaine, affectaient dans leurs œuvres un raffinement désenchanté.

Déduction (déductif) : type de raisonnement. Le raisonnement par déduction part d'idées générales pour aboutir à (ou justifier) une conclusion particulière. Le syllogisme* est un raisonnement déductif. Le raisonnement inductif* use de la démarche inverse.

Dénotation : la dénotation correspond à la définition d'un mot, à son sens explicite (celui du dictionnaire).

Exemple :

la couleur rouge dénote une couleur, l'une des couleurs primaires.

Au sens dénoté, s'ajoute le sens connoté* du mot, dans un contexte* donné.

Dénouement : scène(s) conclusive(s) d'une pièce de théâtre présentant la résolution du nœud dramatique.

Dérision : moquerie méprisante et dédaigneuse (esprit de dérision, tourner en dérision quelque chose ou quelqu'un).

Destinataire (ou récepteur) : celui à qui on s'adresse dans une communication écrite. Tout énoncé* prend son sens dans une situation de communication dans laquelle un locuteur* s'adresse à un destinataire.

Didactique : dont le but est d'enseigner. Une poésie didactique cherche à transmettre des connaissances par les moyens qui lui sont propres.

Didascalie : indication scénique (mot appartenant au vocabulaire théâtral).

Dilemme : alternative qui donne à choisir entre deux propositions contraires. Le terme s'applique souvent aux tragédies de Corneille, marquées du fameux « dilemme cornélien ».

Discours rapporté : il est trois façons de rapporter un discours dans un énoncé*, c'est-à-dire de rapporter paroles, pensées, écrits...

1. Discours (ou style) direct : rapporte entre guillemets, et avec toute la spontanéité du langage parlé, les paroles telles qu'elles ont été prononcées.

2. Discours (ou style) indirect : rapporte le discours sous la forme d'une subordonnée introduite par un verbe de parole ou de pensée. Il reformule les propos rapportés.

3. Discours (ou style) indirect libre : les marques de la subordination du discours indirect sont absentes, mais on en retrouve la personne et le temps. En même temps, on remarque certaines marques du discours direct : spontanéité, exclamations, interrogations. Il est parfois, avec ce type de discours, difficile de déterminer qui parle car le narrateur peut y mêler sa voix à celle du personnage.

Exemple :

> *« Il disait leur misère à tous, le travail dur, la vie de brute [...]. Est-ce qu'on avait résolu de les détruire ? » (Émile Zola,* Germinal*).*

Discuter : réfléchir de manière critique sur une thèse*, une idée, un point de vue.

Dramatique : théâtral. Se dit également d'une scène de tragédie* où les personnages sont portés à subir plus qu'à agir.

Drame : pièce de théâtre ; en particulier pièce qui n'est ni tragique ni comique. Le drame bourgeois au XVIIIe siècle n'est pas comique, car il doit faire pleurer ; mais il n'est pas tragique non plus, car son action* n'est pas héroïque* et peut bien se terminer. Le drame romantique* prône quant à lui le mélange des genres, plus proche du réel selon lui.

E

Ellipse : figure de style consistant à omettre des termes qui peuvent se deviner.

Exemple :

> *« C'est une sphère dont le centre est partout la circonférence nulle part. » (Pascal)*

Éloge : louange. Ce mot est masculin : un éloge.

Éloquence : art de bien parler. Parfois synonyme de rhétorique*.

Encyclopédie : ouvrage destiné à exposer la somme des connaissances du moment. La grande *Encyclopédie* de Diderot et d'Alembert se voulait la somme de toutes les connaissances utiles du XVIIIe siècle. On appelle encyclopédistes les auteurs qui ont collaboré à la rédaction de cet ouvrage.

Engagement : un auteur est engagé lorsqu'il met ses œuvres au service d'une cause politique ou sociale, par opposition à ceux dont le souci est uniquement artistique.

Énoncé, énonciation : l'énonciation consiste à produire un énoncé. Toute énonciation s'effectue dans une situation précise qui met en relation celui qui parle ou écrit (le locuteur*) et celui qui écoute ou lit (le destinataire*). *Voir* système d'énonciation*.

Épilogue : conclusion d'un récit*, mais détachée de lui, où se résument des événements que le lecteur attend sans qu'ils justifient un récit détaillé.

Épistolaire : le genre épistolaire est l'art de la lettre*, que ces lettres soient réelles ou fictives. Le XVIIIe siècle abonde en romans épistolaires (*La Nouvelle Héloïse* de Jean-Jacques Rousseau).

Épopée : récit* poétique des exploits d'un héros plus ou moins légendaire en qui se reconnaît le groupe auquel il appartient (par exemple la *Chanson de Roland* exalte à travers son héros les vertus de la nation franque). Par extension, le style épique se retrouve chaque fois que l'auteur magnifie les exploits de son héros, même dans une œuvre qui n'est pas en soi une épopée.

Essai : exposé plus ou moins long d'un point de vue sur une question plus ou moins vaste. Sens particulier : les *Essais* de Montaigne désignent ses expériences.

Esprit : vivacité intellectuelle dont se réclament de nombreux auteurs ou personnages du XVIIe au XIXe siècle, et qui se caractérise par le sens de la repartie, la pertinence des propos, l'ingéniosité des idées et des formules, souvent accompagnées d'humour ou d'ironie*.

Esthétique : lié à la sensibilité, et par suite, à la beauté.

Étayer : préciser, ajouter des arguments* et/ou des exemples pour rendre plus explicite une thèse*, un point de vue, une argumentation*.

Euphémisme : atténuation de sens ayant pour but de dissimuler la brutalité du message.

Exemple illustratif : il illustre un argument*. Il peut être supprimé lors d'un résumé* de texte. Au contraire, un exemple qui a valeur d'argument est nécessaire à la compréhension de la thèse* et doit être conservé lors d'un résumé.

Exotisme : caractère des pays étrangers. L'éloignement, qui stimule l'imagination, explique le goût de l'exotisme dans la sensibilité romantique*, qui préfère toujours l'ailleurs au réel présent.

Exposition : première(s) scène(s) d'une pièce de théâtre où sont présentés les personnages, la situation et l'action*.

F

Fable : récit fictif. En particulier, récit en vers destiné à dégager plaisamment une morale.

Fantastique : caractère d'une œuvre littéraire où le rêve, l'imaginaire ou le surnaturel l'emportent sur le réel dans lequel ils s'insèrent.

Farce : comédie* où dominent le comique de gestes et les coups de baton.

Fatalité : sentiment que le héros éprouve d'être manipulé par une puissance à laquelle il est incapable de se soustraire.

Fiction : tout ce qui est inventé dans une œuvre. Ne pas confondre avec le cas particulier de la « science-fiction », qui imagine les effets de la science et des techniques dans un avenir lointain.

Figure : procédé stylistique, effet de style.

Forme : manière de s'exprimer, par opposition au **fond,** qui désigne l'idée exprimée.

G

Galant : qui cherche à plaire, en particulier aux femmes. Le style galant est un art mondain qui cherche à plaire sans prétendre à l'amour, même s'il lui est parfois lié.

Génie : caractère propre d'un auteur, plus personnel que le talent.

Genre : ensemble des œuvres répondant aux mêmes caractéristiques. On distingue quatre grands genres littéraires : le roman*, le théâtre, la poésie*, l'essai*.

Geste : exploit d'un héros épique au Moyen Âge.

H

Hermétisme : tendance littéraire, souvent poétique, qui travaille la beauté de l'expression sans chercher à se faire comprendre clairement de ses lecteurs.

Héroï-comique : qui traite un sujet banal sur le mode héroïque*. Cet écart est un procédé comique.

Héroïque : épique.

Honnête homme : idéal de perfection classique au XVIIe siècle, réunissant toutes les qualités physiques, morales, et intellectuelles.

Humanisme : confiance dans les capacités humaines, caractéristique de la Renaissance. Attachement aux valeurs qui fondent la dignité humaine et à la culture intellectuelle qui l'exprime et la nourrit.

Humour : capacité de ne pas se prendre au sérieux. Distance plaisante qu'un auteur prend avec ses personnages et ses propres écrits, susceptible de faire rire ou sourire.

Hyperbole (hyperbolique) : est une des figures de style de l'insistance. Elle amplifie une notion en l'exagérant.

Exemple :

« Jusqu'au fond de nos cœurs, notre
[sang s'est glacé. »

*(*RACINE, Phèdre*)*

« S'est glacé » exprime l'intensité de la peur.

I

Idéal : qui appartient au monde des idées, et n'est donc pas soumis aux contraintes du réel. C'est le refuge habituel des romantiques*, qui en nourrissent leur imagination.

Idéologie : système de pensée qui détermine l'action d'une personne ou d'un groupe, et dont les œuvres des écrivains sont souvent le reflet.

Image : procédé d'écriture qui évoque la réalité par analogie ou similitude avec un domaine autre que celui auquel elle s'applique.

Imagination : capacité de créer des images*. Elle peut être une des formes de l'inspiration*, mais aussi une source d'erreurs et d'illusions.

Implicite : l'usage de l'implicite permet de faire naître une image ou une idée dans l'esprit du destinataire sans l'exprimer directement : par allusion, par suggestion, par insinuation. L'implicite permet d'éveiller l'intérêt et la curiosité, il implique le destinataire* dans le discours*. L'implicite est une arme contre la censure : laissant entendre certaines idées, il en dit trop et trop peu à la fois (trop pour qu'on puisse ignorer l'intention du locuteur ; trop peu pour être censuré).

Induction : le raisonnement par induction (raisonnement **inductif**) au contraire du raisonnement par déduction*, part de faits particuliers pour aboutir à une vérité générale. C'est le raisonnement* des sciences de l'observation par exemple.

Inspiration : source mystérieuse d'une œuvre d'art, où la part du travail intellectuel et celle du don surnaturel sont difficiles à démêler.

Ironie (ironique) : l'ironie repose essentiellement sur trois figures de style : la litote*, l'hyperbole* et l'antiphrase*. Procédé rhétorique* qui consiste à dire le contraire de ce qu'on veut faire comprendre, souvent avec une intention critique. Par extension, attitude ou expression moqueuse ou railleuse.

Irrationnel : étranger ou contraire à la raison. À ne pas confondre avec « absurde » : on peut être irrationnel sans être absurde, par exemple dans le domaine sentimental.

L

Lettre : on doit distinguer les lettres réelles échangées par de vrais correspondants (*Lettres* de Mme de Sévigné à sa fille, 1662-1667) et les lettres fictives qu'on peut lire dans un roman (les *Lettres persanes* de Montesquieu, 1727) qu'on appelle roman épistolaire*. Les lettres d'écrivains, souvent non destinées à être publiées, le sont parfois pour une meilleure connaissance de la biographie. La lettre contient des marques précises d'énonciation* : date, utilisation de la deuxième personne et du « je », liens exprimés entre les correspondants (vocabulaire affectif).

Litote : figure de style qui consiste à atténuer une idée par une tournure moins directe (souvent par un verbe à la forme négative). Par la litote, on exprime en fait implicitement* beaucoup plus qu'il n'est dit. La litote est une figure de l'ironie*.

Exemple :

« Va, je ne te hais point. »
(CORNEILLE, Le Cid*)*

Par cette formule célèbre, Chimène déclare à Rodrigue qu'elle l'aime.

Locuteur : dans un énoncé*, il est l'émetteur du message. Il s'adresse à un destinataire*.

Lyrisme : expression poétique des sentiments personnels.

M

Maxime : formule brève, dont le but est de frapper l'esprit. Elle énonce un principe, une morale ou une règle de conduite qui aura valeur universelle. (Synonyme : une sentence)

Mélancolie : tristesse légère et vague, mais non sans agrément. C'est la douceur d'une tristesse savoureuse qui explique le goût des romantiques* pour les atmosphères mélancoliques.

Mélange des genres : mélange du comique et du tragique dans une même pièce, condamné par les classiques* et cultivé par les romantiques*.

Mélodrame : pièce de théâtre en vogue au début du XIXe siècle, aux péripéties multiples adaptées aux spectacles populaires.

Mémoires : récit des événements auxquels l'auteur a assisté ou participé au cours de sa vie. À distinguer de l'autobiographie*, où l'auteur ne raconte que sa propre vie, sans élargir à l'ensemble de son temps.

Métaphore : C'est une image*, une figure de substitution : elle rapproche des termes sans expliciter le lien de ressemblance ou d'analogie.

Exemple :

« Ô douleur ! ô douleur ! Le Temps [mange la vie,
Et l'obscur Ennemi qui nous ronge [le cœur.
Du sang que nous perdrons croît et [se fortifie ! »
(Charles BAUDELAIRE, « L'Ennemi », Les Fleurs du mal*)*

Métaphore filée : série de métaphores sur le même thème.

Métaphysique : réflexion philosophique qui a pour objet la connaissance de l'être.

Métonymie : procédé stylistique consistant à remplacer la dénomination de l'être ou de l'objet par son contenant, sa cause, son origine, son instrument ou son symbole.

Modalisation : le locuteur peut exprimer, par des modalisations, un jugement. Ce sont des adverbes modalisateurs (« certainement », « absolument », « peut-être », « sans doute ») ou des verbes modalisateurs (« croire », « douter », « penser », « ignorer »). Modaliser son discours permet au locuteur de marquer un jugement, des sentiments, un degré de certitude ou d'incertitude, de vérité ou d'erreur accordé au discours.

Monologue : texte théâtral dans lequel le personnage se parle à lui-même.

Morale : capacité de distinguer entre le bien et le mal et de se conformer à cette distinction. Leçon que l'on tire d'un récit*, et en particulier d'une fable*.

Moraliste : écrivain qui décrit les mœurs de son époque.

Mystique : qui cherche à percer le mystère religieux, ou qui a accès à ce mystère. Attachement religieux à quelque chose.

Mythe : récit* légendaire généralement symbolique, exprimant souvent une réalité humaine.

Exemple :

Le mythe de Sisyphe évoque pour Camus l'absurdité de la vie humaine.

Mythologie : ensemble des mythes* antiques.

N

Narrateur : il est celui qui est censé raconter l'histoire dans les limites du livre. On ne le confondra pas avec l'auteur, être en chair et en os. La position du narrateur dans le récit est délicate à cerner : ou bien il raconte l'histoire du dehors, ou bien il participe à cette histoire en tant que personnage.

Naturalisme : courant littéraire qui cherche à rendre la réalité dans son naturel, et prétend donner à ses récits la même rigueur que celle d'un scientifique analysant la nature. Le plus célèbre représentant de cette école est Zola.

Nouvelle : court récit fictif racontant un seul événement, contrairement au roman* qui s'étend à l'ensemble de la vie et du caractère des héros.

O

Oxymore : alliance de mots ; figure de style rapprochant deux termes opposés ou contradictoires.

Exemples :

« Je la comparerais à un ***soleil noir****,*
si l'on pouvait concevoir
un astre noir versant la lumière
*et le bonheur. » (*B*AUDELAIRE)*
« Cette ***obscure clarté*** *qui tombe*
*des étoiles » (*C*ORNEILLE)*

P

Pamphlet : écrit satirique qui attaque un adversaire, un parti, une institution ou une idée. Texte agressif, violent, souvent bref (une lettre, un article, un court récit) polémique*, engagé, militant.

Exemple :

J'accuse de Zola écrit pour défendre Dreyfus.

Paradoxe : énonce une idée contraire à l'opinion courante, de manière choquante. Énoncé qui n'est contradictoire qu'en apparence.

Paratexte : titre, date, nom de l'auteur d'un texte, éventuellement circonstances de l'œuvre.

Parnasse : école poétique de l'art pour l'art, au milieu du XIXe siècle, en réaction contre le romantisme*. Son but est de rechercher la perfection formelle, et non l'expression des sentiments.

Parodie : imitation moqueuse d'une œuvre.

Passions : tout ce que l'âme subit et qui souvent la domine ; l'esprit classique est marqué par une lutte entre la raison et ces passions.

Pathétique : se dit d'une scène de tragédie* où les personnages sont portés à subir et endurer plus qu'à agir ; le pathétique, qu'on peut trouver dans tous les genres littéraires, suscite généralement une grande émotion.

Péripétie : événement imprévu (incident) qui modifie les données du problème ou change le comportement du héros d'un roman* ou d'une pièce de théâtre.

Périphrase : figure de style qui consiste à désigner un être ou un objet par une expression qui le définit.

Personnification : figure de style consistant à représenter un être inanimé ou une abstraction comme un être vivant et plus particulièrement un être humain.

Philosophe : nom que se sont donné les publicistes* du XVIIIe siècle, en particulier les encyclopédistes*. L'esprit philosophique désigne la mentalité du siècle des Lumières : bien distinguer ce sens particulier du sens habituellement donné au mot « philosophe » aux autres époques (les « philosophes » du XVIIIe siècle sont rarement des philosophes au sens général).

Picaresque : roman* dont le héros voyageur multiplie les aventures, qui souvent le portent à la réflexion, au gré de rencontres variées.

Pittoresque : qui mérite d'être peint, d'être décrit.

Plaidoyer (plaidoirie, plaideur, plaider) : discours pour défendre une cause, une personne, une idée.

Plan (d'un devoir) : structure du devoir vous permettant d'organiser logiquement vos idées, selon une progression constante.

Plan (d'un texte) : structure d'un texte, organisation interne du discours*.

Poème : composition en vers. Il existe cependant des poèmes en prose, qui ont le même but que les poèmes en vers et utilisent les procédés de la poésie*.

Poésie : art de s'exprimer par des procédés susceptibles de toucher la sensibilité du lecteur autant que sa raison. La poésie caractérise les poèmes*, mais peut se rencontrer dans n'importe quel ouvrage en prose.

Point de vue (focalisation) : perspective sur les événements, les lieux, les personnages dans un récit. Le point de vue peut être externe, interne ou omniscient.

Polémique (polémiquer, polémiste) : qui combat, qui riposte, qui prend parti. Une littérature polémique est une littérature engagée*, militante.

Polyphonie : plusieurs locuteurs*, plusieurs points de vue.

Posthume : qui se produit, qui existe après la mort. Une œuvre posthume est une œuvre publiée après la mort de son auteur.

Préface : texte de présentation placé en tête de l'ouvrage.

Préciosité : recherche du plus grand raffinement dans l'expression, le langage et les manières, avec refus de tout ce qui est ordinaire. La préciosité a marqué le XVIIe siècle, mais le mot s'applique à toute littérature où se perçoit un raffinement excessif, un manque de naturel.

Problématique : est une question implicite* ou explicite. Pour y répondre, le texte argumentatif* présente une thèse* qu'il justifie par des arguments* dans un raisonnement. Devant un sujet de discussion ou de réflexion, il convient de formuler clairement la problématique, c'est-à-dire l'ensemble des questions (ou la question) posées par le sujet. À partir de la problématique, on élabore un plan*.

Prose : discours qui n'est pas soumis aux contraintes de la poésie*. Il existe une prose poétique, qui bénéficie de la liberté de la prose tout en utilisant les procédés poétiques. Le poème en prose se présente souvent sous la forme de courts paragraphes appelés versets. Le poème en prose est apparu au XIXe siècle avec Baudelaire (1821-1867) dont il énonce la théorie dans la préface du « Spleen de Paris » (1869).

Psychologie : ensemble des traits intérieurs qui caractérisent l'âme, le cœur, et l'esprit d'un personnage, dans ses données de base et ses variations.

Publiciste : journaliste. Du XVIIe au XIXe siècle, le mot désigne tout écrivain qui traite de sujets d'actualité, et correspondrait à peu près aujourd'hui à « essayiste ».

Q

Question oratoire ou rhétorique : pour frapper et entraîner son public, son lecteur, l'orateur, l'écrivain, utilise des questions dont la réponse est trop évidente pour être formulée.

Quiproquo : méprise, malentendu (fréquent au théâtre).

R

Rationnel : conforme à la raison ou à la logique.

Rationalisme : tendance à ne considérer comme vrai que ce qui est rationnel. L'exigence de raison qui a dominé les XVIe et XVIIe siècles s'est corrompue en rationalisme au XVIIIe, culte excessif de la raison qui a suscité au XIXe la réaction romantique*.

Réalisme : prétention littéraire de rendre le réel tel qu'il est, illustrée par de nombreux auteurs de la seconde moitié du XIXe siècle. Volonté de tout montrer de la réalité, même ce qui est ordinaire ou vulgaire.

Récit : 1. Texte racontant une série de faits ou d'événements. 2. Le récit s'oppose au discours*.

Reconnaissance : scène fréquente au théâtre, où deux personnages se reconnaissent, c'est-à-dire découvrent les liens qui les unissent.

Reformuler : consiste à formuler à nouveau ce qui a été exprimé ; souvent de manière plus correcte, plus explicite.

Réfuter : consiste à contester, critiquer, une thèse* ou une argumentation*, de manière argumentée. Proposer des arguments opposés à une thèse, à un point de vue.

Registre de langue : (niveau de langue). On distingue : – le registre courant,
– le registre familier,
– le registre soutenu.

Réplique : au théâtre, réponse d'un personnage à ce que vient de lui dire un autre personnage.

Résumer (résumé) : consiste à rendre en moins de mots ce qui a été dit ou écrit de manière plus longue.

Rhétorique (procédés rhétoriques) : est un ensemble de procédés qui constituent l'art de plaire, de persuader, de convaincre.

Roman : récit* fictif des aventures d'un ou de plusieurs héros dépeints dans l'ensemble de leur vie et de leur personnalité. On appelle romanesque ce qui mériterait de figurer dans un roman.

Romantisme : courant littéraire de la première moitié du XIXe siècle caractérisé par le primat de la sensibilité sur la raison et le malaise du « moi » qui, inadapté au monde réel, se réfugie dans l'imaginaire. Ne pas confondre « romantique » et « poétique », et se souvenir que le romantisme n'est pas toujours doux et tendre, mais peut parfois être très violent. On appelle préromantiques les écrivains de la fin du XVIIIe siècle qui, à partir de Rousseau, annoncent déjà la sensibilité romantique.

S

Sacré : ce qui mérite un respect absolu. En littérature, synonyme de « religieux ».

Satire : discours* en vers critiquant les personnes ou les institutions. Tout texte qui critique en ridiculisant.

Scène : partie d'un acte*. Traditionnellement, on change de scène chaque fois qu'entre ou sort un personnage. Mais le théâtre contemporain ne respecte pas toujours cette habitude.

Spirituel : 1. Religieux. Ce qui appartient à l'esprit, par opposition à « matériel ». 2. Qui montre de la vivacité d'esprit.

Spleen : tristesse romantique*, née du décalage entre l'idéal et le monde ordinaire. Le mot existe au XVIIIe siècle, mais a été popularisé par Baudelaire.

Stichomythie : au théâtre, suite de répliques composées d'un seul vers.

Structure : composition d'un texte ou d'une œuvre ; son plan*.

Style : qualités artistiques propres à un texte, un auteur, ou une époque. Les figures ou procédés de style sont les moyens employés pour obtenir ces qualités.

Stylistique : analyse du style et de ses procédés.

Surréalisme : tendance poétique de la première moitié du XXe siècle dont l'ambition est d'échapper aux conventions littéraires par le recours à l'inconscient, censé plus proche du réel qu'une démarche consciente.

Syllogisme : est un raisonnement déductif*. Il tire une conclusion de deux propositions (ou prémisses) présentées comme vraies. Ce raisonnement contient donc trois propositions (la majeure, la mineure et la conclusion). La conclusion est déduite de la majeure par l'intermédiaire de la mineure.
Exemple :
– majeure : « Tous les hommes sont mortels »,
– mineure : « Or tous les Grecs sont des hommes »,
– conclusion : « Donc, tous les Grecs sont mortels ».

Symbolisme : école poétique de la seconde moitié du XIXe siècle qui ne cherche pas à décrire les sentiments, mais à les suggérer par des images **symboliques.** Verlaine est le plus apprécié de ces poètes.

Syntaxe : partie de la grammaire qui porte sur la manière dont sont construites les phrases.

Système d'énonciation : c'est l'ensemble des marques, des indices d'énonciation d'un texte. Le système d'énonciation consiste à chercher, dans un énoncé*, qui parle (ou écrit), à qui, où, quand :
– indices de personne,
– marques de jugement du locuteur*,
– indices de lieu et de temps,
– temps et mode des verbes.

Synthèse : recomposition logique d'éléments divers, en particulier d'arguments*, pour constituer un ensemble cohérent.

T

Tableau : description, par analogie avec la peinture. Au théâtre, partie d'un acte caractérisée par un changement de décor ; les tableaux peuvent contenir des scènes*, faire partie des actes*, ou les remplacer, selon les cas. Les tableaux apparaissent surtout dans le théâtre du XXe siècle.

Tautologie : forme de raisonnement en cercle vicieux, c'est-à-dire qui démontre ce qui est admis au départ. C'est un faux argument*, dans une argumentation* de mauvaise foi.

Théâtralité : caractère théâtral d'un texte, au sens où il semble mettre en scène, et exagérer, ce dont il parle : le spectacle l'emporte sur le naturel.

Thèse : idée que l'on se propose de démontrer. Un roman* à thèse est un roman dont l'intrigue n'est qu'un prétexte et un moyen de démontrer une idée. L'idée directrice, que l'on propose de démontrer, point de vue à défendre ou à réfuter*.

Tirade : longue réplique*.

Ton, tonalité (d'un texte) : le locuteur* choisit une tonalité selon l'effet qu'il désire produire sur le destinataire*. Pour obtenir ce ton, il use d'un certain nombre de procédés d'écriture (choix du vocabulaire, choix de certains procédés rhétoriques*, rythme...). Le ton du texte peut être dramatique*, épique*, lyrique*, polémique*, ironique*, didactique*. Certains passages mélangent les tonalités.

Tragédie : pièce de théâtre sérieuse dont les héros sont aux prises avec un destin auquel ils ne peuvent échapper que par la mort.

Tragi-comédie : tragédie qui se termine bien. Ne pas confondre avec le drame, qui mélange tragédie et comédie.

Type de texte :
- **narratif :** raconte des événements, une histoire ;
- **descriptif :** décrit des lieux, des personnages, des objets ;
- **argumentatif :** argumente, critique, raisonne ;
- **explicatif ou informatif :** explique, informe ;
- **injonctif :** conseille, prie, ordonne ;
- **expressif :** exprime des sentiments, des émotions ;
- **impressif :** suscite des sentiments, des émotions chez le destinataire.

V

Vers libre : vers ne respectant pas les règles de la versification* traditionnelle (mètre et rime) ; employé surtout dans la poésie* contemporaine.

Versification : ensemble des règles d'écriture des vers*.

Vocabulaire évaluatif : le locuteur peut exprimer, par l'emploi du vocabulaire, son jugement, ses impressions. Ce vocabulaire, lié à l'affectif, peut être appréciatif (ou mélioratif, élogieux) ou dépréciatif (ou péjoratif, dévalorisant).
Repérer le vocabulaire appréciatif ou dépréciatif permet de comprendre les choix des locuteurs.

Exemple :

> *« Cette première pièce exhale une odeur sans nom dans la langue, et qu'il faudrait appeler l'odeur de pension. Elle sent le renfermé, le moisi, le rance ; elle donne froid, elle est humide au nez, elle pénètre les vêtements ; elle a le goût d'une salle où l'on a dîné, elle pue le service, l'office, l'hospice. »*
> *(*BALZAC, Le Père Goriot*)*
> *Pour décrire la pension Vauquier, le vocabulaire est dépréciatif.*

Vraisemblance : caractère de ce qui semble vrai, sans l'être forcément. Souvent retenue comme gage de crédibilité dans une œuvre littéraire.